建穂寺記

地元から読み解く実像

建穂寺秘仏・千手観音菩薩立像　静岡市指定文化財（京都国立博物館・淺湫毅氏撮影）

江戸時代の建穂寺絵図（静岡県立中央図書館所蔵・駿国雑志より）

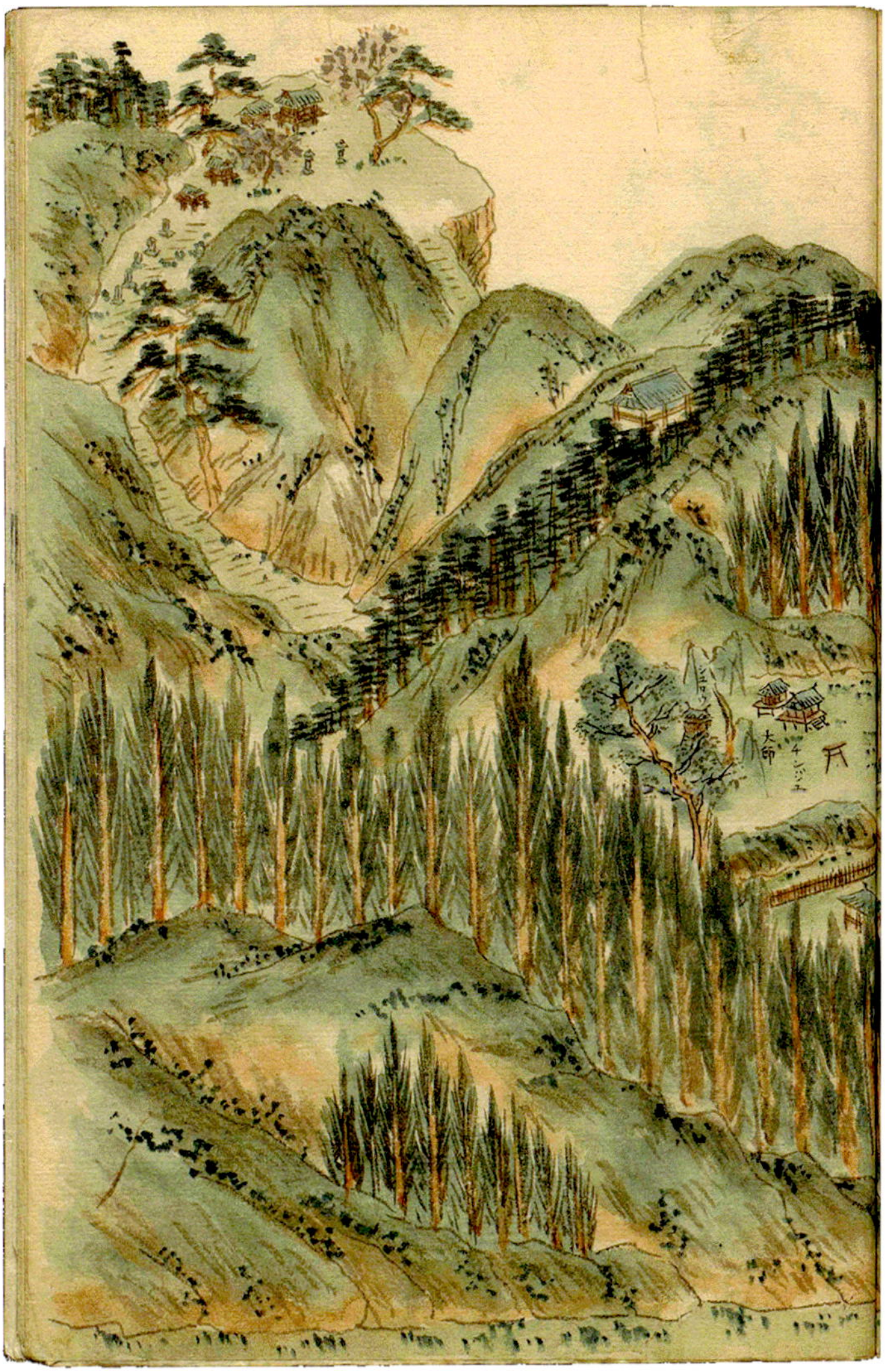

シヨロウ
大師
チンジユ

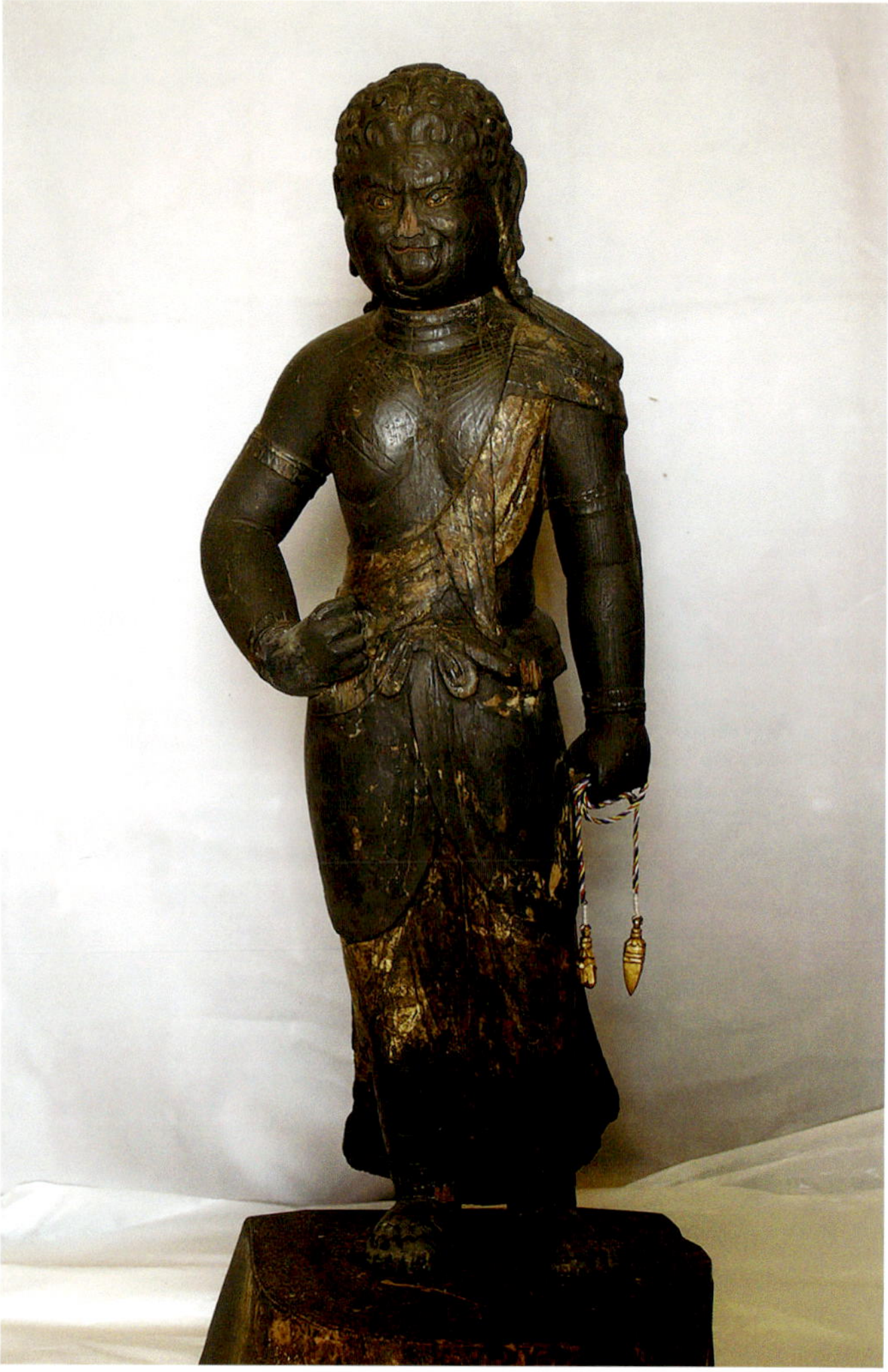

不動明王立像①（平安時代）静岡県指定文化財（京都国立博物館・淺湫毅氏撮影）

不動明王立像②（鎌倉時代）静岡県指定文化財（京都国立博物館・淺湫毅氏撮影）

※10躯伝わる不動明王像については写真、本文記述とも便宜的に①〜⑩までの数字を付けて区別した。

宝冠阿弥陀如来坐像　静岡市指定文化財（京都国立博物館・淺湫毅氏撮影）

如来形坐像・説法印　静岡市指定文化財（京都国立博物館・淺湫毅氏撮影）

伝大日如来坐像　静岡市指定文化財（京都国立博物館・淺湫毅氏撮影）

建穂寺記

地元から読み解く実像

はじめに

静岡市街の西を流れる安倍川と藁科川が合流する地点に建穂《たきょう》という地があり、明治の初めの頃まで「瑞祥山建穂寺《ずいしょうざんたきょうじ》」という大伽藍を構えた古刹があった。江戸時代までの建穂と深いつながりがあったとされている。建穂寺の範囲も広く、江戸時代の絵図などによると、村の中央から北側の山の中腹付近までの六百メートル以上を擁していた。『建穂寺編年』などによると、中世にはさらに西側に広がりをみせていたとされている。

建穂寺は安倍（駿河）七観音の一つにも数えられ、その歴史は古く、東の久能寺、西の建穂寺と並び称され、最盛期の鎌倉時代には絶大な勢力を誇っていたといわれている。しかし、度重なる火災や社会情勢などで、伽藍や仏像はもとより、その歴史を伝える資料が消失してほとんど存在せず、「幻の寺」と称される向きもあり、その実態は明らかでない部分が多い。

現在でも、建穂寺があったとされる場所の中央に建穂神社は存在する。毎年四月五日、静岡浅間神社の廿日会祭《はつかえさい》例大祭には、稚児は朝ここに参拝してから出発する慣わしになっている。そこから裏山の参道を六百メートルほど登った所に、通称「観音平」があり、今でも礎石や石垣が部分的に残っている。ここが建穂寺本堂の観音堂があった場所である。さらに、建穂の西のはずれの観音堂に仁王像二躯を含め仏像六十躯ほどが雑然と保管されている。この仏像は明治初めの廃寺に至る火災の際、当時の村人が運び出したものである。それ以降の建穂寺は、文化財としての価値をあまり顧みられない時期が続いた。漸く建穂寺に光が当たるようになったのは平成になってからである。この本によってさらに建穂寺に興味を深めていただければ幸いである。

構成を次のように考えている。第一章は「建穂寺の出来」である。建穂寺の草創期には諸説ある。そこで、建穂寺を誰がどのような目的でどこに建てたかについて探る。また、廿日会祭例大祭の稚児舞、文献類を通して、建穂寺の舞楽及びそのルーツを尋ねる。第二章は「建穂寺の構成物及び宗旨」である。伽藍や仏像やその他の特徴的なものを取り上げる。その上で建穂寺の神髄ともいえる観音信仰、常行三昧、真言密教との関係などについても記す。第三章は「建穂寺の歴史」である。平安時代以降の建穂寺の変遷について、その時々の政治、社会、宗教を背景にして、建穂寺が鎌倉幕府や今川氏や徳川幕府などと、どのような関係性を持っていたかを記すことにする。

建穂寺は歴史が古い上に、廃寺になっているため、その実像に迫るのは難しい。特に古代については史実に基づきにくく、伝承や後世の記録に拠っている部分が多い。さらに、重要な事柄について、繰り返し視点を変えて述べているので、重複した印象を持たれるかもしれない。また、引用した漢文など古い文献には、現代文で解説などを加えた。

建穂寺記　地元から読み解く実像・目次

※引用についての凡例

一、引用部分は本文中に記すとともに、各ページに文献、資料名を記した。

一、引用部分は原本に沿って歴史的仮名遣いとし、漢字は旧字のままとした。

一、補足が必要と思われる箇所はかっこ内に筆者が注を記した。

第一章　建穂寺の由来

一　建穂という名称の由来

建穂の自然条件

建穂《たきょう》の南側五百メートルほどの所を藁科川が西から東に流れている。今でこそ高く頑丈な土手が築かれて欠壊することは滅多にないけれども、近世までは土手も粗末なもので大雨が降れば常に氾濫する状態であった。建穂は北に慈悲尾と地区を隔てる観音平の山があり、その観音平の山が東の千代山に連なっていて、南に藁科川を見渡せる位置にある。藁科川が氾濫すると、水は建穂に袋小路状態で滞留しやすい。その結果、建穂の低地は湿地帯となり藺草《いぐさ》などが群生していた。藺草は畳表やござなどの材料となる。

『駿国雑志』には、建穂の産物について記されている。

此所の疊表を、建穂表と稱し、賣出す。箱根驛にて、此表霧を通さずと云て、備後表より重寶とす。1

建穂は湿地帯が多く、稲の生育には必ずしも適していなかったが、湿地帯に適した藺草が取れた。『駿河国新風土記』には「村内（羽鳥）に藺田ありて藺を作り、たたみ表を織り出すを以ってなり、藺を作る所、此（羽鳥）村と隣村の建穂村とのみなり」[2]と記されている。

昭和の頃は田として稲などが植えられていたが、土壌には水分が多く常にぬかるんでいた。現在は家が立ち並んでいるが、地質が緩くて基礎が安定せず、長くて太い杭を何本も打たないと建物の基礎は安定しない。

建穂は東側半分を一丁目、西側半分を二丁目としている。古い地図には、一丁目の一部を東谷、二丁目の一部が西谷と記されている。藁科川の洪水や裏山からの土石流などで谷が埋められて、現在の地形になったのではないかと推測される。

建穂は第二次世界大戦直後まで安倍郡服織村建穂と言っていた。建穂は服織の小字ということになる。服織は服を織ると書くように、古代には養蚕業が盛んで、取れた繭から絹織物を生産していた地として伝えられている。生産物は朝廷に贈られたり、駿河の中央にあった安倍の市で商われたりした。建穂はこの養蚕業の一端を担っていたものと推測される。

1　阿部正信著　1843年　『駿國雑志』二　復刻版：吉見書店　1976年　p576
2　新庄道雄著　1833年　修訂：足立鍬太郎　補訂：飯塚傳太郎　『駿河国新風土記』上巻　巻一八　安倍郡五　国書刊行会　1975年　p714

服織におけるアイヌ等先史時代の形跡

縄文時代以前に、服織の地に住んだのはどんな人々だったのだろう。遺跡などを実際に発掘調査した例はあまりないが、『静岡市史編纂資料』の編纂顧問をしていた鳥居龍蔵博士が大正末に踏査した記録が同資料に掲載され、アイヌ民族について触れている。

眞に科学的の権威ある研究としては、恐らく大正十五年一月二十三日安倍郡服織村青山に於いて、鳥居博士が石棒と石槌を発見して、ここにアイヌ民族の遺跡を確認されたに起こるといつてよかろう。[3]

その後、鳥居博士が各地を踏査した内容が記されている。「大谷村の船型木簡を検し、豊田村八幡山古墳を踏査し、曲金で木棺を確認し、安倍町野崎彦左衛門氏所有の遺物を査閲」し、さらに「午前に麻機山より麻機村方面の古墳を踏査し、午後服織村新間を調べ、其の帰途青山の石上古墳跡を検し、歩を其の上部に着けられし一瞬間、古墳の蓋石を石仏に擬したる前に此の二品を発見された」[4]とある。

服織の地が、このように太古の昔から人が居住し、さまざまな生活をしていたことが、遺物から確認できる。『静岡市史編纂資料』は、服織の地形と歴史的な変遷について書いている。

抑々《そもそも》服織村羽鳥は東に建穂の沼址を控へて静岡に對し、南に藁科の清流を帯び、北より西に椎岑《しいのを》連山を負うて寒風を遮断して居る。それがいかに生活に恰好な地であつたかといふことは、啻《ただ》（それだけ）に先史時代より原史時代に入りて顕著な遺跡を留めて居るのみならず、有史時代に及びても服織部の繁栄を来して、その所産の物貨を夙《つと》（以前から）に安倍川に供給し、八條院御領の一中心地となつて南朝の一財源と仰がれ、今川氏の為めには軍事上の要路となり、徳川時代には附近に宗教文化の貯蔵をしていたのでわかる。[5]

このように有史時代の服織の発展の基礎は、既に先史時代に培われていたことは明らかである。服織の地は地形的にも恵まれ温暖な地であったことで、その後の発展につながった。建穂はこの服織の一部であり、服織と不可分の関係にあったといえる。

3　静岡市役所市史編纂課　『静岡市史編纂資料』第壹巻　1927年　p12
4　同所編纂　同書　同年　p13
5　同所編纂　同書　同年　同頁

アイヌ語からの引用

『静岡市史』（一九二七年発行）には、アイヌ語起源の地名として建穂を挙げ、「建穂の語源はTo-Ki-U（トキウ、アイヌ語）即ち沼葦處であらう」[6]としている。アイヌ語により、葦の茂る沼地という土壌をめぐる状態をそのまま地名に表現したのがトキウであるという。トキウは地元の人々が会話で使ううちに、「タキョウ」と表現されるようになり、その後、建穂の漢字文字が当てられたと考えられている。トキウと言っていた時代には、そのまま都岐宇という漢字を当てていたともされる。建穂を含む服織の地に、石器や焼物にその痕跡があったことから、縄文時代以前にアイヌ人が居住していたという説が起こり、建穂の発音は語源的にアイヌ語からの引用であるとされた。

平安時代の初期、建穂神社は都岐宇命神と言われていたようだ。『静岡市史』によると、『三代実録』には次のように記されている。

陽成天皇元慶二年四月十四日己卯。授㆓駿河國正六位上岐都宇命神火雷神並従五位下㆒[7]

陽成天皇の御時、元慶二年（八七八）四月十四日のこと。駿河国にある正六位上の岐都宇命

神並びに火雷神《ほのいかづちのかみ》は、従五位下を授けられた。（現代文は筆者）

岐都宇は都岐宇が音位転倒したものであろうといわれている。そして、十世紀初めに延喜式神《えんぎしきじん》名帳《みょうちょう》が作成された頃には、建穂神社の名称で記帳されるようになった。その後は、都岐宇という表記は見られなくなり、次第に建穂に一元化されていく。このことからも、「都岐宇」時代に建穂寺は存在していたようではあるが、都岐宇命神の神宮寺的存在で影は薄かっただろう。

北風をアイヌ語でマツナウと言う。養蚕においては北風を嫌う。『静岡市史』は、先住民が畏敬の対象としていた北風を鎮めるための神を神社に祀ったいきさつについて述べている。

> 第一に気着くはアイヌ語 Matnau（まつなう）即ち北風である。先住民族が之を畏敬したのを、後に養蠶にも忌む上から繼承し、更に建穂寺の勢力の加はるに至つて、常行三昧堂に安置する念佛の守護神たる魔叱羅神《まだらしん》や、阿娑縛抄《あさばしょう》に見える天竺にて蠶虫を化作したと傳へる馬鳴《めみょう》菩薩（仏滅後六百年に出世した大乗論師の馬鳴比丘、馬鳴大士、馬鳴菩薩の前身）を習合して、所謂馬鳴大明神を捏ち上げ、以て完全な養蠶及び護法の神としたであらうか。[8]

6　静岡市役所市史編纂課『静岡市史編纂資料』第壹巻　1927年　p122

7　同所編纂　同書　同年　同頁

ここで、日本歴史大事典などにより、語句の説明をしておく。魔叱羅神とは一般的には摩多羅神と表記し、天台宗では常行三昧堂の守護神のことであり、京都太秦広隆寺の牛祭はこの神を祀っている。阿娑縛抄とは、小川僧正承澄《しょうちょう》（一二〇五～一二八二）の著になる天台密教書である。

『静岡市史編纂資料』によると、アイヌ語のMatnau（まつなう）は風に関する言葉であり、馬鳴大明神も風を畏敬する言葉であるとして次のように記している。

第二にアイヌ語のMatnau（まつなう）即ち風ある谷である。服織村は北風は遮屏する山があれども、東南風には暴露し、西風は吹き下しが強い。（中略）現に木枯森是は山城國葛野郡木島（太秦附近）にある。などいふ名も風に縁があるではないか。かういふ事から風を畏祭したのが根源で、それから次第に前の順序を逐うて馬鳴大明神が出来上つたのであらうか。何にしても此養蠶の神を中心とする點に秦氏族の特徴が見えると思ふ。9

建穂を含む服織の地は、観音堂のある山に北風は遮られても、藁科川の川上から吹き降ろしてくる西風には悩まされてきた。養蚕業の順調な営みを左右する風を畏敬して馬鳴大明神を祀ったとしても自然な成り行きだったであろう。

建穂と羽鳥、服織の関係

江戸時代の文化六年（一八〇九）に発行された『駿河記』下には、伝承では建穂が羽鳥の一部であったと言われていると記されている。

建保（穂）は今尚建保村と云。羽鳥村の人の傳に、此記舊羽鳥一郷の地と云。今は此記の如く分村にて建穂寺也。神社も寺内に鎮座、鎌倉治世には此神社繁昌にて、社官僧寺も多くありしなり。永禄以来衰微すと雖も、今に寺領多く、別當寺は繁昌也。一説には此神社は舊地羽鳥の方にありて、今に古地名残り田の字に存するなり。東鏡には馬鳴大明神と出。建保（穂）寺の鎮守と云。此社は延喜式駿河國二十二座の内なり。[10]

建穂は今（一八〇九年）でも建穂村と言っている。羽鳥村の人の言い伝えによると、この建

8　静岡市役所市史編纂課『静岡市史編纂資料』第壹巻　1927年　p123
9　同編纂課　同書　同発行年　pp123・124
10　桑原藤泰『駿河記』下　校訂者：足立鍬太郎　印刷者：野崎重兵衛　印刷所：池鶴堂印刷所　1932年 p654

穂は古くは羽鳥一郷にくくられていて羽鳥と称していた。今（一八〇九年）は羽鳥と建穂は別々の地名で、建穂の地にあるから建穂寺と称している。神社も建穂寺の中に鎮座している。鎌倉時代には、この神社を含む建穂寺は繁栄していて、神社の社や伽藍などの仏閣が多く建立されていて、伽藍だけでも三百ほど存在していたと『建穂寺編年』に記載されている。永禄（一五五八〜一五七〇）以来衰退していったとされるが、現在（当時）も寺領は依然として多く、神社に僧侶を派遣する別当寺も盛んであった。ある説に拠ると、建穂神社は古くは羽鳥の地に明神の森としてあり、今でも古地名として田の字に残っている。東鏡には馬鳴大明神の名で記されていて、建穂寺の鎮守となっている。建穂神社は、延喜式駿河国二十二座の一つに数えられている。（現代文は筆者）

先史時代のことは判然としないが、一般的な考え方としては、建穂も羽鳥と同じく服織の一部を構成していたし、現在も服織小学校とか服織中学校とか服織郵便局などにその名残がある。羽鳥と服織も音声的には同じだから、『駿河記』の作者は羽鳥と服織を混同していたとも考えられる。古い時代になればなるほど、建穂と羽鳥の区分も明確でなかったのかもしれない。

『駿河国新風土記』には、建穂は位置的に羽鳥と並んでいて、同じ所であると記されている。また、延喜式神名帳にも、既に建穂の地に建穂神社の名で記載されている。しかし、『駿河国新風土記』は『駿河記』とは異なる見解を示していて、建穂と羽鳥の関係について次のように記している。

此村もとは羽鳥と一村にてすべて此ほとり建穂の郷とよび羽鳥は庄の名なりしや[11]

此村（建穂）はもと羽鳥と合わせて一つの村を構成していて、この北に山を背にして南に藁科川を抱える地形にあり、「建穂の郷」と称していた。当時羽鳥は「建穂の郷」にあった荘園の名であった。（現代文は筆者）

11　新庄道雄『駿河国新風土記』上巻　足立鍬太郎補訂　飯塚傳太郎修訂　国書刊行会　1975年　p726

二　秦氏や太秦広隆寺との関係

秦氏の起源

秦氏《はたし》は渡来人であり、漢氏《あやし》とともに大和朝廷に協力して産業文化の面で多大な影響を与えた。一般的には、秦氏は大和から京に活動範囲を広げ、長期間にわたってその勢力を拡げていったといわれる。しかも、秦氏の名は全国に分布しているだけに、朝鮮半島から渡来してきた複数の集団を便宜的に秦氏と称したとも考えられる。そこで少ない痕跡や資料を頼りに、まず秦氏のルーツを尋ね、秦氏や太秦広隆寺が建穂寺とどのような関係があったのかをみていく。

『静岡市史』によれば、「新撰姓氏録《しんせんしょうじろく》に太秦公宿祢。秦始皇帝十三世孫。孝武王之後也」[12]と、秦氏は秦始皇帝の子孫であるという。しかし、水谷千秋はそうした説もあるとしながらも、「弓月君《ゆづきのきみ》が百済から移住したという『日本書紀』の所伝を重視すれば百済出身ということになる」[13]とも付け加えている。

渡来系豪族として有名なのが、倭漢氏《やまとのあやうじ》と秦氏である。両者の違いについて水谷は次のように言う。「倭漢氏は葛城氏、大伴氏、蘇我氏と当代随一の豪族に次々と重用され、主に軍事と土木・建設の分野で貢献した。とりわけ大化の改新前夜は蘇我氏の事実上の配下として仕えた。地位こそ高くなかったが、かなり政治の中枢に食い込んでいた。一方、秦氏は秦河勝《はたのかわかつ》が聖徳太子に登用されたとの伝承を持つぐらいで、それ以外には特定の大統や豪族と密着した間柄になった例は少ない。また秦河勝以後、高い地位に就いた者もいない」[14]。そのことからも、政治と距離をおいた秦氏が地方の服織の地に勢力を拡大したことはうなずける。

秦氏は朝鮮半島から渡来して来た当初は、畿内付近に住んだ人々が多かったが、その後国内各地に拡散していった。当時の渡来人の多くは倭国にはなかった先進的な技術や文化をもたらし、その後の倭国の発展に大きく貢献した。渡来の規模もかなりに達し、だからこそ各地にその勢力を拡げる必要があった。背景に、百済の滅亡など当時の朝鮮半島情勢と深く関わっているとして、『静岡県史』は次のように書く。

『日本書紀』によれば、まず天智天皇五年（六六六）是冬条に、百済の男女二千余人を、東国に住まわせたという記述がある（『資料編古代』三九ページ）。具体的場所はあきらかでは

12　静岡市役所　『静岡市史』第四巻　1973年　p283
13　水谷千秋　『謎の渡来人　秦氏』　文春新書　2009年　p38
14　同著者　同書、同出版　同年　pp34～350

ないが、遠・駿・豆三国にも、その一部が移住したと考えられる。同条の記述によれば、百済が滅亡した天智天皇二年（六六三）以降、多くの亡命者が倭国にやってきたが、これら亡命者に対しては特例措置として、僧俗を問わず三年間、官食を給していたが、ここに至って東国に移配して自活させることになったという。[15]

秦氏が駿河の国において、養蚕機織の地として選定したのが服織であった。理由は、北風を防ぐ比較的温暖な地であり、当時の市場としての安倍市に近かったこと、古代に京への幹線道路に近い位置にあったこととされている。『静岡市史』は新撰姓氏録及び日本書紀等を引用して、秦氏一族の渡来規模は日本全国では次の如くとしている。

> 雄略天皇の御代に、其族九二部一八一七〇人とある。部は群の義で後の郡に當る。次ぎに欽明天皇の元年（五四〇）には戸數七〇五三戸の多きに達したと見えて居る。大化大寶の制に依ると、一郷は五十戸を標準としてある。仮に比率を以て欽明天皇の時の秦氏の戸數を計るに約一四一郷に當つて居る。奈良養老頃（七一七～七二三）於ける全國の郷數は四〇一二とある仮に欽明天皇の頃亦此郷數ありたりとせんには、秦氏の戸數は全国戸數の約二八分の一に相当するものと見てよい。[16]

服織の秦氏は、職業的に服部《はとりべ》を組織するようになり、実績を上げたようである。『静岡市史』は次のように記している。「東國に於ける養蠶機織の発達は幾分上國に遅れた筈だけれども、それにしても既に元明天皇和銅四年（七一一）には、養蠶の好結果を得たと認定されたる二十一國に駿河・伊豆を加へ、織部司より挑文師《あやのし》を分遣して錦及綾の織方を教授させ、翌五年（七一二）には右の國々より錦を織つて上らしめ、以て挑文師の教育の功を試みられるまでになつた」[17]。養蚕の収量と質が上がり、駿河の調として多くの絹製品を朝廷に贈ったとしている。さらに、「其大部は蓋し此服織地方の産であつて、一方では安倍市に供給されて立派な商品として取扱はれたのであらう」[18]と付け加えている。

秦氏の時代に駿河にも馬の導入の可能性

水谷千秋は研究がまだ進んでいないとしながらも、「秦大津父《はたのおおつち》が馬に乗って山背の深草からい

15　『静岡県史　通史編』1　原始・古代　静岡県編集・発行　1994年　p601
16　静岡市役所『静岡市史』第四巻　1973年　pp281～282
17　静岡市役所市史編纂課『静岡市史編纂資料』第壹巻　1927年　p121
18　同所編纂　同資料　同年発行　p122

せまで往来し、商業活動をしていたこと、深草の屯倉《みやけ》に多くの馬が飼育されていたこと、そして寝屋川の秦氏の領域に牧の存在が明らかになったことなどを考え合せてみれば、今後重要な問題になっていくに違いない」[19]と秦氏と牧について述べている。

秦氏と馬の関係はあってもおかしくない。『静岡市史』も、建穂寺の南を流れる藁科川の反対側の地に牧ケ谷という所が古くからあり、秦氏の時代から下った平安時代、蘇弥奈《そみな》（後述予定）という牧場があったと記している。建穂寺と秦氏の関係を養蚕機織に限定しないで、その後平安時代に、馬においても関わりの可能性を示唆しているのは興味深い。

秦氏と服部

今ではその面影はなくなったけれども、服織は古くは養蚕や織物の地として栄えた。その先鞭をつけたのが秦氏であるといわれる。養蚕や織物に従事することを生業とする人々の集団を服部といい、服織には秦氏の率いる服部が入植した。北風を小高い山に遮られた温暖な場所は養蚕に適していて、安倍市という市場にも比較的近いということも好条件だった。静岡市立図書館が編集した文献には、「藁科には、やがて、帰化人『秦氏』の率いる『服部』が移住し、養蚕・機織に従事したことが立証され、この地に大きな変革をもたらした。一方、建穂にあった駿河の大寺『建穂寺』は、この秦氏の私寺として創建された寺と言われ、明治初年まで絶大な勢力を有した寺であったことも、広く知れ渡っている」[20]とある。

秦氏の服部は、服織で養蚕機織に従事して優れた絹を生産し、中央の朝廷などへの贈りものとしたり、安倍市に送り出したりしたとされる。足立鍬太郎は京の木島《このしま》（太秦）との関係に触れ、「秦氏の率ゐた服部が住んだ地方として、我等は端的に建穂の西に續く羽鳥を擧げるに躊躇せぬのみならず、彼の葛野郡《かどのぐん》木島なる木枯森の名がこれには藁科川の一小島に負わされてをる」[21]と述べている。木島には今も木島神社があり、それは太秦広隆寺の隣である。つまり、「木枯の森」は、古代広隆寺の近くにもあった。

太秦広隆寺は、国家として仏教信仰を目指す聖徳太子の意を、秦河勝が受けて葛野郡に建立したといわれている。近くにある木島神社も養蚕業の守り神で、秦氏の関係した神社と伝わる。また、建穂神社と関係が深い馬鳴大明神は秦氏の祀った養蚕の守り神であるという。

服織地区にあった明神森は馬鳴大明神が祀られていた。服織は、現在の建穂や羽鳥などを含む旧安倍郡の大字であり、秦氏はこの服織を養蚕機織の拠点としていたとみられている。地理的な

19　水谷千秋『謎の渡来人　秦氏』文春新書　2009年　p76

20　静岡市立藁科図書館『藁科の中世文書』1989年　p1

21　足立鍬太郎「建穂寺及び建穂神社の研究」静岡縣編集・発行『静岡県史跡名勝天然記念物調査報告』第一巻　1931年　p30

ことを勘案すると、馬鳴大明神と建穂神社の成立は別である可能性がある。その後、建穂寺を含む建穂神社の中心の領域に馬鳴大明神は祀られるようになった。

足立鍬太郎は「秦氏に系をひく服織部の定住すると共に、養蠶機織の祖たる馬鳴の信仰の混入して、ここに馬鳴大明神を現し、以て衣食の神となり、又建穂寺の盛大なるに随つてその鎮守と稱せられたのであらう」[22]としている。養蚕機織りをしていた秦氏は、神や仏に帰依していた。馬鳴大明神を祀り、馬鳴大菩薩を安置しようとしたのもその表れであり、建穂寺の創建に至ったとしても不思議はない。

さらに、多くの京都の歌人らが木枯の森を歌枕として取り上げているのも、故郷の木枯の森を懐古して詠んだ可能性もある。秦氏に系をひく服部の気持ちと相通ずるものがある。

広範囲に影響を与えた秦氏

秦氏は近畿のみならず国の広範囲にわたって産業を興し、大きな影響を与えた。古代の駿河国にも多大な痕跡を残していて、建穂寺の他では久能寺が挙げられる。有度山に諸堂を構えた久能寺の創建について、『久能山史』は、『久能寺縁起』（十四世紀中頃編纂）を引いて、「推古天皇（在位五九二～六二八）の時代に駿河国を賜わった久能忠仁《くのうただひと》が下向し、この地で狩りを行おうと深山へ分け入った際に、杉の巨木の間から五寸余の金の千手観音を見つけ、草堂を建てたことが久能寺の始まりである」[23]と記す。

駿河以外では、大井川の扇状地に開けた初倉がその代表格である。『静岡市史』は、「本縣に於ては大井河の右岸今の榛原郡初倉村に秦氏の一族が居住して頗る繁昌したことが察せられる。（中略）。初倉又幡豆藏は秦村の意であらう」[24]と記す。秦は機にも通じ、韓国語 pata は海や倉・村・群れという意味もある。初倉には秦氏の氏神とされる式内明神大敬満神社郷社があり、祖先功満王が祀られている。さらに、「延喜兵部式の初倉驛和名抄の驛家郷は即ちこ、で、（中略）。舟路駿河の小川驛《こがわえき》に連り、大井川の渡頭を占めて頗る有利の地であつた」[25]と、広大にして豊饒な土地柄で、かつ交通の要衝という立地条件が揃っていたというのである。

初蔵荘も服織荘と同じく、鳥羽天皇の内親王である八条院の御領であった。

このように、秦氏の勢力は現在の静岡県の中でも遠江国から駿河国にわたっていた。渡来人の秦氏の活動によって、服織は養蚕機織が栄え、初倉は穀類の収穫が盛んになり、久能山付近では塩など海産物で産業を興した。また、秦氏は信仰の拠り所として、服織地区に明神森を祀り建穂

22　同著者　同論文　同発行　同書　同発行年　p51
23　静岡市編纂『久能山誌』静岡市　2016年　p38
24　静岡市役所『静岡市史』第4巻　1973年　p283
25　同編集　同書　同年　同頁

寺を建立し、初倉に敬満神社を祀り、久能山には久能寺を創建した。

文書など記録に乏しい面はあるが、秦氏が馬鳴大明神を通じ、神社が優位に立つ神宮寺の段階にあった建穂寺の草創期に影響を与えたことは否めない。

馬鳴菩薩像

秦氏と関係があったかもしれない馬鳴《めみょう》菩薩像について取り上げる。それは現在、太秦広隆寺に眠っていると思われる養蚕神馬鳴菩薩の像のことである。その存在に気が付いたのは、『静岡市史』の編集委員をしていた足立鍬太郎だった。足立は養蚕神馬鳴菩薩に、特に強い興味を抱いていて研究を続けていた。『静岡市史』によると、足立は昭和初期に、元々は建穂寺にあった養蚕神馬鳴菩薩の像を、太秦広隆寺が保存していることを知り、確認のため昭和二年三月二十六日、同じく『静岡市史』の編纂委員をしていた別符了榮とともに、橋川正《ただす》の紹介状を持って太秦広隆寺を訪れた。その時の状況について次のように描写している。


私は夢にも忘れることの出来ぬ目的の或る者を認めて、其前に全く吸ひ着けられて了つた。

そは二臂像は菩薩像、色相白肉色にして而も合掌し、白馬に乗じ、白衣を著け、瓔珞《ようらく》を以て身を荘嚴し首に花冠を戴き、右足を垂る。といふ儀軌其儘、長約一尺五寸許の養蠶神馬鳴菩薩の像である。いふまでもなく、静岡市外服織村建穂にあつた馬鳴明神の本宗であらうと想像したものを見つけたのだ。[26]

同じ頃、足立は静岡県の依頼で、史跡名勝天然記念物の調査をし、建穂寺の研究も担当していた。その時、前記の太秦広隆寺の養蚕神馬鳴菩薩の像についても触れて調査報告している。

太秦廣隆寺を訪ひ、其の靈寶館に之を探ると、果して西側の陳列棚に其像を發見した。然るに同寺では未だ嘗て注意に上らず、随つて廣隆寺大鏡にも廣隆寺史にも載せられていないから、写真も繪端書も無いといふ。併し予にとりては多年の思人で、どうしても此のままにし難いから別符了榮氏を煩し、共に廣隆寺史の著者橋川正氏を六條道場に訪うて、之を諮ると氏は責任上打捨ておくべからずとして、四月三十日態々撮影して三種を恵まれ、更に馬鳴信仰と養蠶機織と題する一文をも、同年七月発行の史林第十二巻第三號に載せ、併せて予との關係をも發表された。圖版の馬鳴菩薩像はかかる機縁と好意とによつて入手したものである。[27]

26　静岡市役所市史編纂　足立鍬太郎編『静岡市史編纂資料』第壹巻　1927年　pp123~124

太秦広隆寺には今でもこの霊宝館は存在しているが、一般公開していない。従って確認はできないが、恐らく保管されているのではないか。足立鍬太郎は橋川正の働きかけで特別に拝観の機会に恵まれた。『静岡市史』発行の時点では、まだ写真の入手ができず、その後、橋川の協力を得て写真を撮影し、『静岡県史跡名勝天然記念物調査報告』に前記の論文を発表している。

さらに、足立は橋川正から馬鳴菩薩について、馬鳴信仰と養蚕機織とが深い関係にあり、また、建穂寺は明神森にあった頃から、秦氏を介して太秦広隆寺とのつながりが推測されると聞いたようだ。

> 氏（橋川）は又此の馬鳴像が、元来秦氏の祖像や呉織・漢織の像等と共に太秦殿に安要されて居たことは、馬鳴信仰と養蠶機織とが結合してゐたことを證するといふ。かかる信仰が建穂神社特に未だ羽鳥に近き明神森に鎮座し給うた頃に混入し、又今も現に羽鳥の産土神たる浅間神社にも合祀され居る等を考へると、其の往年の服織部は秦氏に率ゐられたる者で、葛野の太秦と本末の關係を有する者と推断される。28

いずれにしても、秦氏、馬鳴大明神、馬鳴菩薩像、太秦広隆寺が、建穂寺と何らかのつながりがあることは疑いのないところである。それを足立は橋川のことばを借りて述べているのである。また、馬鳴菩薩像が一時建穂寺にあったことが事実とすれば、建穂寺の前身が秦氏を通じ、太秦広隆寺の馬鳴信仰に影響を受けていた可能性を示しているのではないか。

次のデッサンは、橋川正が広隆寺霊宝館に所蔵していた馬鳴菩薩像を昭和二年四月に撮影した写真（足立鍬太郎『建穂寺及び建穂神社の研究』一九三一年掲載）をもとにしている。

太秦広隆寺の馬鳴菩薩像はデッサンに描かれている通り、馬鳴菩薩が馬にまたがった二本の腕のものである。その詳細は、足立鍬太郎が論文の中で詳しく発表している。

馬鳴菩薩が養蠶機織の守護者であり、其像に二臂と六臂の二種あること等を、予は既に静岡市史編纂資料に發表したが、此の廣隆寺なるは馬上二臂合掌の半迦像で全高臺座とも二尺四寸ある。光背・蓮臺・及び下垂せる足の衣の襞の深き等は鎌倉時代ならんも、馬はやや下れるが如く顔面及胸部の手法は平安時代の面影があるから、或はやや古きものを鎌倉以後に於

27　足立鍬太郎「建穂寺及び建穂神社の研究」静岡縣編集・発行『静岡県史跡名勝天然記念物調査報告』第1巻　1931年　p31・32

28　足立鍬太郎「建穂寺及び建穂神社の研究」静岡縣編集・発行『静岡県史跡名勝天然記念物調査報告』第1巻　1931年　p33

右の馬鳴大菩薩のデッサンは建築士法月正晴氏による。

て補修したるにあらざるか。予が實見の當時は雨天であり、且つ硝子を隔てたる爲に詳細調査するを得なかつたのは遺憾である。[29]

前述の通り、足立は写真を入手するのに苦労している。橋川との機縁と好意とによって辛うじて入手できた。太秦広隆寺を訪れた三月二十六日、馬鳴菩薩像の写真を寺に依頼したが、住職の不在を理由に入手も撮影も叶わなかった。それを橋川に報告したところ、同年四月三十日にようやく馬鳴菩薩像の写真が届いたという。残念ながら、その写真は九十年ほど経過している上、足立の論文を静岡県が書籍としてまとめたものに挿入されたものなので、色が褪せて全体的に不鮮明なため、ここには掲載しない。その代わりに、この写真をもとにしたデッサン（知人の法月正晴氏に依頼）を載せた。

馬鳴菩薩の現物の像は現在広隆寺の宝庫に眠っていると思われる。望むべくもないことであるが、もしその像を調査できれば、製作時期が明らかになるばかりか建穂寺と広隆寺・秦氏との関係がよりはっきりと浮かび、草創期の建穂寺解明の手掛かりが得られるかもしれない。この馬鳴菩薩像が建穂寺を知る上で貴重なのは間違いない。

29　足立鍬太郎「建穂寺及び建穂神社の研究」静岡縣編集・発行『静岡県史跡名勝天然記念物調査報告』第一巻　1931年　p32

建穂寺と太秦広隆寺との類似性

建穂寺の仏像は、如来の中では阿弥陀如来が多いのが特徴である。京都国立博物館の淺湫毅連携協力室長（調査当時は主任研究員）によると、阿弥陀像は常行三昧の本尊であるといい、建穂寺で常行三昧の修行が行われていた。三嶋清左衛門が元禄十六年（一七〇三）に著した『駿府巡見帳』によると、弥陀堂は観音堂の堂庭に二宇と、時代によっては学頭の菩提樹院のすぐ上に一宇存在していた。この三宇すべてか、一部が常行三昧の修行の場であったことになる。

一方、秦氏の氏寺である太秦広隆寺について、『静岡市史』に次のように記している。

魔叱羅神は天台宗に於て崇める神で、比叡山では常行三昧堂に念佛の守護神として祭つてある。秦氏の氏寺たる山城の太秦廣隆寺は元来三論宗の寺院であつたが平安朝に入り、弘仁九年（八一八）に大火があつて焼失したから其後を承けて經營した道昌が弘法大師の弟子となつて眞言宗に改めた。けれども天台に浄土宗の信仰が勃興した影響を受けて、此寺内にも常行三昧堂が造られ、随て魔叱羅神を祭り、其慰祭として室町時代の末から今の様な牛祭が行はれることになつた。是は秦氏に関する件として注意を要する。[30]

興味深いのは、建穂寺は太秦広隆寺とは寺の格が明らかに違うが、既に述べてきたように、様々に似ている点である。魔叱羅神（摩多羅神）は、天台宗における常行三昧堂の守護神のことである。牛祭のことを別にすれば、あたかも建穂寺について述べているかのようである。

30　静岡市役所市史編纂　足立鍬太郎編　『静岡市史編纂資料』第壹巻　1927年　pp125・126

三　馬鳴大明神（建穂神社）、明神森の状況

馬鳴大明神（建穂神社）の草創期

古代において、建穂寺は影が薄く、馬鳴大明神（建穂神社）や明神森が優位に立つ中で、神宮寺として草創期を迎えたようである。ここでは建穂寺の形成や仏像等の安置につながる先駆けとしての馬鳴大明神や明神森を、資料や現存物に基づきながら見ていく。

馬鳴大明神又は建穂神社の創建が何時であるかは必ずしも明確ではないが、古代からあったことは様々な資料から明らかである。明治の初めに神仏分離令が発令されるまで、日本では神仏は混淆であって、分ける意識はなかった。馬鳴大明神と建穂寺の関係も同じで、服織の地に秦氏が養蚕機織業を興して住み着いた時、京都太秦からの流れで、広隆寺と蚕の社を駿河の服織に導入して、馬鳴大明神を祀って馬鳴菩薩像を安置した。馬鳴大明神は、服織全体の養蚕機織業の守り神として意識されていたであろう。

馬鳴大明神を祀った場所は、鎌倉時代から明治元年の神仏分離令まで、建穂寺の中央に置かれていた。ただ、それ以前は建穂の西にあった時代もあり、そこを明神森と称していた。一方、建

穂神社は都岐宇命神と表記され、その語源となったトキウ・建穂の地にあったようである。

建穂神社について、『駿河志料』では『風土記』を引用して次のように記している。


延喜式所載安倍郡中の一社にて、諸郡神階帳正五位下建穂天神と見え、風土記に建穂神社所祭天照大神也、日本武尊擧之所也とあり、里人云、建穂寺村元一村なり、彼寺の領を然称すと云。[31]

建穂神社の主祭神は天照大神であり、駿河は日本武尊が草薙の剣で野火の難を打ち払った所でもある。建穂神社では併せて日本武尊も祀っているという。現在はこれら二柱に加え保食神《うけもちのかみ》も祀っている。「建穂寺村元一村なり」ということから、ここにいう建穂神社は、建穂の西のはずれの現在の羽鳥にあった明神森ではなく、建穂寺の中央に位置していた現在の建穂神社であろうと推測される。引用された『風土記』とは、近世の頃のものか、天平年間（七二九〜七四九）と延長三年（九二五）に編纂されているいわゆる『古風土記』であるかは定かではない。いずれにしても、『駿河志料』は江戸末期に書かれたものである。

天平年間のことについて、建穂寺学頭の隆賢は建穂寺への寄付があったことを、『建穂寺編年』

31　中村高平『駿河志料』一　1861年　橋本博校訂　歴史図書社　1969年　巻之29　p689

に記している。

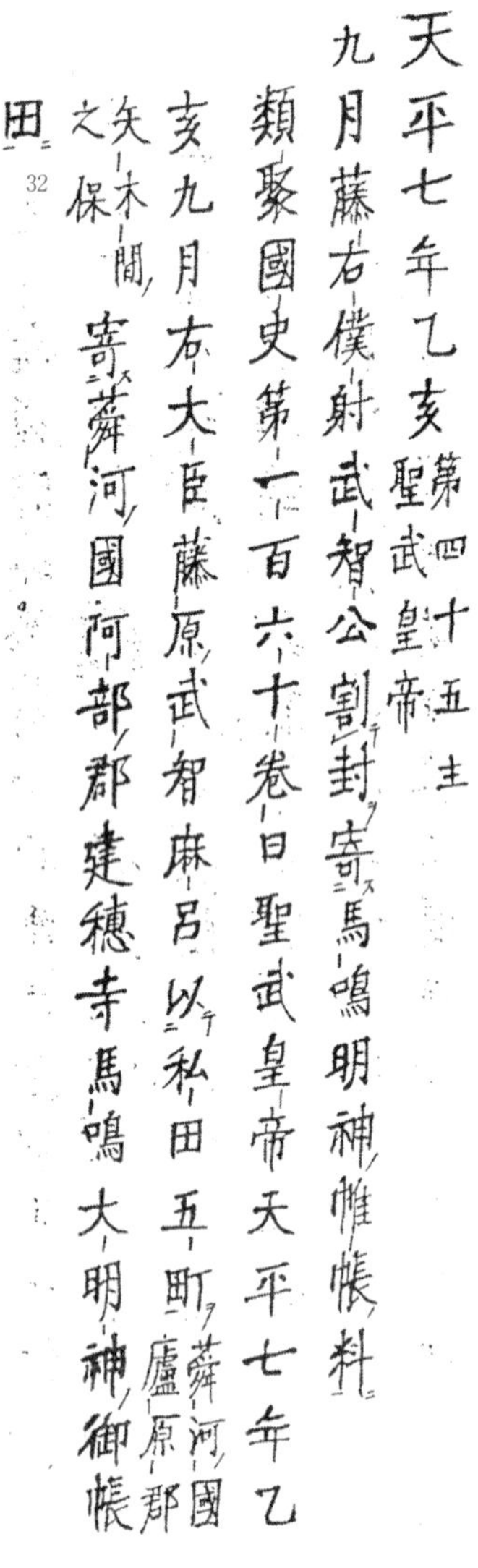
天平七年乙亥 第四十五主 聖武皇帝
九月藤右僕射武智公割テ封ヲ寄ス馬鳴明神帷帳料ニ
類聚國史第一百六十巻曰聖武皇帝天平七年乙
亥九月右大臣藤原武智麻呂以テ私田五町ヲ駿河國廬原郡
矢木間之保寄ス駿河國阿部郡建穂寺馬鳴大明神御帳
田ニ 32

天平七年（七三五）第四十五代聖武天皇の時代、九月藤原右僕射《うぼくや》（僕射は中国の官名。左・右あり）武智麻呂公は、所領の一部を馬鳴明神のとばり料として寄付をした。

『類聚国史《るいじゅうこくし》』第百六十巻に、「聖武天皇天平七年（七三五）乙亥九月のときに、右大臣藤原武智麻呂は駿河国庵原郡矢木間字保に所有する田五町を駿河国安部郡建穂寺馬鳴大明神の御帳田として寄付した」と掲載されている。（現代文は筆者）

『類聚国史』は広辞苑に、「勅撰の史書。菅原道真編。二百巻。八九二年に成る」と記されている。『建穂寺編年』はそれを引用しているので、権威と信頼のおけるものであるはずだが、『駿河記』上には「偽文なり」とある。このことを、どう解釈していいか判断に迷うところである。

馬鳴信仰と馬や蚕や繭の関係

『建穂寺編年』は、馬鳴大士（馬鳴菩薩）と馬や蚕の関係について次のように説明している。仏教のふるさと古代インドでのことを説話的に語るくだりである。

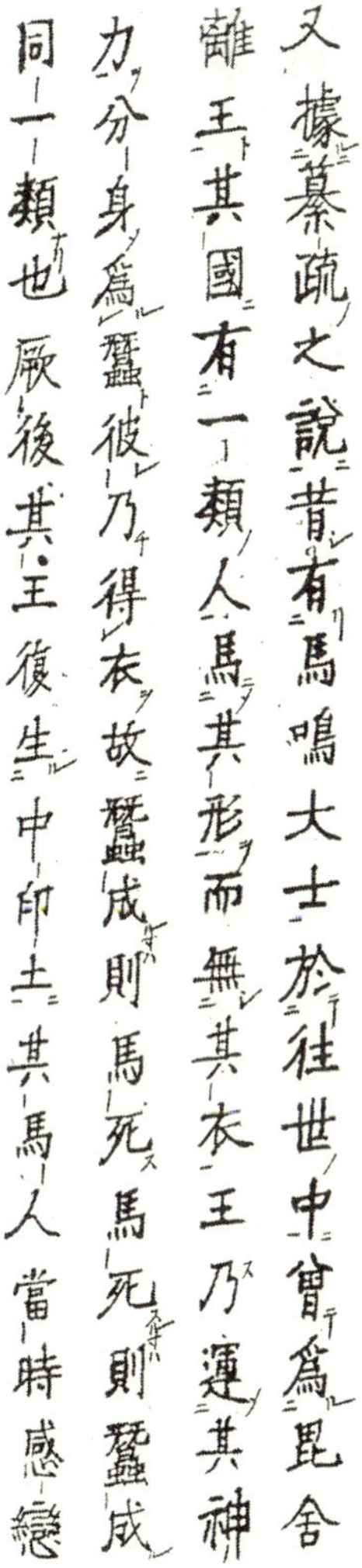
又據纂疏之說昔有馬鳴大士於往世中曾為毘舎
離王其國有一類人馬其形而無其衣王乃運其神
力分身為蠶彼乃得衣故蠶成則馬死馬死則蠶成
同一類也厥後其王復生中印土其馬人當時感戀

32　隆賢『建穂寺編年』上　見性寺所蔵（原書）　静岡市立図書館（複写）　1735年　p27

悲鳴不已故號馬鳴即第十一祖富那夜奢是也
付法藏祖中第十一祖富那夜奢也第十二祖者馬
鳴也第十三祖龍樹也而今指馬鳴稱富那夜奢恐

……（以下略）……。[33]

また、編纂するこの説に拠ると、昔馬鳴大士がいた。往く世の中に於いて、かつて、毘舎離王（古代インドのリッチャビー族の王）という同じ種類の人がいた。その形は馬にして、しかも、衣類を着ていない。王は、すなわち、その神力を運ぶ分身としての蚕である。それすなわち衣を得ることになる。故に、蚕が繭を生んで絹を生ず。すなわち、馬は命をかけ、馬が命をかければ蚕が生ずるというように、同じたぐいのことである。その後、毘舎離王は再びインドの地に生まれ変わり、その馬人、当時、感激のあまり我を失って悲鳴をあげて感じ入った。故に馬鳴と称した。すなわち、これが第十一祖富那夜奢《ふなやしゃ》のことである。付法藏祖のうち、第十一祖は富那夜奢である。第十二祖はそういうことで馬鳴である。第十三祖は龍樹である。……（以下略）……（現代文は筆者）

毘舎離王は姿が馬のようであった。姿・形は馬であって衣類を着ていない。当時の人にとって馬は極めて貴重な存在であり、その馬と蚕を結び付けているのが興味深い。そのような状態から蚕の繭を育てて絹を紡むことで養蚕機織業を起こしていく人間の守り神として、その鳴き声から馬鳴大明神を想定したのだろうか。第十二祖から第十三祖龍樹へ飛躍しているが、龍樹は空の思想で有名なインドのバラモン出身の実在した高僧である。

足立鍬太郎はその著書「建穂寺及び建穂神社の研究」の中で、仏教史学者橋川正の馬鳴信仰についての論文から次の箇所を引用している。

昔天竺の境に一馬國あつて人皆毛を生じ、聲は悉く馬の如くであつた。馬鳴は曾て蠶蟲を作つたが、彼の蟲から出た繭より絲を出し、人をして衣を作らしめたといふのみならず、六人眷屬には蠶室・蠶母・蠶命・蠶印等の如く、蠶に關係深いものがあり、馬鳴菩薩供養と養蠶との間に離るべからざる連絡がある。[34]

33　隆賢『建穂寺編年』上　見性寺所蔵（原書）1735年　静岡市立図書館（複写）pp31～32
34　足立鍬太郎「建穂寺及び建穂神社の研究」静岡縣編集・発行『静岡県史跡名勝天然記念物調査報告』第一巻　1931年　pp32・33

この馬国の人皆の声が馬に似ていた。馬鳴が蚕を作りそして繭も作り、さらに絹の衣を作ったとしている。馬鳴菩薩と養蚕業には切っても切れない関係性があるとも橋川は述べている。その論述の内容は、隆賢の『建穂寺編年』も橋川も概ね同じといえる。

この点を足立は、「馬鳴信仰と養蠶機織とが結合してゐたことを證するといふ」[35]としているのである。

『延喜神名帳』の記録

次に、延喜式式内神社の記録からみていく。『延喜式』は『延喜神名帳』ともいわれ、『静岡市史』は、「而してそれは延長五年（九二七）十二月二十六日左大臣藤原忠平等によつて撰進されたものである」[36]と述べている。天皇の命令によって編纂されたものだけに、格式が高く、かつ内容の信頼性も高いとされている。『駿河志料』には、安倍郡七座の式内神社について、次のようにある。

式内神社

駿河國二十二座大一座小二十一座

【安倍郡七座】並小

足坏神社足窪村白髭大明神と云　神部神社本郡宮中総社社中
建穂神社本郡建穂村　中津神社明屋敷住吉社なるべし
小梳神社有度郡明屋敷少将井社と云　白澤神社牛妻村白澤
大歳御祖神社宮中奈古屋社[37]

『延喜神名帳』には建穂神社が安部郡建穂村と書かれている。しかし、先の『駿河国新風土記』によれば、この頃の建穂寺村は明神森も含まれていたことも考えられる。それだけに、建穂神社と馬鳴大明神との関係も興味深いところである。

安倍郡七座の内、建穂神社と関係のある神社は、神部《かんべ》神社、大歳御祖《おおとしみおや》神社、小梳《おぐし》神社の三座である。神部神社と大歳御祖神社は静岡浅間神社を構成している神社であり、小梳神社は建穂神社の神事の執行などを代行している神社である。静岡浅間神社を構成している、もう一つの神社である浅間《あさま》神社は延喜元年（九〇一）に醍醐天皇の勅願によって、富士宮市の富士山本宮浅間大社から勧請された。しかし、この主要な浅間神社が『延喜神名帳』から漏れている。理由は不明で

35　同執筆　同論文　同編集発行　同書　同発行年　p33
36　静岡市役所市史編纂　『静岡市史編纂資料』第壹巻　1927年　p241
37　中村高平　『駿河志料』一　1861年　橋本博校訂　歴史図書社　1969年　p23

ある。

建穂神社と明神森の関係は明らかではない。馬鳴大明神は秦氏が養蚕機織の神として明神森に祀ったとの見方が有力である。一方、建穂神社は建穂の地に住む村人たちの鎮守の森でもあった。建穂神社は馬鳴大明神と天照大神などの諸神を合祀していたことになる。

明神森の位置

明神森は、建穂と羽鳥が隣接する現在の羽鳥の地に存在していた。足立鍬太郎が昭和の初めに、次のように地図上で示している。

明神森は地図上で×の辺りである。この辺りは秦氏の時代は服織と言われ、地図の下を左から右に流れている藁科川が氾濫して、建穂寺南の建穂と同様に湿地帯であったようである。江戸時代の『駿河志料』は、次のように記す。

古社地　村の西南の田疇に、今に古松二三株ありて、里人明神森と云ふ、字山脇と云に山腰宮城など唱ふ所、又森より東百歩（約百八十メートル）許に、泥中に巨石うづもれて二處に有、又百歩許にして巨石あり、二三の鳥居跡なり、凡社地と思しき所五百歩（五百坪）ばかりなり、田の字に大鳥居、或は鳥居跡、あるは笛吹田、しやりこなど云あり、是此社の古社

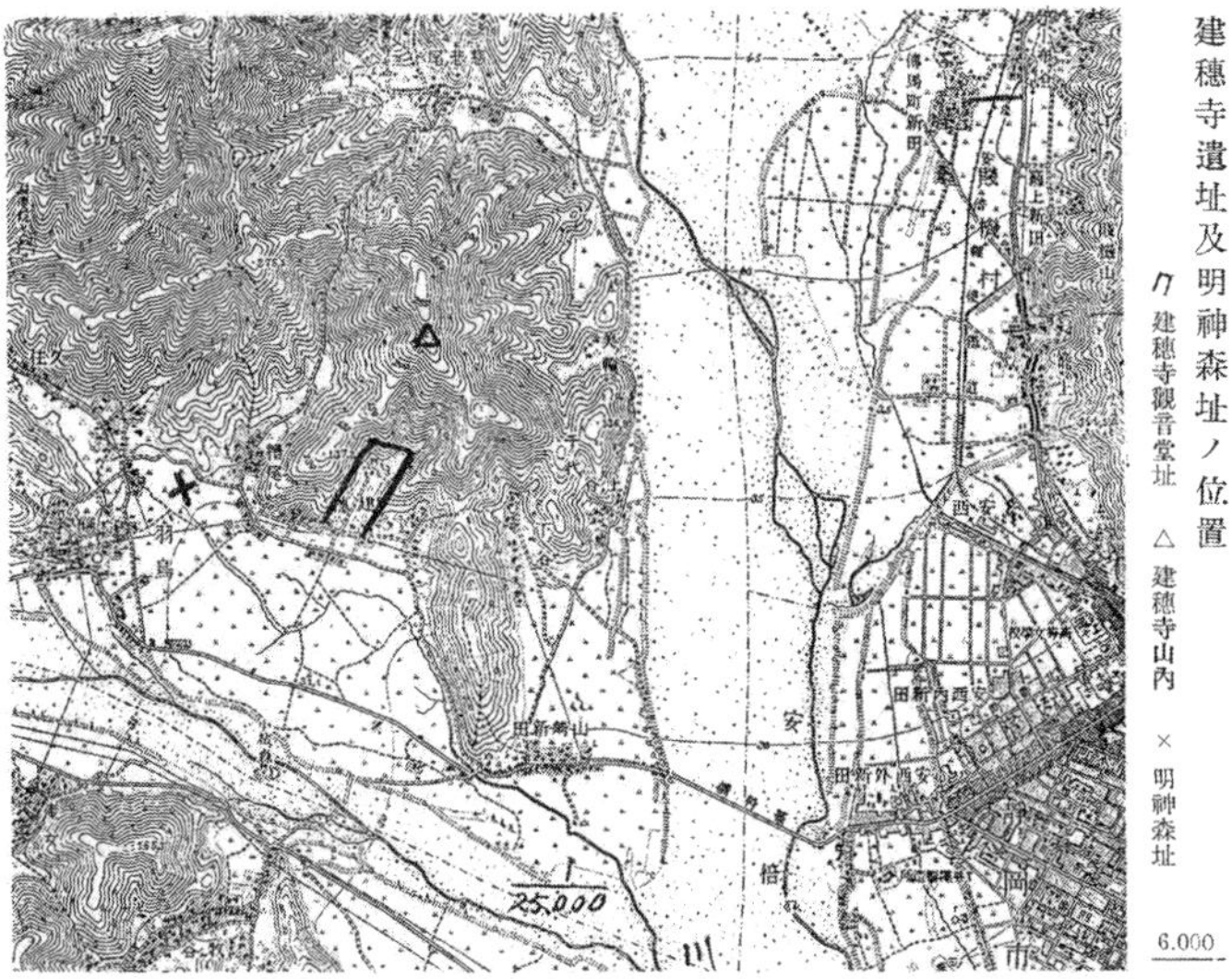

地図　建穂寺周辺（足立鍬太郎『建穂寺及び建穂神社の研究拾遺物』一九二八年）

地なりと、里人石上善玖云へりとて藤泰も誌おけり。[38]

当時（江戸時代末期）はまだその形跡があったとしているが、現在は住宅地になっていて、それらしいものは残っていないし、案内板もない。「古社地」とは馬鳴大明神を祀る明神森があった場所のことである。

前の地図の記号は次の通りである。

× 明神森　△ 建穂寺観音堂址　⊃ 建穂神社と建穂寺塔頭

この地図によると、「明神森」「建穂寺観音堂址」「建穂神社と建穂寺塔頭」の三カ所が離れて点在していたように表示されている。しかし、江戸時代初期に三嶋清左衛門が著した『駿府順見帳』によると、「建穂神社と建穂寺塔頭」と「建穂寺観音堂址」の間にも伽藍が存在していた。また、『建穂寺編年』によると「明神森」と「建穂寺観音堂址」の間にも訶利帝母（鬼子母神）堂などがあったと記されている。

馬鳴大明神、洞慶院、石上氏との関係

馬鳴大明神と洞慶院《とうけいいん》の関係についても触れたい。洞慶院はもと建穂寺の一山を構成していたという。その当時は喜慶庵《きけいあん》と称していた。洞慶院は石叟円柱《せきそうえんちゅう》が開山に努力し、享徳元年（一四五二）に現在の位置に福嶋伊賀守《くしまいがのかみ》の資金で建立された。本尊の千手観音菩薩は、福嶋氏の跡を継いだ石上氏が寄付したものとされ、伊賀守の法名により洞慶院とし、久住の地であったことから久住山洞慶院と称したのである。『駿河志料』に「里人云、建穂寺村元一村なり、彼寺の領を然称すと云、此村の洞慶院神宮寺も元彼寺の一山の内なりと云へば、建穂神社に預かれる故に建穂寺と称せしならん」[39]とある。建穂寺と同じく洞慶院の御本尊も千手千眼観世音菩薩である。建穂寺とは、馬鳴大明神を介した縁もあるようで、石上久左衛門は『石上家系譜』の中で、次のように書いている。

喜永（藤左衛門）

38　中村高平『駿河志料』一　1861年　橋本博校訂　歴史図書社　1969年　巻29　p689
39　同著者　同書　原書発行年　同校訂編集　同発行所　同発行年　p9p689

年號月日不相知當國太多郡笹間ニ而出生仕候
右藤左衛門義　今川範政公之時代應永之頃日月不知何之沢ハ不存候得共兄孫左衛門一同當所江引越建穂神社馬鳴大明神御朱印頂戴神主職相勤申候年齢不相知永享二庚戌年四月十日死去仕候建穂喜慶庵ニ而葬申候今ハ寺無御座候墓所相知不申候[40]

石上家は、今川範政公（今川範国を初代として四代目当主）の応永（一三九四〜一四二八）頃、笹間から服織に移り住んだ由である。そこで建穂神社馬鳴大明神の神主職に就いたと記されている。これが建穂寺との結び付きである。石上家は当初代々石上藤左衛門を名乗っていたが、その後、石上久左衛門を名乗るようになる。久左衛門の記録によると、喜永（藤左衛門）は駿河国太多郡笹間で生まれ、羽鳥で生涯を閉じ、葬儀は建穂寺・喜慶庵で行われたとされている。

さらに、福嶋伊賀守には子がなく石上家の藤兵衛忠告が家督を継ぎ、子孫が代々石上藤兵衛を名乗る。そのこともあり石上家は福嶋伊賀守と結び付きを強めたといえる。『石上家系譜』は続けて記す。

宗峻（藤左衛門）
母　不相知
妻　出生不相知法明麟峯院瑞雲妙祥大姉年號月日不相知當村ニ而出生仕候

當國守荻福嶋伊賀守様長録之比日月不相知洞慶院ヲ建立被成候節一同建立仕同寺本尊千手観音ハ右藤左衛門寄附致候其由来同寺二代太巌和尚之遺状ニ詳也文明二庚寅年九月十七日死去仕候年齢不相知右洞慶院江葬申候法明瑞雲院高巌宗峻居士[41]

石上氏が宗峻（藤左衛門）の時代に、福嶋伊賀守が洞慶院を建立し、宗峻（藤左衛門）が千手観音菩薩を寄付したという。石上氏は、洞慶院を菩提寺として今に至っている。

元禄五年（一六九二）、阿弥陀如来立像（京都国立博物館によると鎌倉時代の製作）が建穂寺から木枯八幡神社に授与されている。その後、石上家の念持仏堂であったとされる別宮八幡神社に移された。現在、この阿弥陀如来は羽鳥町内会が毎年九月上旬の日曜日、神輿で別宮八幡神社から木枯八幡神社に一時移動して祀っている。

40　石上久左衛門　『石上家系譜』　石上隆復刻編集　静岡市立藁科図書館　1978年　pp6~7

41　同著者　同書　同復刻編集　同発行所　同発行年　p9

馬鳴大明神の社の遷移

（1）『藁科物語』に記されている元禄時代の馬鳴大明神

藁科図書館が発行した『藁科物語』に、石上家所蔵の馬鳴大明神に関する古文書が引用されている。この文書は、建穂寺学頭慧観が羽鳥村の惣氏子に宛てた証文である。この中で、慧観は馬鳴大明神のこれまでの経緯を述べ、今後の約定について記している。

相定証文之事
一馬鳴大明神之御事古来も建穂寺鎮守にて御座候事
古之記録等に相見候通諸人存知之通に候然者社地羽鳥村之
内ニ御座候ニ付中頃其之村之鎮守とのミ見来此方支配者
中絶候然所ニ当年馬鳴大明神之小祠造立仕候ニ付田之中之
社地敷相見村ニ社地せバく御座候間当山衆中学頭
遂相談山涌山を大明神へ寄進申遷宮申事ニ候然上ハ此
山涌之明神へ差上候へハ向後羽鳥村へモ建穂寺村へも付

中子細ハ無之候旧跡者向後明神之御旅所と申羽鳥村ニ有之
新宮地ハ建穂寺山之内御寄進申御立チ被成候事是羽鳥村
建穂山両方之鎮守之由緒ニ相定申候猶々別当之儀ハ
建穂寺学頭古来之通ニ候重而御宮再興又ハ祭り等之
節ハ両村能様ニ相談いたし如何様共御繁昌被遊候様ニ互ニ肝煎
可申候弥山涌山之竹木落葉等迄惣氏子中猥ニ伐採中
事致間敷候為後日双方へ取りか王す相定手形如件

建穂寺学頭

慧　観　印

元禄十三年辰ノ極月一日
羽鳥村庄屋組頭惣氏子中

42

相定める証文の事

一馬鳴大明神の御事は、古来より建穂寺の鎮守である。

いにしえの記録などに見かけられるように、さまざまな方々がご存知の通りである。だか

42　静岡市立藁科図書館館長黒澤脩編著　『藁科物語』　静岡市立藁科図書館発行　1990年　p84

ら、社地は羽鳥村地内にあったのを、中頃、その村の鎮守とのみ判断するようになり、最近支配は中断している。そうしているところに、当年馬鳴大明神の小さな祠が建立されたが、田の中の社地に互いの村が相見える社地としては狭い状態にあった。そこで、建穂寺衆中並びに学頭が相談したところ、ついに、山涌山（山脇）を大明神へ寄進して遷宮いただくことになった。そういうことであるからして、この山涌（山脇）の明神へ献上したので、今後、羽鳥村へも建穂寺村へも付けるので、差支えとなる事柄があるわけではない。歴史上の場所は、今後明神の祀られていた羽鳥村になる。新社地は建穂寺山の内に御寄進されて建立されたものである。このことは、羽鳥村と建穂寺村両方の鎮守の由緒に共に定めたものである。なおその上、別当のことについては、建穂寺学頭が古来の仕来りにより当たる。重ねて、御宮（馬鳴大明神）再興又は祭などの節は、両村がよく相談して、どのようにもご繁昌なさるように、お互いにお世話をすべきである。その上に、山涌山（山脇）の竹木落葉などまで、全ての氏子中がむやみに伐採することを禁ずる。後日のため、双方が取り交わして相定めた例の如くの証文である。

建穂寺学頭

慧　観　印

元禄十三年（一七〇〇）十二月一日

羽鳥村庄屋組頭惣氏子中　（現代文は筆者）

馬鳴大明神は、古来より建穂寺鎮守であったと前置きしている。鎌倉時代（一二一〇年）、吾妻鏡（東鏡）によると建穂寺の馬鳴大明神の神託があったとしているので、その頃建穂寺に馬鳴大明神があったことは間違いない。しかも、元禄十六年（一七〇三）、三嶋清左衛門の『駿府巡見帳』は、仁王門より二町余（二百メートル余）の境内に馬鳴大明神があったとしている。これら二つの記述と前記証文とが異なっている。

私が推測するに、馬鳴大明神は二カ所に祀ってあっても矛盾するものではないと考える。一つは秦氏が祀った建穂郷にあった羽鳥庄の明神森にあった本宮であり、他の一つはその祭神を勧請（分霊）した今宮（新宮）としての建穂寺中心部にあった、三嶋が見ているものである。その内、本宮の馬鳴大明神が山脇経由で洞慶院に移ったとした方がすっきりするのではないか考えている。

（２）馬鳴大明神と建穂寺や建穂神社との関係

建穂や羽鳥を含む服織地域は、次第に養蚕機織とは無縁となっていく。馬鳴大明神は行き場を失って、山脇を経由して、石上氏の菩提寺にもなっている洞慶院に祀られるようになったのであろうか。今は洞慶院入口階段下脇に寂しく祀られていて、諸行無常を感じざるを得ない。そもそも、馬鳴大明神は、建穂神社の前身の都岐宇命とは出自が異なるとの考え方もある。『静岡市史』

は、「岐都宇命神と馬鳴明神は初め別神であつたのを後に或は合一したのかも知れない」[43]としていて、建穂神社と馬鳴大明神の関係は必ずしも明確ではない。いずれにしても、神も世の変遷に大きな影響を受けているのであろう。

右の写真二枚はもと山脇に祀られていたとされる馬鳴大明神の写真である。上の一枚は馬鳴大明神の社であり、下の一枚は中に祀られている馬鳴大明神の札である。

洞慶院にある馬鳴大明神の祠㊤と札（筆者撮影）

土地の古老によると、昭和の頃、山脇と称する小高い丘に馬鳴大明神の小さな社があった。昭和三十年代後半、羽鳥地区にジフテリアが流行したことがあって、馬鳴大明神の祟りではないかと畏れられ、当時手厚く祀ったという。その後、当地は民間の手にわたり、馬鳴大明神は現在の洞慶院に移ったようである。山脇にあった頃、一月二十七日が縁日であった。ただ、住職によると、洞慶院は山間の奥まったところに位置し一月では寒いということもあってか、近年は毎年春分の日に供養を行っている。

43　静岡市役所『静岡市史』第四巻　1973年　p340

四　伝承による道昭、行基及び道昌との関わり

建穂寺の草創期と道昭、行基

建穂寺のしおりには、法相宗の道昭が開き、行基が再建した寺であると記されている。しかし、道昭や行基が活躍した七世紀後半から八世紀前半にかけて、建穂寺と関わりがあったことが書かれた史料が見つかっているわけではない。道昭や行基がこの駿河国建穂に来たという伝承にすぎない。道昭については、建穂寺に関係した尊僧の仏像四躯の内にも入っていないのである。

それではなぜ建穂寺のしおりなどに道昭や行基の名前が登場するのか。それは『建穂寺編年』によるところが大きい。学頭隆賢は『建穂寺編年』の冒頭部分で道昭が建穂寺の前身の仏閣を建てたことを説話的に記述するとともに、その上（巻）で、学頭円雄が正保四年（一六四七）に著した『観音縁起』、また、その下（巻）で学頭隆範が延宝八年（一六八〇）に著した『観音堂記』を引用しながら、道昭が創建に関わり、行基が再興した旨を記述している。『建穂寺編年』は、建穂寺の僧侶が著した唯一のまとまった現存記録とされ、その後の文献に多用されている。しかし、再三触れたように、必ずしも史実に基づいているとは言い難い。

道昭や行基が活躍した時代の建穂寺は、神社が支配する形の神宮寺的存在であったことが推定される。場所も、養蚕機織業を指導する渡来人の介入を考慮すると、明神森辺りの平地にあった可能性が高い。多くの仏教の専門家が主張するように、山の中に寺院が建てられるようになったのは、最澄や空海が唐から戻って、比叡山に天台宗を高野山に真言密教の本山を建立して以降である。確信があるわけではないが、建穂寺の観音平に観音堂ができたのも平安時代とするのが妥当ではなかろうか。

建穂寺が神社から機能を分離されて寺院としての体裁を整えたのも平安時代からではなかろうか。そう見ていくと、建穂寺と道昭、行基との関係性は薄くなっていく。ただ、建穂寺歴代の学頭であった隆賢、円雄、隆範が道昭と行基の関わりを記している事実は重いと言えよう。

『建穂寺編年』に記されている高僧の介在とその疑問

『建穂寺編年』には、過去の学頭が記した文書も引用されている。その一つ、学頭隆範が執筆した『観音堂記』の部分に次のような記述がある。「そこが建穂寺である。楼門と神社の鎮守祠との間に、塔頭が左右に二十一箇所あり、それらの屋根は茅茨で葺かれていて、その佇まいは甚だ質素である。正面の山をさらに六百メートルほどで、岩の突き出た松や杉の古木などが無数に生い茂る森を登ると本堂の観音堂に出る」と書き始められ、さらに続く。

抑當山之開基者推古帝之御代於此山嶺常聳奇
雲覆峯有邇鄰里雖然村老鄉若不知其然故爰釋
道昭禅師斗藪遊歷至當所看山嶺之奇雲則知其
靈異而肇開此地雕刻千手大悲之像安置州堂静
坐觀行凡有年然闕左未佛法草昧人曾不聞佛之
名然經年序草堂檐牙倒落云云其後人皇四十四
代元正天皇養老七年行基菩薩飛錫歷涉至闕左
44
尋道昭當山州創之跡愛靈蹟湮没勵興復之志再
興已復久湮之址又自雕作千手觀音像而伽藍營
作漸成土木之功曰有有滂池生稻禾穗宛如秋實
時二月十八日也行基菩薩寄此嘉瑞則山名瑞祥
山以生稻禾穗寺號建穗寺有數株之菩提樹院號
45

そもそも、建穂寺開基は推古天皇（五五四～六二八、在位五九二～六二八）の時代、瑞祥山建穂寺は山の峰が常に不思議な雲に覆われていて、周囲の村里にまできらめいていた。それなのに、この地の老若男女誰もがその輝きのわけを知る者はなかった。ここにおいて、道昭禅師は地方行脚の道すがら建穂の山に魅惑的な雲を見つけ、すぐさま、その霊妙さを感得した。しかるに、道昭は建穂にはじめて千手観音菩薩を彫り刻んで草堂に安置して、凡そ一年余りも座禅をして観行した。そのように有難い因縁があるにもかかわらず、未だその頃の関東は仏法が未発達で、その上仏の名さえ知られていなかった。そのようなわけで、年数が経ち草堂も全体的に傷んできて、ついに倒壊してしまったということである。

その後、神武天皇から四十四代の元正天皇（六八〇～七四八、在位七一五～七二四）の養老七年（七二三）、行基菩薩は関東歴訪行脚の途上、道昭禅師の建穂寺草創の跡を探し求めた。亡き道昭の埋もれた霊蹟を愛おしみ、蘇らせるという再興の志を奮い立たせて、久しく埋もれていた草堂を甦らせて、また自ら、千手観音菩薩像を彫刻した。漸く、伽藍を造営して土木の働きを発揮した。この観音堂の傍らには池があり、稲穂が生じた。あたかも、秋の実りの時期のようであったが、その時は二月十八日であった。行基菩薩はこのめでたいしる

44　隆賢『建穂寺編年』下　見性寺所蔵（原書）1735年　静岡市立図書館（複写）p16
45　隆賢『建穂寺編年』下　見性寺所蔵（原書）1735年　静岡市立図書館（複写）p17

しに因んで則ち山名を瑞祥山と名付け、稲穂の生じたところを以って建穂寺と称した。そこに数株の菩提樹が生えていたので菩提樹院と称した。（現代文は筆者）

この文の中で、建穂寺の開基は道昭禅師であるとしていて、その時期を推古天皇の御世としているところは史実に即していない。道昭は六二九年に生まれているのに、推古天皇の在位は五九二〜六二八年であり、推古天皇退位（崩御も同年）の翌年、道昭が生まれていてはつじつまが合わないのである。開基から再建まで百年としているが、開基の道昭と再建の行基の歳の差は三十九歳にすぎない。両者は師弟関係とみるのが自然であり、直接の接点は道昭が玄奘三蔵法師に法相宗を学び帰朝後、元興寺で説教をしていた時であろう。この時代の建穂寺は菩提樹院の名を使っていなかった。「菩提樹院」の名を使い始めたのは、江戸時代初期の建穂寺学頭宥空の時代からというのが一般的見解である。

足立鍬太郎も学頭円雄の著した『観音縁起』は史実に基づいていないとして、いくつかの問題を提起している。

建穂寺の縁起は正保四年（一六四七）九月学頭圓雄の著したものがある。之に據れば同寺は推古天皇の朝（五九八〜六二八年）に法相宗の僧道昭（六二九〜七〇〇年）の開創せしを、元正天皇養老の末七年（七二三）僧行基の再興したといふのである。然るに享保二十年（一七二五）學頭隆賢蓮藏坊尚白は建穂寺編年を著して之を難じ、道昭の開創を以て白鳳十三年（六八四）としたけれども、是亦年代よりの推算のみにして、何等的確の史実あるにあらず。行基再興七観音久能大窪慈悲建穂平澤霊山法明諸寺彫刻如きも亦後世の附會のみ。（中略）況んや奈良朝以前山岳を選んで佛寺を創設すること少なきをや。我寺に箔をつけ、吾佛を尊くせん爲に、開基は行基又は弘法、本尊は毘首羯摩、若くは春日の作など稱するは皆彼等の常套手段のみ。我等はかかる無用の装飾を排し去つて、眞正なる事実に研到すべきである。[46]
（かっこ内は筆者加筆）

この論文で足立は、行基が安倍七観音（久能寺・徳願寺・増善寺・建穂寺・平澤寺・霊山寺・法明寺）に千手観音菩薩を自ら彫って安置したと伝えられているが、「後世の附會のみ」と記していて、史実ではないと断言している。また、奈良時代以前は平地に寺は創建されていて、安倍七観音のように山の中腹に寺を建てるようになったのは平安期以降であると言っているのである。しかも、開基に行基などの高僧を挙げているのは、寺に箔をつけるためのものとも指摘している。

46　足立鍬太郎「建穂寺及び建穂神社の研究」静岡縣編集・発行『静岡県史跡名勝天然記念物調査報告』第1巻　1931年　p28

学頭円雄の『観音縁起』は、雲上に観音菩薩を迎えた時、「観音平の庭には長く成長したたくさんの稔った稲穂が生えていた」と記す。恐らくその場所は、静岡県からの依頼を受けて大正時代末に足立鍬太郎が著した論文「建穂寺及び建穂神社の研究」にある瓢箪型の池であろう。池は、平成二十九年度に静岡市が観音堂址を発掘調査した際にも確認されている。興味深いことは、その池には水が張られた形跡がないと判明したことである。池は象徴的なものと考えられ、説話としての道昭との関わりを持たせるためのものと言えないこともない。調査している市の発表を待ちたい。

道昭と行基との関係

道昭について、『静岡市史』で次のように記している。

道昭は船氏《ふねうじ》、河内國丹北郡の人である。元興寺に居りて戒行の譽があつた。白雉四年（六五三）五月遣唐使小山長丹に従つて入唐し、長安に至つて玄奘三蔵に謁した。玄奘諸徒に、「此の法師は多く人を度するであらう。汝等異教の人たるを以て之を軽んずるな」。（中略）道昭は法相宗の僧で禪を兼修した。[47]

道昭は諸州を行脚して回り、常に社会に目を向けて修行活動していた。また、遣唐使として入唐し、長安で玄奘三蔵に仏道の教示を受けている。そして帰国後、道昭は玄奘の観察眼通り、仏教界に大きな功績を残した。白鳳時代の七〇〇年三月に七十二歳の生涯を閉じ、遺命により、日本で最初の火葬者となる。

一方行基は、七世紀末に道昭に師事したとされ、全国各地を行化して巡り、民衆教化や社会事業を行い、行基菩薩と称された僧として知られている。出自について『行基辞典』は、次のように記している。

行基の父は高志才智、母は蜂田古爾比売という。父方の高（古）志は書（西文）氏の分派であり、母方の蜂田氏とともに百済からきた中国系渡来人である。河内の書（西文）氏は、応神天皇（四世紀末～五世紀前半）の時代に渡来し、『論語』十巻と『千字文』一巻を日本に伝えたといわれる伝説的人物の王仁を先祖と仰いでいた。[48]

先祖の中には輝かしい経歴を遺している人もいるが、出身の古志氏は渡来人としては中級の位

47　静岡市役所市史編纂課『静岡市史編纂資料』第壹巻　1927年　p130
48　井上薫編『行基辞典』国書刊行会1997年　pp12・13

であまり目立たない。行基は初め民衆に沿った社会事業に尽くしていたが、やがて東大寺建立にも協力して聖武天皇の意向に沿った活動をしている。しかし、その完成を待たずに没している。

行基が道昭に師事したという根拠について、『行基事典』は次のように記す。

行基が学問・修行した寺は、一説では飛鳥寺（元興寺）であり、当寺の東南隅の禅院で道昭は弟子を教えたこと、行基は『続日本紀』の卒伝に「初め出家せしとき、瑜伽唯識論（『瑜伽師地論』と『成唯識論』）を読み、即ちその意を了りぬ」と記され、行基は『瑜伽師地論』（玄奘がサンスクリットから漢文に翻訳した）を道昭（師の玄奘から同室を許され、経論など授けられて帰国した）を通じて入手したと考えられること。[49]

このように、行基は道昭の弟子ではなかったにしても、道昭から仏法の影響は受けていたようだ。

釈迦牟尼は二十九歳からの六年間、山にこもって修行した。行基も先達にならって山林修行をしたという。行基が解脱して悟りを開いたか否か明らかではないが、山にこもることに疑問を感じ、釈迦と同じように山から下りて民衆の傍に立った。行基が山林修行をやめたのは、「山林修行は実智恵つまり通力を獲得して民衆を救済するのが目的であるが、民衆救済を忘れて山林修行それ自体が目的になってしまう例が多いのである」[50]として、必ずしも民衆救済につながらないことを反省したからという。

つまり、布施行を支える思想である体験に基づく福田思想《ふくでん》の会得である。自身からの離脱超越といえる。福田思想について、『行基事典』では、「福田思想は布施行を支える思想であり、布施行は、悟りを求めて修行する菩薩の六波羅蜜行の第一に位置しているから、菩薩仏教（大乗仏教）の発展と共に福田思想も発展している」[51]と説明している。福田思想は悟りを求めて修行する側というより、救済を受ける民衆側に力点がおかれているのである。

道昭開基、中興行基の表示

三嶋清左衛門は元禄十六年（一七〇三）、中秋（陰暦八月十五日）から臘月（陰暦十二月）までの百日間の巡見の記録を、『駿府巡見帳』に記していて、建穂寺も踏査してその開基と中興について伝えている。

49　同者編　同書　同所発行　発行年　p16
50　井上薫編　『行基辞典』　国書刊行会　1997年　p163
51　同者編　同書　同所発行　同年発行　p172

本堂ノ柱ニ開山年数ノ書付張付有之向テ右ノ柱
當山者天武皇帝白鳳十三（六八四）甲申年釈道昭禅師開基也今年マデ一〇一九年　同左ノ柱
ニ本尊ハ中興行基菩薩ノ作也養老七（七二三）癸亥二月十八日ニ安置供養當年迄九八〇年也
如是紙ニ書付有也[52]

同じことについて、阿部正信が天保十四年（一八四三）に著した『駿国雑志』にも記されている。開基と中興の僧の名が紙に書かれて柱に貼り付けられていたというのだ。

安倍郡、建穂村、瑞祥山建穂寺眞言、寺領四八〇石。にあり。本堂正面の柱に書す。其文に曰。
當山、天武天皇、白鳳十三年（六八四）甲申年、釋道照開基、當年迄一〇二二年、本尊中興
行基菩薩作、養老七年（七二三）丁亥二月十八日、安置供養ゟ《より》、至九八二年、再建ゟ《より》一五五
年。[53]

この二つの文献を比較すると、まず、この柱に書かれた紙は、当年までの年数が異なっていたことが分かる。毎年張り替えていたらしい。『駿府巡見帳』は一七〇三年、『駿国雑志』はその三年後の一七〇六年頃に貼られているのを確認して、記している。肝心なことは、いつから本堂の柱左右に道昭開基、行基中興と書いた紙を貼るようになり、なぜ敢えて貼らなければならなかっ

たのかということである。

「再建今一五五年」としているのは、計算すると一五五〇年ごろとなり、戦国時代であるので、その「再建」後であると思われる。しかし、一般的には戦国時代の建穂寺の被災は、『駿河記』上が「永禄（一五五八〜一五七〇年）天正（一五七三〜一五九三年）の兵火に回祿（火事で焼けること）して」[54]としているように、『駿国雑志』が示している時代よりはおよそ十年余り下ってからのことである。少し食い違いがあるように見受けられる。

道昌介在の可能性

足立鍬太郎は、建穂寺創建に関係したのは道昭や行基でなく、平安時代の真言僧道昌（七九七〜八七五）ではないかと指摘している。道昌の姓《かばね》は渡来人秦氏、讃岐（香川県）出身である。若くして仏教の基礎ともいえる南都六宗の一つ三論を学んでいる。足立鍬太郎はその辺のことを次のように論文に発表している。

52　三嶋清左衛門　『駿府巡見帳』1703年　原本執筆　正岡政夫復刻編集　1956年　p134
53　阿部正信著　1843年　『駿國雑志』二　復刻版：吉見書店　1976年　p695
54　桑原藤泰　『駿河記』下　校訂者：足立鍬太郎　印刷者：野崎重兵衛　印刷所：池鶴堂印刷所　1932年　p153

釋道昌は秦氏、讃岐香川の人。幼にして家を離れて三論を學び、弘仁七年（八一六）秋得度し、九年（八一八）東大寺に於て具足戒を受け、是より所々の講筵に漫遊し、諸宗を錯へ修め、又神護寺の空海阿闍梨に従って灌頂檀に登つた。淳仁天皇天長七年（八三〇）召されて佛名懺悔導師となり、貞観元年（八五九）三會講師となつた。初承和（八三四〜八四七）中、大堰川の溢れた時、道昌が防遏を薫督したから日ならずして成つたので、故老涙を拭つて、今日復行基菩薩を拝まうとは思はなかつたといつた。貞観十六年（八七四）僧都となり、十七年（八七五）二月、壽七十八歳で卒した。[55]（かっこ内は筆者加筆）

建穂寺は、道昌が再建した太秦広隆寺と様々な共通性をもっている。まず、真言宗に改宗していること、常行三昧堂を設けていること、馬鳴明神を鎮守として、舞楽を伝えていることなどが挙げられる。

しかも、道昌は行基や道昭と同じく渡来人の流れを汲んでおり、社会事業を積極的に推進するなど、その出自や庶民に寄り添った活動に共通するところが多い。そのことから、足立は建穂寺の創建に関係したのは道昭や行基でなく、道昌ではないかとしている。『静岡市史』にも、次のように建穂寺の創立について記している。

所謂名山を選んで寺院を創建したのは、平安朝になつて、傳教の比叡山・弘法の高野山を初とするから、彼の白鳳十三年（六八四）道昭の菩提樹院建立を眞とすれば、其は至便なる安倍市附近にあるべくして、狭隘なる建穂谷にあるべき理がないと思ふ。又一度法相宗の菩提樹院が國分尼寺に充用され、次に天台宗に變じ、更に其内容が分離して、（台禪は寧ろ久能寺に流れ）蜜と念佛が建穂寺に傳はつたと考えるのはむりであろうか。さうしてそれに、再生の行基菩薩と仰がれた秦氏出身の道昌が關係したと想像されるは牽強《けんきょう》（こじつけの意味）であらうか。[56]（かっこ内は筆者加筆）

『静岡市史』の中の記事ではあるが、執筆は足立鍬太郎と思われる。極めて示唆に富んだ内容ではないか。足立はさまざまなところで、道昌と建穂寺との関わりについて述べている。ところが、建穂寺の軌跡に道昌の匂いはするものの影はなく、道昌が建穂寺に立ち寄ったという記録も全くない。にもかかわらず、足立が道昌と建穂寺とを結び付けようとしたのは、道昌が秦氏の氏寺であった太秦広隆寺を再興したからだろう。また、先にも述べたように太秦広隆寺と建穂寺に似通ったところがあり、何より一時建穂寺に在ったとされる馬鳴菩薩像が太秦広隆寺の霊宝館に

55　足立鍬太郎「建穂寺及び建穂神社の研究」静岡縣編集・発行『静岡県史跡名勝天然記念物調査報告』第1巻　1931年　p34

56　静岡市役所市史編纂課『静岡市史編纂資料』第壹巻　1927年　p129

所蔵されているとみられる。加えて、行基と道昌の共通性である。

道昌が行基の再来であると、当時の人々はみていた。『京都市史』も、行基を彷彿させる道昌の活躍について記している。

道昌自躬率先、造二其功業一、衆人子來、成レ之之不レ日、故老咸収涕曰、不圖今日復見二行基菩薩之迹一矣[57]

道昌は自身率先してその社会事業を実践した。民衆や子供まで集まり来て協力してこれを成功させ、そのことを自慢するのでもない。昔を知る老人たちのことごとくが感激して言うには、ふと、今日再び行基菩薩の事業のありさまを見ることができたと。（現代文は筆者）

道昌は行基より百年余り後に活躍した高僧ではあるが、僧としての修行を積みながら社会事業にも貢献した。そのため、故老たちは道昌の人徳に接し、今にして行基菩薩を拝めるとは思わなかったと、感じ入って崇敬したと述べているのである。

五　稚児舞のルーツと沿革

舞楽の由来

現在、静岡浅間神社で奉納されている稚児舞も舞楽の一種であり、「日本においては大阪の四天王寺が発祥ではないか」と、静岡浅間神社のしおりも記している。舞楽は大阪の四天王寺と深い関係があるといわれている。四天王寺のしおりに、「舞楽は聖徳太子が百済の味摩之《みまし》が伝えた呉国の伎楽を三宝（仏、法、僧）に供養されたのに始まります」[58]と記載されている。

味摩之とは、ブリタニカ国際大百科事典によると、生没年未詳で、飛鳥時代の楽人。『日本書紀』には、百済の人で呉に渡り、伎楽を学び、推古二十（六一二）年に日本に帰化し、大和桜井（現在の奈良県）に住んで伎楽の舞を伝えたとある。

舞楽は音楽芸能の一種だが、現在イメージする芸能とは大きな違いがある。現在の芸能は趣味

57　京都市編纂兼発行『京都市史』1944年　p402

58　四天王寺布教広報室（編輯者）総本山四天王寺（発行）1999年　p19

的で娯楽の範疇にくくられているが、当時の舞楽は、仏教に代表される、医学、薬学、政治学、産業技術など国の骨格を形づくるものと考えられていた。

舞楽について、南谷美穂は著書『四天王寺聖霊会の舞楽』の中で、「当時の大国であった隋と対等な国交を結ぼうとされていた聖徳太子が、日本という国を一流国家とするための儀礼を整えるにあたって、外国から伝来した音楽を必要不可欠なものであるとされ、音楽の演奏環境を整備することによって、中国と対等に交渉できる国としての日本をアピールしようと考えられたことは理解できよう」[59]と記している。当時の最新技術や文化として、朝鮮半島を通じてもたらされた仏教儀式に織り込んで採用する方法を取ったのである。

舞楽はその起源によって、左方右方と称して区別している。『静岡県史』は、次のように記している。

> 舞楽とは、広義には東遊・倭舞などの古来の歌舞も含めるが、狭義では外来の中国・朝鮮三国に起源をもつ左方唐楽《さほうとうがく》と右方高麗楽《うほうこまがく》を意味する。古代においては狭義の意味での使用例が一般的であった。左方唐楽とは、唐の音楽である狭義の唐楽に林邑楽《りんゆうがく》（現在のインドの音楽ともヴェトナムの音楽ともいわれる）を吸収したものであった。（中略）。右方高麗楽とは、高句麗の音楽である狭義の高麗楽と百済楽・新羅楽、さらに渤海楽《ぼっかいがく》。八世紀初頭、現在の中国東北地方に成立した渤海国の音楽）がまとめられたものであり、いずれも七・八世紀まで

には伝来していた。[60]（かっこ内は筆者加筆）

舞楽は広義には日本古来の歌舞も含まれるが、狭義の舞楽は外国由来の音曲のことである。中国や朝鮮半島を中心にした音楽が、渡来人である味摩之によってもたらされ、舞楽として整備されたのが左方右方の舞楽である。

四天王寺と舞楽

四天王寺の建立は聖徳太子と伝えられる。その四天王寺で初めて舞楽が行われ、聖徳太子と繋がりのある秦河勝の子息や関係する人々が携わった。南谷美穂は『四天王寺聖霊会の舞楽』に記している。

『聖徳太子伝暦』には、聖徳太子が「今後、仏教儀式を行う際には、必ずこの外国から伝えられた音楽を演奏するように」といわれたとする記事があり、この味摩之が伝えた伎楽を、

59　南谷美穂　『四天王寺聖霊会の舞楽』　東方出版　2008年　p22
60　静岡県編集　『静岡県史』通史編1　原始・古代発行　1994年 p1062

側近の秦河勝の息子や縁者たちに学ばせたとされているからである。この秦河勝の子息たちが後の四天王寺で雅楽や舞楽の演奏を担当した楽家の祖となり、このときに伝えられた楽や舞が、現在の四天王寺に伝わる舞楽の源であると伝承されている。[61]

四天王寺のしおりには、「四天王寺の法要には必ず舞楽を伴います。特に古くは二月十五日の涅槃会《ねはんえ》、二月二十二日聖霊会《しょうりょうえ》、九月十五日の念仏会には石舞台（重文）で盛大に行われましたが、今日では太子御忌の聖霊会舞楽大法要（四箇法要《しかほうよう》）が四月二十二日に盛大に行われています」[62]とある。舞楽は主要な法要の度に行われていた。二月十五日は釈迦牟尼入滅の日とされ、二月二十二日は聖徳太子の命日に当たると言われている。以前は旧暦二月二十二日に行われていた聖霊会を、近頃では新暦の四月二十二日に行っている。

聖霊会の舞楽はこの世の舞というより、多分にあの世を意識した舞といえる。舞楽を通して演じようとしている世界とは、人々が喜怒哀楽に心を動かされている下界の世界ではなく、あくまで彼方にあるとされる悟ったものの向こうにある世界である。南谷はそのことについても述べている。

石舞台上で舞われる聖霊会の舞楽というのは、たしかに、この世で人間によって舞われる舞楽ではあるのですが、これを、曼荼羅図に描かれたような極楽世界の菩薩の舞と見立て、その極楽の舞をこの世に再現するものであると考えることもできるのです。古い時代の人々には、この聖霊会に舞楽は、極楽の菩薩の舞をイメージさせるものとして、この法要が営まれる四天王寺の境内は、まさに極楽の有様をこの世に再現する空間だと感じられていたのではないでしょうか。[63]

舞楽とはあの世の極楽をこの世に再現させる芸としての法要だろう。これは、日本だけでなく中国や朝鮮半島においても同様に認識されていた。だからこそ、当初聖徳太子の命日に合わせて、聖霊会として行われたのである。

建穂寺の舞楽

どうして舞楽が建穂寺に伝わったかについては、判然としない。しかし、これまで見てきたように、秦氏が服織で養蚕機織業を営んでいたことを勘案すれば、秦氏が建穂寺に舞楽をもたらし

61　南谷美穂『四天王寺聖霊会の舞楽』東方出版　2008年　p22
62　四天王寺布教広報室（編輯者）総本山四天王寺（発行）1999年　p19
63　南谷美穂『四天王寺聖霊会の舞楽』東方出版　2008年　p3

たという説も成り立つ。また、建穂寺には、秦河勝の流れを汲む天王寺由来の舞楽が伝わったと考えられる。『静岡市史』は、「建穂寺の観音堂に傳へた舞楽は、初め常行三昧堂の守護とした建穂神社魔吒羅神に供養したので、彼の太秦広隆寺に今も行われる牛祭などの源流と同じでは無からうか」[64]としている。建穂寺の舞楽は常行三昧堂の守護神たる魔陀羅神（摩多羅神）を供養したものであるというのである。

常行三昧とは、四種三昧の一つ。天台宗で、七日または九十日の間、常に阿弥陀の仏像のまわりを歩行して阿弥陀の名号を称え、心に阿弥陀を想ってやまない修行法のことである。建穂寺で常行三昧をするための本尊は宝冠阿弥陀如来坐像であるとして、京都国立博物館主任研究員の淺湫毅は建穂寺の調査報告書で、「いわゆる藤末鎌初に製作されたと思われる宝冠阿弥陀如来坐像である。これがかつて建穂寺に存在した常行三昧堂の本尊である」[65]と述べている。

このように、建穂寺の舞楽は常行三昧との関係が取り沙汰されている。そして、なぜ建穂寺に舞楽が導入されたかのヒントになる資料がある。『静岡市史』は「此の舞楽は天下泰平國土豊饒の御祀として祭事に缺くべからざるもの」[66]と記している。つまり、建穂寺の舞楽は天下泰平と国土豊饒を祈念するとともに、その恵みに感謝して奉納するようになったといえる。

では、建穂寺の舞楽が稚児舞の形式を取ったのはいつ頃からだったのだろう。『静岡市史』には、「天正十八年（一五九〇）正月観音堂落慶の棟札に、兒童仙千代麿・仙千代松麿・千菊麿・虎千代麿等の名の見えるのは此舞楽に仕えたものであらう」[67]とある。稚児の名前は四名記載されているが、正月観音堂落慶の棟札に記載されていた稚児は、この四名に加え資料によっては万松麻呂を加え五名書かれている。実際に舞う稚児は、現在静岡浅間神社廿日会祭の人数四名と変わりなかったのだろう。

徳川時代の廿日会祭でも稚児舞が奉納されていて、安倍川が大水で渡れないときに、廿日会祭が延期になったと記録されている。このことから、祭りのメインは稚児舞だったことが分かる。

建穂寺本尊の安置と舞楽

建穂寺観音堂は建穂神社の鳥居からおよそ六百メートルの所にあり、現在でも礎石などが残っていて、平成二十九年から三十年まで発掘調査が行われている。建穂寺観音堂の本尊は千手観音菩薩であり、伝承では行基が彫って安置したとされている。安置した日と観音菩薩の縁日とが同じ十八日である。また、静岡市観光交流文化局文化財課編集の『静岡浅間神社廿日会祭の稚児

64　静岡市役所市史編纂課『静岡市史編纂資料』第壹巻　1927年　p153
65　京都国立博物館編集発行『学叢』第31号　2009年　p142
66　静岡市役所『静岡市史』第四巻　名著出版1973年　p371
67　静岡市役所『静岡市史』第四巻　名著出版1973年　pp370・371

舞』の中で、大高康正は条件付きながら、この日が建穂寺の開山日として意識されている可能性があると指摘している。

建穂寺の本尊は千手観音であり、毎月の十八日は観音菩薩の縁日に相当する。近世江戸時代の天保十四年（一八四三）に阿部正信がまとめた地誌『駿国雑志』の掲載によれば、養老七年二月十八日に行基が本尊の千手観音を作り安置した日とされていた。こうした理解が中世まで遡るのであれば、二月十八日の本堂における舞楽は、単なる本尊の月次祭ではなく、建穂寺そのものの開山日として意識されていた可能性がある。[68]

『静岡市史』は「建穂寺の観音堂に傳へた舞楽は、初め常行三昧堂の守護とした建穂神社魔吒羅神に供養した」と記す。この常行三昧堂は舞楽が行われていた本堂のすぐ近くにあったことを、一七〇三年に建穂寺を訪れた三嶋清左衛門が、『駿府巡見帳』に記している。三嶋は、「本堂ノ柱ニ開山年数ノ書付張付有之向テ右ノ柱當山者天武皇帝白鳳十三（六八四）甲申年釈道昭禅師開基也今年マデ千十九年　同左ノ柱ニ本尊ハ中興行基菩薩ノ作也養老七（七二三）癸亥二月十八日ニ安置供養當年迄九百八十年也　如是紙ニ書付有也」[69]と、本堂の柱に書き付けた紙が貼ってあったとしている。大高の説は『駿国雑志』を引用する形ではあるが、やはり本堂の柱に張り付けされた紙の文字に基づいていると思われる。確かに、観音菩薩の縁日が十八日だったから建穂寺の舞楽が二月十八日になったというのでは必然性を欠く。そこで、行基の千手観音菩薩の安置の日を理由としたことは理解できる。ただ、建穂寺を行基が中興したという考えが定着しているわけではない。

言継卿記の建穂寺稚児舞

言継卿《ときつぐきょう》記《き》は、『山科家日記録』の一つであり、大永七年（一五二七）～天正四年（一五七六）にわたる山科言継の日記である。駿府には中御門《なかみかど》宣胤《のぶたね》の子孫をはじめ、和歌の指導をした冷泉《れいぜい》為《ため》和《かず》など多くの公家が下向している。言継は、弘治二年（一五五六）九月二十四日から翌年三月一日までの約五カ月間、駿府に滞在し詳細な記録を残している。二月十八日の観音会の稚児舞にも参列し、雨で二日延期された廿日会祭の稚児舞も見ていて、その様子を書き残している。

弘治三年二月十八日

68　大高康正執筆「中世・近世の建穂寺と稚児舞」静岡市観光交流文化局文化財課編集『静岡浅間神社廿日会祭の稚児舞』2017年　p66

69　三嶋清左衛門『駿府巡見帳』1703年　原本執筆　正岡政夫復刻編集　1956年　p134

壬寅、天晴、天一天上、時正、〇從大方貝二折、色々、羊羹之食籠賜之、則住持へ十遣之、次勢林同道、建穂寺へ罷向、先大澤部屋へ門出に立寄了、同御黒木へ参、次中御門へ罷向、酒有之、次兩人乗馬、建穂寺へ罷向、先於荘厳院茶有之、次於本堂兒之舞、萬歳樂、延喜樂、陸王破、安摩、太平樂急、・・・三番有之、此間に盃出之、酒及數盃了、次當寺方丈へ罷向、一盞有之、城涌又申一竹四穴、御黒木に預置之)

同月廿二日

丙午、天晴、時正終、天一天上、〇今日廿日會有之、棧敷之事甘利佐渡守に申、午時齋藤佐渡守、甘利佐渡守、同子萬徳、藁科彦九郎、糟谷小二郎、良智・・、高屋彌二郎幷住持等、勸一盞了、同僧衆以下同道、從路次由比左近來、次棧敷へ冷泉弟之兒、中御門息之喝食、各和式部少輔、牟禮備前守、朝比奈左京亮、蒲原右衛門尉、由比四郎右兵衛、同弟十郎兵衛、神尾對馬入道、観世太夫來、從大方食籠樽等賜之、次當社新宮禰宜、同總社禰宜両人、樽土器物持來、酒及數盃了、兒之舞三雙女十八日（ママ）、但衣裳舞之出立也、僧衆七人出仕、二舞等有之、此間にもとり四十四人有之、一興不思議之見物也、次牟禮此方へ同道、次方丈へ罷向、酒有之、永宗、長運此間不出仕之間、牟禮、隼人以兩人住持へ申、兩僧召出了、次御黒木へ參、今日之樣雜談申候了、晩食相伴申候了、暮々罷歸、從中御門女中貝一折、勝栗一箱賜之、次永宗禮に來、70

弘治三年（一五五七）二月十八日

壬寅《みずのえとら》、天気晴、天一天上（天一神が天に昇っているという日で癸巳の日から十六日間）、

○大方様（寿桂尼）から料理を折詰めで二箱などいただく。また、羊羹入りの食籠もあわせて賜る。この内十個を新光明寺の住持へ差し上げる。そして、庵主の僧の勢林と一緒に建穂寺に向かう。その出がけに、黒木様の近侍をしている大沢左衛門大夫の部屋に立ち寄り、同じく黒木様に挨拶をする。次いで中御門信綱家を訪問して酒のもてなしを受けて、その後、勢林と馬に乗って建穂寺に向かう。観音堂本堂に行く前、塔頭の荘厳院で茶をよばれる。本堂における稚児舞は、万歳楽、延喜楽、陸王破、安摩、太平楽急、その他三番ある。稚児舞を観賞する間に酒が出されて数杯飲み干す。その後で、建穂寺方丈（住持）へ寄り、酒のもてなしを受ける。城涌検校に竹管楽器を所望され、それを黒木様に預けておく。

二月二十二日

丙午《ひのえうま》、天気晴、天一天上、

○今日、二日間延期になっていた廿日会祭が行われる。甘利佐渡守（寿桂尼付の家臣）に桟敷で観覧することを伝える。正午ごろ齋藤佐渡守（今川義元の側近）、甘利佐渡守、同子萬徳、藁科彦九郎（寿桂尼付の家臣）、糟谷小二郎、良智・・、高屋弥二郎並びに住持等と酒

70　山科言継　國書刊行會編纂『言継卿記』第三　続群書類従完成会　2008年　p520

を酌み交わす。建穂寺僧ほかも同道し、道すがら由比左近に出会う。次に桟敷へ冷泉為和の弟の子、中御門信綱の喝食をしている子息、各和式部少輔、牟礼備前守、朝比奈左京亮《さきょうのりょう》、蒲原右衛門尉、由比四郎右兵衛、同弟十郎兵衛、神尾対馬入道、観世太夫がお出でになる。寿桂尼様から食籠樽などを賜わる。次いで、浅間神社と神部神社の祢宜二人、樽に入った酒と杯をもって来て接待を受け数杯飲み干す。稚児の舞があったけれども、衣装は舞楽の出で立ちである。僧侶七人が登場し安摩の二の舞など舞楽が行われる。この間に戻ったが四十四人数えられ、実に不可思議な見物を体験する。その後、今川義元側近の牟礼備前守に同道して、住持の所に赴いて酒のもてなしを受けるが、永宗と長運は同席していない。牟礼備前守と大沢隼人（言継の召使）が住持を通じて二人の僧を呼び出していたのである。次いで黒木様を訪問して、今日の出来事を語って聞かせ、夕ご飯を一緒にとり、夕暮れ時に帰る。中御門家の女中が持ってきた料理の折詰めと勝栗の各一箱を受け取る。その後、僧の永宗が礼に来る。（現代文は筆者）

『言継卿記』から、建穂寺観音堂の舞楽の様子がうかがえる。廿日会祭だけでなく、建穂寺観音会も子どもの舞であったことは発見である。また厳格な寺のイメージからすると、平安から戦国時代にかけて、在家と出家の境界が現在より曖昧であった時代背景があったにしても、稚児舞を観ながら酒を酌み交わすことができたとは意外な印象だ。

『源氏物語・若菜』には、主人公光源氏が主催した宴の模様を、「太平楽や喜春楽などという舞などの数々も、同じ御一族のお子たちや大人たちなどが舞ったのでした」[71]と描写している。平安時代の貴族社会をみごとに描いたといわれる『源氏物語』に記されている以上、酒も肴も出される宴でも舞楽は舞われていたのだろう。

つまるところ、舞楽の一種である稚児舞は、四天王寺の法要の流れをくむ側面と、聖徳太子が日本の文化的骨格づくりを図ろうと大陸から取り入れ、貴族に浸透していった側面があると推測される。

静岡浅間神社が稚児舞を招請した事由

静岡浅間神社での稚児舞は、今川義元の時代に京から下っていた山科言継の『言継卿記』によって克明に記録されている。『言継卿記』が静岡浅間神社での稚児舞の模様を伝える現存する最も古い文献である。その後も、近世のいくつかの文献が取り上げている。

建穂寺は久能寺とともに古くから静岡浅間神社の社僧を務めている。稚児舞の始まりも、社僧の派遣開始時期まで遡るのかもしれない。なぜ建穂寺で行われていた舞楽が、静岡浅間神社で廿

71　紫式部著　瀬戸内寂聴現代語訳『源氏物語　巻六』講談社　2002年　P249

日会祭として行われるようになったのか。起源の特定は難しいが、ヒントになりそうなことが、『静岡市史』に書かれている。

抑々浅間神宮の祭祀に、嘗つて國分寺や久能寺、建穂寺の僧侶を關係せしめ、又は建穂寺の稚兒舞樂を招請したといふのは、其の根本に於て、蓋し國府と其の附近に於ける二大生産業地との精神的結合を失ふまいといふ深い意義を、自然的にも人為的にも包含せしめたものではなかつたらうか。さすれば今毎年四月に行はれる廿日會の舞楽は、決して之を告朔《こくさく》の餼羊《きよう》視すべきものであるまいとおもふのである。72

中世までの寺院の権威や権力や知識の集積度は、近世以降の寺院をはるかにしのいでいた。公家、武家、寺家の三つの勢力は拮抗し、寺院は文化面において社会の中枢を占めていた。経済力の尺度であった荘園などの領有地も広大であり、不安定な世の中の心のよりどころとなる神や仏の管理者でもあった。加えて、寺院は今の大学のような機能も果たした。その分野は宗教、文学歴史学、医学薬学、土木工学、政治経済に至るまで多岐にわたっていた。静岡浅間神社からすると、建穂寺の僧侶に文化面で期待するところは大きかったと想像できる。その一つが稚児舞だったのだろう。

さらに、静岡浅間神社と建穂寺、久能寺の地理的・社会的位置関係が挙げられる。静岡浅間神社は駿河の中心にあって、人口が比較的多く商人や職人が住んでいる消費地にある。一方建穂寺は山の幸や織物などの生産地であり、久能寺は海産物に代表される海の幸の生産地であった。静岡浅間神社には千七百年前から諸産業繁栄の守護神である大歳御祖神社が町の方を向いて鎮座し、そこからほど遠くないところに安倍市が開かれていた。静岡浅間神社は、建穂寺や久能寺と結び付きも持つことによって、物質的エネルギーを吸収しようとしたと考えられる。

「告朔の餼羊」とは、実を失って形式ばかり残っていることのたとえである。時代の変遷はあるものの、廿日会祭は静岡浅間神社において、今なお最大の祭儀の一つとして執り行われている。決して単なる形式ではない。

一説には、静岡浅間神社の稚児舞は、徳川家康が駿府城に大御所として在城していた時に、建穂寺観音堂で舞楽を見て感じ入ったことがきっかけといわれる。しかし、一五五七年に山科言継が『言継卿記』に描写しているように、戦国時代、既に浅間神社で建穂寺の稚児舞が演じられていた。静岡浅間神社が建穂寺の舞楽を招請したのは、舞楽が単なる娯楽ではなく崇高な精神を基礎にしているからである。聖徳太子が舞楽を導入することによって、国の品格を築くことを図ったように、浅間神社も稚児舞によって、駿河国の中枢の神社としての一流の儀礼を調え、また、格式を備えようとしたのだろう。

72　静岡市役所　『静岡市史』第四巻　名著出版1973年　p391

江戸時代の廿日会祭

（1）『駿国雑志』

徳川家康の駿府城での大御所時代に、建穂寺の舞楽は廿日会祭という駿府の町民が参加する祭の形で行われるようになった。警護には与力や同心も出て各町が輪番制でみこしの供練りをしていたようである。江戸時代に書かれた『駿国雑志』に廿日会祭の当日の模様が記されている。

一當時浅間廿日會御祭禮之節者、駿府町御奉行所より爲㆓御警固㆒御與衆、御同心衆、御出被㆑成候、宗徒之乗馬者、駿府御城内、御地役方、御在番御加番方より御出被㆑成候。其節駿府惣町中より、輿之供練とて、練物出申候、學頭並兒四人者、乗輿、宗徒者、乗馬に而行列仕相勤候事。

一御祭禮法樂者、心經會。舞楽者
延鉾　萬歳樂　延喜樂　環城樂　納蘇利　按摩二之舞　太平樂並急　青海波　陵
王
右者天下泰平國土豊饒

上様御安泰、御子孫様御繁榮之御祈禱、
権現様　御上意之旨を以、被レ為二仰付一候事。[73]

一当時（一八四三年頃）、浅間神社廿日会祭の時は、駿府町奉行所よりご警護として、与力衆、同心衆が任務に就く。役人衆徒の乗馬は、駿府ご城内、地役方、在番加番方より順に行列に加わる。その際駿府総町中よりみこしの供練りとして、練りものを出す。学頭と稚児四人はみこしに乗り、役人宗徒は馬に乗って行列を組んで進むことになっている。

一祭礼法楽（本尊に供養する法会の楽）は心経会（般若心経を読誦する会）である。舞楽は延鉾　万歳楽　延喜楽　環城楽　納蘇利　按摩二之舞　太平樂並急　青海波　陵王である。

右の法楽、舞楽は天下泰平と国土豊饒および、
将軍様ご安泰、子孫様繁栄の祈禱である。
これは家康公のご上意のお言葉によって、従事しているのである。（現代文は筆者）

廿日会祭の前日の十九日には、「廿日會夜宮」と称す前夜祭が廿日会祭同様、駿府城下町挙げて行われた。踟《ねり》はもちろんのこと、踊囃子等も加わり府中九十六町は前日から賑わっていたと、

73　阿部正信著　『駿国雑志』三　吉見書店出版　1976年　p735・736

『駿国雑志』に記され、さらに、「町奉行與力は羽織袴を着し、同心は陣笠股引に、町奉行家の印を付る處の、黒絹の役羽織を着し、十手を携へ歩行し随て非常を警衛す」[74]と警固の役人も正装して警固に当たっていたという。舞楽の内、五演目（延鉾　環城樂　納蘇利　按摩二之舞　太平樂）については、現在も奉納されている。「右者天下泰平國土豊饒　上様御安泰、御子孫様御繁榮之御祈禱」とあるように、当初から変わらない天下泰平国土豊饒に加えて、「上様御安泰…」の祈祷が入っている。

（2）『静岡県史編纂資料』（静岡県立図書館蔵）

静岡県立図書館が所蔵（原本は静岡浅間神社蔵）している『静岡県史編纂資料』には、建穂寺稚児舞の根拠や来歴に関わる、次のような文書がある。

御由緒書
一駿府浅間社毎年二月廿日會御祭禮相勤申候御由緒之儀者
権現様上意を以被爲仰付其上御上覧被爲遊其節御太刀ニ
振被爲下置候是者舞童太平楽之時拝帶仕候事
一慶長十七年二月宰相様中將様御同席ニ而舞楽被爲遊御覧候事

一慶長八卯年五月権現様上意を以右舞楽之装束楽器與其外衆徒装束等迄被爲成下候
右板倉伊賀守殿幷全阿彌殿御書付を以御渡被下候　伊賀守・板倉勝重一五八六年～駿府町奉行
一寛永十七辰年大猷院様御代右装束楽器等御先例之通不残　大猷院（だいゆういん）徳川家光の諡号（しごう、称号）御仕直被爲成下候

御奉行　大久保玄蕃頭殿
　　　　土屋市之丞殿 75

御由緒書

一駿府浅間神社で毎年二月二十日に行われている廿日会祭に勤めることになっている由緒は、徳川家康公の命令によっている。大御所自らがご覧に供され、太刀二振を賜ったのは、稚児が太平楽を舞うとき身に着けるためである。

一慶長十七年（一六一二）二月、宰相様（義直。後の尾張徳川家の祖）中将様（頼宣。後の紀州家の祖）御同席の上で、舞楽が執り行われた。

一慶長八年（一六〇三）五月、徳川家康公のご意向で、稚児舞楽の装束・楽器・みこしのほ

74　同著書　同書　同出版社　同発行年　同頁
75　静岡市立藁科図書館『藁科の中世文書』1989年　p59～60

か、宗徒の装束などに至るまで賜った。

右の板倉伊賀守殿（時の駿府町奉行）並びに総ての建穂寺の関係者に、書簡によって通達された。

一寛永十七年（一六四〇）大猷院（徳川家光）様が将軍の時代に、右装束・楽器などを前例の通り仕立て直されて下賜された。

御奉行　大久保玄蕃頭殿
土屋市之丞殿　（現代文は筆者）

この由緒書からは、江戸時代初期に建穂寺が将軍によって、廿日会祭に関していかに特別な計らいを受けていたかが分かる。そのことは家康の時代だけでなく家光の時代になっても、前例通り受け継がれている。

建穂寺側から見た廿日会大祭

建穂寺学頭隆賢は一七二七年の廿日会大祭の模様を次のように記している。当事者が書いているだけにかなり克明な内容となっている。原文と現代文を並列し、かつ全文を引用した。当時の廿日会祭の内容を理解いただけるのではないかと考える。

十二年丁未
二十日會大祭舞臺等列敘古今不易舊式
凡二月二十日大祭之班列者自安西至淺間之路
程也伶人萬舞之乘輿雅樂鼓吹之騎馬行伍隊列
振古所未曾有改易矣坊街市廛所莊飾之羽旄輪
蓋其羣類皆是所從列乎萬舞瑤輿而苟且不能超
僭其敘次矣夫大祭禮之行列徐徐遲遲歷征百步之
時刻而僅得盡十步而猶未以爲遲故前列者回顧
後列後齒者接連前齒造次無間斷則以爲列齒得
整肅也其列次既如此則經過城門第下者將垂黄
昏之時矣於茲金城衛司酒井下總大守偶聞妓藝
舞臺等來臨經過於城樓門外將月暮而酷憤恨其

遅暮矣何憾其遅乎謂非趣自怡耳目亦欲使其婦
妾児女及侍従士庶視聴歓楽若逍遥其時日則帷
幕褰城楼畫簾飄梵隍銜杯期絃琴回首望斜陽此
待妓藝舞臺之勝筵也若至邁夕陽徙黄昏則鼓吹
如聆雲霧中況亦繡袍紫袖細腰粉黛之舞踏目前
恰如隔牆壁纔聴跫聲拍手耳設宴筵娯其期者孰
無遺恨哉城司大守傚其如此故告府麾令小幡氏
如妓藝舞臺之類脱逸羣列以来過于城隍不可過
晝午矣變改舊規之甚也其令未及市街矣山徒不
後觸耳之肆隙而使圓道院某辨古来不變之理脈
琲華固兀然不移不紆城司之猛威不能賊公古班列
如古来一朝溺婦妾兒女之偏愛懲謬前代不易

之公事重任之君子不可以不慎矣[76]

享保十二年（一七二七）

廿日会大祭の舞台などの行列の順序は、今も昔も変わらず古式に則っている。

およそ、二月二十日大祭の順序は、安西から浅間神社に至る道程である。楽人は万舞の輿に乗り、雅楽鼓吹の騎馬隊列の古いやり方で、かつて、変更していることは未だなかったのである。建穂も駿府の町も華やかに飾り付けをしていて、牛のはた飾りや山車の飾り、その群れの集まり、皆これ万舞の玉の輿に乗り行列を組んで進む。かりそめにも、その順序を超えて侵すことはできなかったのである。その祭礼の行列は、ゆっくり遅々として百歩（百間、約百八十二メートル）進むのに一刻（三十分）が経過する。僅かに十歩を進むことができたとしても、歩みが遅いがゆえに、なおもって未だに前の列の者は進む状態にない。後列の者は前列に連なり、途切れなく列をつくる。このようにして行列は厳粛にして整然となるのである。その行列の順序で、既に、駿府御城代屋敷下を通過するのは、まさに、黄昏時になろうとする時になる。

76　隆賢『建穂寺編年』下　見性寺所蔵（原書）　静岡市立図書館（複写）　1735年　pp139～141

ここにおいて、金城衛司（護衛役人）、酒井下総守＝駿府御城代、任期は享保十年（一七二五）～元文元年（一七三六）＝は、たまたま技芸舞台などが駿府城楼門外に達するのが、まさに日暮れにならんとするときと聞いて、ひどくその遅く夕暮れになるのを憤恨した、ただ単に、自らの耳目を楽しむためのみにあったのではなく、多くの婦女子及び侍従の武士と庶民にも視聴し歓楽させようとしたからである。もし、その行列に出くわすことがあったら、駿府城の堀に絵すだれを翻し楼門にのぼりや幕を掲げて、杯を口に近づけて琴を弾くことが期待できる。顔を転じれば、遠く日の傾くのも望める。これが技芸の舞台を待つ優れた客席の在り方であるといえる。現状のように、夕陽が沈んで黄昏にさしかかるにおいては、鼓吹の音を雲霧の中に聴くようなもので、例えるなら又美しい上着、紫の袖（四位以上の人の着る上衣）、細腰、粉まゆずみなどの舞踊、目の前があたかも垣根壁で隔てられたかのごとくで、わずかに足音や声、拍手を聴くのみである。宴の座席を設けてその機会を楽しもうとする者の遺恨はないだろうか。駿府御城代はその打開策として、駿府の小幡氏に指示して、技芸舞台のことは群列から逸脱して城の堀を昼前に通過するようにさせることを考えた。古き規定を改変することは甚だ重大なことである。その命令は未だに駿河府中に出されていない。

建穂寺もこの不都合を耳にするのが後手になっているわけではない。そこで、円道院某に古来不変の系統立った理論を語らせた。頑固で無知で柔軟性のない穏やかならぬ駿府城の役人の猛威に天子国家の長い伝統を損なうことがあってはならない。順序よく分けられた行列は古来のものであり、一朝一夕に婦女子の偏愛や忖度に流されず、前代未聞の万古不変の公共の仕事を達観維持しなければならない。重責を担った役人は言動を厳に慎みをもって深慮すべきである。(現代文は筆者)

ここには、廿日会大祭の舞台などの行列が駿府城城代屋敷下を通過するのが、黄昏時になることに、役人が憤慨している様子が語られている。役人衆の言い分も理解できるが、廿日会祭の中心となるのは稚児舞であり、それはそもそも厳粛な舞楽であることに留意する必要がある。舞楽とは祈祷の舞でもあるといわれている、その本質は祈りにある。何を祈るかというと、まず国が豊かになり安定することであり、五穀豊穣である。もちろん、災害や伝染病などの禍などから解放されることでもある。娯楽のための単なる行列ではないのである。そのことを学頭隆賢は言いたかったと推測される。

初めて舞楽が舞われたのは大阪の四天王寺であるといわれ、秦河勝の子孫が関係しているとも伝えられている。四天王寺は聖徳太子が創建した寺であり、舞楽は聖徳太子が百済国からの渡来人味摩之《みまし》に舞楽の原形の伎楽をもたらさせたことに始まるとされている。四天王寺での舞楽は、聖徳太子の鎮魂の意味があるともされ、今でも毎年四月の中旬に執り行われている。

また、行列は町衆の練りのみでなく、先導する建穂寺学頭と稚児の乗った駕籠も、「踟」の大切な要素となっている。「踟」とは、語源的に、往きつ戻りつすることであり、ためらうことである。稚児舞の足の運びにそのことは表れていて、かかとから足の裏全体を舞台床に付けるのではなく、多くの場合ためらいながら、軽くかかとを舞台床に付けては戻している。四天王寺の舞楽が、聖徳太子の鎮魂にあるとも伝わっているように、舞楽とは多分にあの世を意識したものであろう。

現在の静岡浅間神社稚児舞

稚児舞楽は通称稚児舞と言われ親しまれている。舞楽を奉仕する四人の稚児は、現在でも四月五日朝、建穂神社に参拝してから出発している。現在では、その向かう先は、静岡市の中心街にある小梳《おぐし》神社又は別雷《わけいかづち》神社である。両神社は隔年で担当していて、平成三十年は別雷神社であった。別雷神社又は小梳神社から行列を組んで静岡浅間神社に参向する。この行列を「古式稚児行列」と称している。江戸時代までは、この行列は建穂寺から安倍川を渡って市街を練り歩きながら、駿府城の前を通って静岡浅間神社に向かった。橋のない安倍川を渡らなければならないため、雨天で増水している時は、山科言継が記したように、年によっては一日または二日間順延された。明治期からは現在の経路になっている。

戦国時代に一時衰退していた稚児舞楽を復活させたのが、大御所として駿府城に入府した徳川

静岡浅間神社の稚児舞（筆者撮影）

家康であった。家康自らも上覧して、駿府の町の祭りとして復活させたのである。江戸時代の稚児は、幕臣の子弟から選抜されていたようであるが、現在は市内小学校の上級生から選ばれている。

　写真は現在静岡浅間神社で演じられている稚児舞の内の按摩・二の舞の光景である。左側で二人が舞っているのが按摩であり、右側で腰を屈めて爺と婆の二人が舞っているのが二の舞である。右から中央にかけての背後で演奏している楽器の種類は、笛類が龍笛《りゅうてき》（横笛ともいう）、篳篥《ひちりき》、笙《しょう》である。また鼓類が鉦鼓《しょうこ》、楽太鼓《がくだいこ》、鞨鼓《かっこ》であり、一般的な舞楽楽器のほとんどを揃えて演奏している。

　稚児舞は大阪四天王寺にルーツを求めるのが一般的ではある。京都の流れを汲むという考え方もある。平成二十八年静岡市文化財資料館で開かれた「廿日会祭と稚児舞」の特別展で発表されたもので、京都や奈良で開かれていた桜会の風習が取り入れられたのではないかという主張である。

稚児舞は平成二十五年に、「国の記録作成等の措置を講ずべき無形の民俗文化財」に選択された。平成二十九年にスペイン国王夫妻と天皇、皇后両陛下が来静された折には、叡覧《えいらん》の機会に恵まれている。

第二章　建穂寺の構成物及び宗旨

一　建穂寺の輪郭

建穂の位置と沿革

建穂寺は建穂という地の中央から北にかけてあり、南から北側の山の中腹に向かって伽藍などがあったとされている。建穂は静岡駅から四・五キロメートルほど西にあり、およそ安倍川と藁科川の交差する内側に当たる。南側には、藁科川の中洲のような形の名所・木枯の森がある。古代から中世にかけて、その脇を京と江戸をつなぐ東海道が通じていて、京からの旅人が歓昌院峠に立つと、正面の同じくらいの高さの所に建穂寺観音堂を望むことができ、そこから下るにつれ学頭の住む菩提樹院、建穂神社、二十前後の塔頭などが広がって見えたという。

建穂は昭和二十八年ごろまで、安倍郡服織村建穂と称されていて服織村に所属していた。服織は羽鳥と混同されることが多いけれども、建穂や山崎など近隣の町村を含む場合に使われ、羽鳥は服織の一つの町を指す。服織の表記は「服織中学校」などのように羽鳥だけでなく服織学区全体を示す場合に使われる。最近、服織表記が減っているのは、服織にくくられる住民意識の希薄化があるのかもしれない。

古代から近世にかけて、建穂と羽鳥は地理的に近いということだけでなく、産業的な結び付きも強かったといえる。服織の地に、秦氏が養蚕や絹織物の生産の拠点を設けた頃は、建穂と羽鳥は一体となっていた。養蚕機織の神ともいえる馬鳴大明神を祀る「明神森」は一時、建穂の西に位置する服織小学校のすぐ北にあったとされる。服織は鳥羽上皇の内親王である八条院の院領があった所で、今川氏が駿河に勢力を拡大する以前には南朝方に属していた。また、建穂寺は南朝方の狩野氏の支配する安倍城とは山の稜線伝いに数百メートルの距離にあった。安倍城の南側の山の麓にあるのが洞慶院である。

いずれにしても、「明神森」に馬鳴大明神が祀られていた頃の建穂神社およびその神宮寺的存在の建穂寺は、服織の守り神であり、服織の仏であるという意識が強かったであろう。氏子や檀家は服織の範囲を超えて存在し、藁科川流域全体に影響を及ぼしていたともいわれている。

江戸時代の『駿府巡見帳』にみる建穂寺

『駿府巡見帳』は元禄十六年（一七〇三）に三嶋清左衛門が自ら踏査して記述し、信憑性が高いとされている。近世の状況を知る上で極めて貴重な資料となっている。その『駿府巡見帳』から建穂寺に関する部分を抜き出して、概ね南から北（麓から中腹）に向かって現代文にして記してみる。

二王門（二間×三間半　萱ぶき）があり、中に仁王像一対がある。門の内側左方に閻魔堂（二間四面、萱ぶき）がある。

仁王門の内左右に坊中十八軒あり

仁王門　南

大聖院	閻魔堂
円城院	観喜坊
義運院	宝憧院
慶南院（天狗杉）	荘厳院　西
青蓮坊	円道院
蓮藏坊	心福院
満藏坊	蓮華院
真藏坊	宝生院
慈善坊	中性院
青華院	

仁王門より約二百二十メートル余り北に馬鳴大明神（建穂神社）と十二社権権現がある。
鳥居の右側に鐘楼（約二・七メートル四面萱ぶき）があり、その後ろに拝殿（約九メートル

四面萱ぶき）、本社（約一・八メートル×約三・六メートル）がある。本社左方に大師堂（約五・四メートル×七・二メートル、弘法大師像安置）があり、右方に荒神（仏・法・僧の三宝と、竈《かまど》の神）の小社がある。

これより奥に学頭の寺があり、その左脇に南龍坊と戒乗坊という坊二軒がある。ただし、建物はあるけれども住持はいなく、学頭が兼帯している。ここには学頭の寺と坊二軒があり、神社前の坊十八軒と合わせて、建物は二十一軒となる。

徳川家康が寄進したといわれる客殿（約五・四メートル×十六メートル、木材を薄く削って作った細長い板での仕上げたこけら葺き）があり、「菩提樹院」と額がかかっている。客殿の前には以前、建穂寺の宝庫があったけれども、昨春焼失してこの当時存在していない。この土蔵には毎年二月二十日の祈祷用の稚児舞の祭りの装束や楽器などが入れてあった。

客殿より後の山へ少し登ったところに阿弥陀堂（約三・六メートル四方、萱ぶき）がある。「安養堂」と額に書かれている。

本尊の弥陀座像（上品中生）一躯　脇侍として聖観音菩薩立像、勢至菩薩立像各一躯の三尊仏が安置されている。三尊とも作者は不明である。

ふもとより約三百二十メートルのところに地蔵堂（釈尊の入滅後弥勒仏の出生までの間無仏の世界に住して六道の衆生を教化・救済する菩薩、三・六メートル四方、萱ぶき）約三十七メートル上に訶梨帝母堂《かりていもどう》（鬼子母神堂ともいう。産育の守護神、三・六メートル四方、萱ぶき）がある。訶梨帝母堂は、江戸時代に糟尾の蓮華谷から移築したものである。ふもとより約六百五十メートル登ったところに観音堂があり、行基作と言われている千手観音菩薩立像（長さ九〇センチメートル余り）が安置されている。普段は閉帳している。

その左右に二十八部衆の眷属が並べられ、千仏の掛物二幅が掛けられている。ヒンズル尊者（賓頭盧《びんずる》とも称し、十六羅漢の一人でもある。神通力をもてあそんだとして釈尊に呵責され涅槃に入ることを許されず衆生の救済に努めたとされている）が置かれている。木像である。

本堂の前に石灯篭四基あり、その後ろに堂守の庵（約三・六メートル四方、萱ぶき）がある。

本堂の柱に開山年数の書付が張られている。向かって右の柱に、建穂寺は天武天皇の御代の白鳳十三年（六八四）道昭禅師が開基している。今年（一七〇三年）まで千十九年とされている。同左の柱に本尊は中興行基菩薩の作である。養老七（七二三）二月十八日に安置供養、当年（一七〇三年）まで九百八十年である。このように、紙に書かれて柱に貼られている。

本堂に圓通堂と額があり、戊午（一六一八年又は一六七八年）秋僧正伯如の書と書かれている。

本堂の堂庭の左前方に阿弥陀堂二軒がある。そのうちの一軒の阿弥陀堂は約五・四メートル四方、萱ぶきであり、その中に本尊座像（阿弥陀如来、作者不明で閉帳）がある。もう一軒の阿弥陀堂は約三・六メートル×四・五メートル、萱ぶきであり、その中に行基の作と伝えられる本尊（阿弥陀如来、閉帳）が安置されている。

本堂は駿府御城の西の方角に当たる。

本堂よりふもとの馬鳴大明神並びに十二社権現のお宮（九六三年七月、一説には一三七〇年）の造営である。十二社権現は祈雨・止雨のため奉幣の対象となった神社すなわち竜穴・火雷《ほのいかづち》・水主《みぬし》・木嶋《このしま》・乙訓《おとくに》・平岡・恩智《おんじ》・広田・生田・長田・坐摩《いかすり》・垂水をいう）から成っている。傾斜のある参道が約六百五十メートルあり、約百九メートルごとに石地蔵（町石）を立て、地蔵の下を角型の石の台にして、そこに町数を彫りつけてある。駿府商家の方々の寄進である。[77]（解説を含む現代文は筆者）

足立鍬太郎の建穂寺についての論文

足立鍬太郎は島根県の出身であるが後半生は静岡に住居を置き、初め学校教育に携わり、後に『静岡県史』や『静岡市史』などの編集責任者も務めた。その他に、昭和初期、「建穂寺及び建穂

77　三嶋清左衛門『駿府巡見帳』1703年　原本執筆　正岡政夫復刻編集　1956年　pp132～135

神社の研究」という論文を、『静岡県史跡名勝天然記念物調査報告』第一巻の中で発表していて、建穂寺を研究するには得難い先行論文となっている。当時の建穂寺の跡を伝える部分を紹介する。

> 訪客一たび長虹の如き藁科橋を渡り山崎新田の聚落を過ぎ大門橋を越ゆるや、直に右して淙々たる清流に沿ひ五・六町を往かば、路傍に小さき地蔵の石造を見ん。これ遺址に相當する所である。次に掲示票の立てるが東南隅、其次にある畑が建穂寺總門址の東寄大部である。次に幅二間の道路が正面の神社に通じて居るが、試に總門址につきて測れば、元来此邊の詣路は幅十二間ありしが如し。それより爪先上りに二十間許進めば山門址に達する。礎石などは夙に他に遷して何の遺物もなけれど、附近の畑土は小瓦片を含んで、著しく作物の不出来なのが雄辨に昔を語って居る。山門以内は、慶長八年（一六〇三）五月家康の寄附を合した祭儀用の道路が、幅六間長一二八間、坦々として祠前に兆通し、左右に幾多の院坊對立して石垣を疊める庭上に幾百株の櫻を植ゑなめて春は梢に白雲をたなびかせたが、今は院坊僅かに其址をこそ遺せ、祭路は西寄二間を存して餘は民有の圃地に變じた。[78]

仁王像の立つ山門から四十メートルほど手前に総門があって、総門柱の右付近に行基井戸があった。現在、道路の左右に住宅が点在していて、右側は当時寺の所有地であった。山門内側に閻魔堂があり、山門から建穂神社にかけての路肩には桜の並木があって、江戸時代初期には左右に二十近い塔頭が建っていたという。神社の正面入口に鳥居があって、そこで真っ直ぐ三百メートルほど伸びてきた道が鳥居の所で左右に分岐していて、左の道を採ると直接観音堂に通じ、右の道を辿ると学頭が客殿としていた菩提樹院経由で本堂の観音堂に通じていた。正面の階段を上ると建穂神社の境内になり、本社や拝殿や十二社権現など神に関わるものと、弘法大師堂や鐘楼

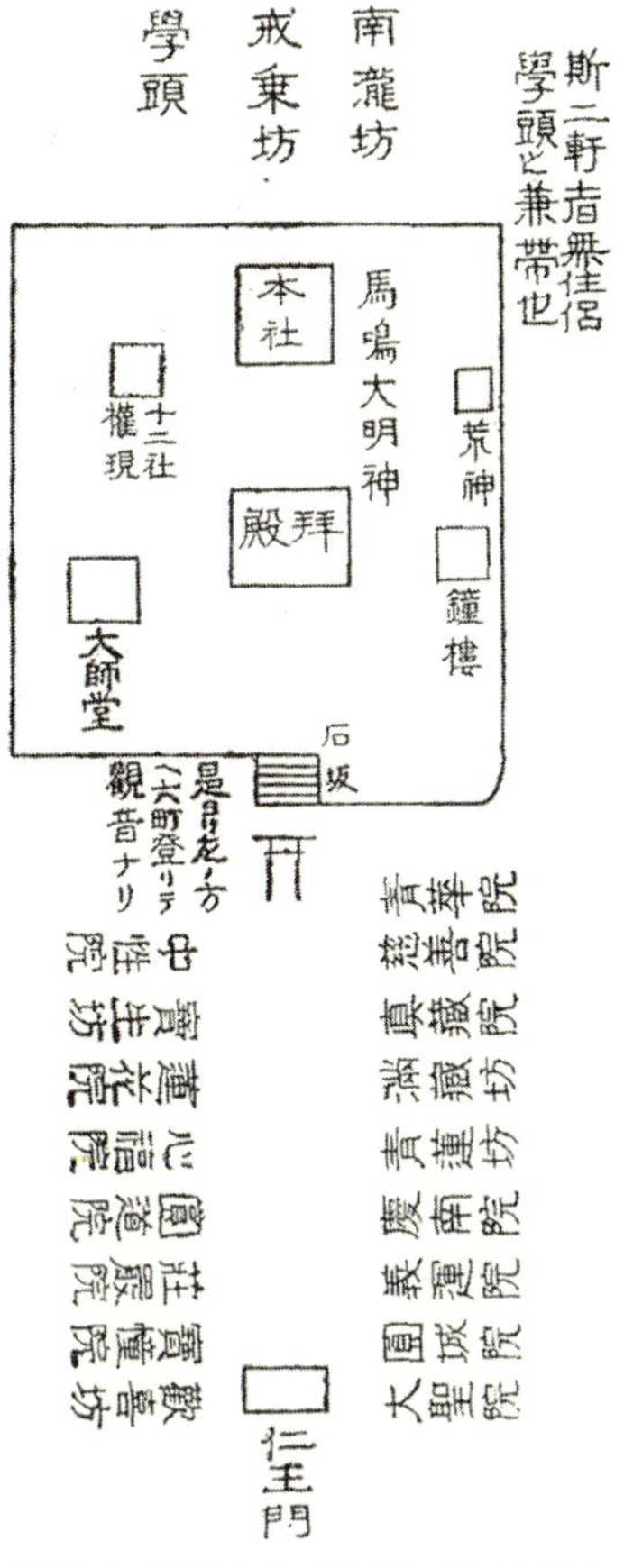

配置図　塔頭および神社　（足立鍬太郎執筆「建穂寺及び建穂神社の研究」1931年より引用）

78　足立鍬太郎「建穂寺及び建穂神社の研究」静岡縣編集・発行『静岡県史跡名勝天然記念物調査報告』第一巻　1931年　p21

など仏に関わるものが混在していた。鳥居から左の道を六町（約六百五十メートル）登った所に観音堂があった。現在はスギが植えられていて、石垣や礎石が無ければ、それと気付かない状態である。

静岡県依頼の足立鍬太郎による踏破調査

静岡県は昭和初期、静岡県内の名勝旧跡を各専門家に依頼して大々的に調査している。その調査結果を『静岡県史跡名勝天然記念物調査報告』としてまとめ、一九二七年に第一巻を編集発行している。その際、編集委員として建穂寺の調査・執筆作業を担当したのが足立鍬太郎である。足立はその内容を、「建穂寺及び建穂神社の研究」及び「建穂寺及び建穂神社の研究拾遺物」という論文の中で発表していて、その後、平成二十九、三十年度に静岡市が観音堂跡付近の調査した際の基礎資料にもなっている。建穂寺本堂である観音堂跡の詳細な説明と配置図を残している。

参詣道の坂を上りきると堂庭となる。堂庭を入ってすぐの左側に、仏石や石墓が数体並んでいる。入口からやや進むと、左側に二棟の堂跡が確認されている。この堂跡は近世末まであったとされる阿弥陀堂の跡とされ、幅はおおよそ二十七メートルぐらいだった。足立が訪れた頃、辺りは雑草が生い茂っていたようである。

静岡市が今回、発掘調査をして、ここに池の形の遺構があったことを再確認している。観音堂跡から少し離れた所に現在でも水源は確認できたものの、足立の調査と同様、この池に水が張られていた形跡は確認されていない。

池の右の本堂正面には、参詣者用礼拝所があったとされる。その大きさは長さ約三・六メート

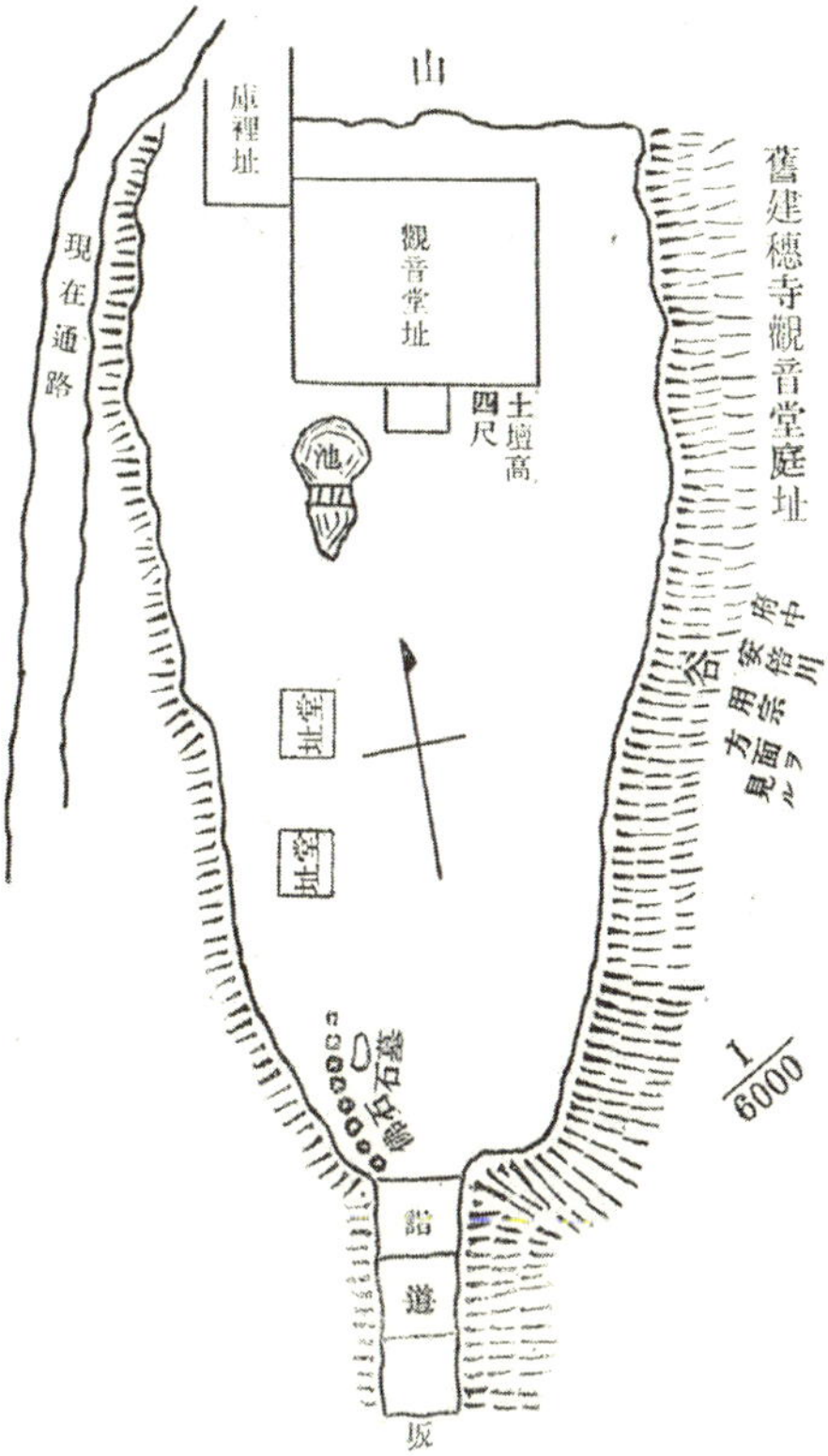

絵図　観音堂（足立鍬太郎「建穂寺及び建穂神社の研究」一九三一年より引用）

ルで、幅が約四・五メートル。その土壇の高さは約一・二メートルであったとされている。この堂跡が現在の観音堂跡である。檀は山を削って約十八メートル四方にならしたものである。静岡市の調査では、山を削った形跡はあったものの盛土してならした跡は確認できなかった。現存する礎石の位置から推定すると、観音堂は約十三メートル四方の建物の前に、参詣者用礼拝所の庇がせり出していたようだ。

参詣者用礼拝所の通の柱間が約二・九メートルあり、その他が約二・五メートルである。その結果間口は約十七・六メートルとなり、奥行は約十四・七メートルとなる。かねてより伝えられてきた大きさ、約十八メートル×約十四・五メートルとほぼ符合する。

観音堂の礎石は、四隅あるいは参詣者用礼拝所直面の最大でも、長径約七十五センチメートルほどであり割合に小さい。その理由を足立は、観音堂が茅葺であったからとみている。観音堂跡付近は、いばらやつる草などが生い茂り、中央の心柱など礎石の位置を確認するのに苦労していたようで、発見できなかった礎石もあった。礎石は遺構の中央付近に集中していることから、植樹のために除かれた可能性もある。足立が調査した昭和の初め頃にもヒノキの小樹が植わっていたという。また観音堂の西北隅に裏庭の倉庫ともいうべき建物跡が見られた。後山より水を引いていたとも考えられるが、その痕跡は確認されていない。

二　建穂寺の仏像

廃寺後の仏像の推移

建穂寺は明治初年に神仏分離令と火災などが重なり、廃寺になった。現在残る仏像は、火災の際、村人たちが運び出して、廃寺になっていた林富寺の庭に置かれていた。その後、建物内に保管するようになり、維持管理は建穂町内会が行っている。建穂町内会には観音堂と神社の世話人的な係が輪番制で十人ずつおり、それ以外にほぼ固定で十余人の評議員がいる。評議員は対外的な交渉を担当していて、参拝者に対する案内などもしている。

観音堂の仏事は八月九日に行われていたが、最近は八月上旬の日曜日に実施している。その日は本尊の千手観音菩薩を御開帳する。昭和の中頃まで相撲大会が開かれ、当時建穂町内会最大の行事であった。

毎年八月九日、滋賀県大津市にある石山寺では千日会をしていて、建穂寺との共通性を感じさせる。『日本歴史大事典』などによると、石山寺は真言密教の寺であり、当初華厳宗を修していたが、平安初期に聖宝（醍醐寺の創建者）が座主に就いて真言密教に転じた。古くから女性の参詣者も多く、紫式部が『源氏物語』を書いた寺として名高い。西国三十三所観音霊場の第十三番札所でもあるという。

明治初年の火災の際運び出された仏像は、確認されたものだけで七十四躯とされている。昭和四十二年の調査で盗難が判明した像は、横山武男編の『続　郷土の歴史　二十五話』により十一躯とされているので、その時点の仏像の数は六十三躯であったことになる。ところが、筆者が平成二十九年六月二十五日と同八月六日の二回行った確認作業では六十一躯しか確認できず、二躯少ないことになる。そこで平成三年発刊の『幻の寺　建穂寺』と照合したところ、平成三年に確認され、平成二十年には既に確認されず、現在も存在しない像が二躯あり、不動明王像（69・0cmと78・0cm）の二躯であると推測される。これらの仏像の他に、建穂神社には一般公開していない像の牛頭天王（もとインドの祇園精舎の守護神で、薬師如来の垂迹《すいじゃく》とされる）踏下像一躯があるが、今回はリストから除外している。その他に、過去に建穂寺にあったとされるものの、現存しない像として、馬鳴菩薩と雨宝童子の二躯がある。

観音堂に保管されている仏像内訳

次に挙げた仏像の明細は、平成二十年に京都国立博物館が実施した調査報告書『学叢』第三十一号[79]、鈴木信男が代表をしていた建穂寺の歴史と文化を知る会が発行した『幻の寺　建穂寺』[80]の写真集、横山武男ほかが編集した『続、郷土の歴史　二十五話』[81]および筆者が平成二十九年夏二回実施した確認作業を照合、検討し判定したものである。仏像の名称や寸法などについて、概ね京都国立博物館の調査報告書『学叢』に記載されている内容に基づいているが、千手観音眷属の二十八部衆などについては他の文献によっているものもある。特に仏像の名称については、流動的に捉えたい。京都国立博物館が必ずしも名称を確定せず、慎重な立場を取っているためである。

● 如来　六躯

伝大日如来坐像　37・6cm　市指定文化財　木造　平安～鎌倉時代
宝冠阿弥陀如来坐像　71・7cm　市指定文化財　木造（体部：平安～鎌倉、頭部：桃山）
如来形立像　48・5cm　銅造（一部ヒノキ材）　鎌倉時代
如来形立像　33・8cm　木造　平安時代
如来形坐像　62・1cm　市指定文化財　説法印　木造（寄木造）　鎌倉時代

79　淺湫毅「静岡・建穂寺の彫刻」京都国立博物館編集発行『学叢』第31号　2009年　pp119～143
80　鈴木信男『幻の寺　建穂寺』建穂寺の歴史と文化を知る会発行　1991年　pp8～70
81　横山武男ほか編『続、郷土の歴史　二十五話』静岡同好通信社　1972年　pp210～211

如来形坐像　7・0㎝　京都国立博物館の『学叢』には非掲載（一覧写真非掲載）

● 菩薩　七躯

千手観音立像　126・2㎝　市指定文化財　秘仏本尊　木造（クスノキ材か）　南北朝時代
聖観音立像〈前立〉　121・1㎝　木造（寄木造）　室町時代
勢至菩薩立像（伝承）　67・2㎝　木造（体部：鎌倉、頭部：江戸時代）
地蔵菩薩踏下像（伝承）　39・8㎝　木造　江戸時代
菩薩形立像　56・0㎝　木造　桃山時代
菩薩形立像〈残欠〉　18・5㎝　來迎形菩薩　胸上欠　木造　鎌倉時代
菩薩形立像〈高髻〉　67・2㎝　両臂欠　木造（体部：鎌倉、頭部：江戸時代）

● 明王　十躯

不動明王立像①　62・1㎝　県指定文化財　木造　平安時代
不動明王立像②　78・8㎝　県指定文化財　木造　鎌倉時代　毘沙門天と一具
不動明王立像③　29・9㎝　木造　鎌倉時代
不動明王立像④　53・6㎝　木造　室町時代
不動明王立像⑤　13・2㎝　木造　江戸時代
不動明王立像⑥　37・3㎝　木造　江戸時代（一七四七年）大聖院隆慶の銘

不動明王立像⑦　33・3cm　木造　江戸時代
不動明王立像⑧　35・8cm　木造　江戸時代
不動明王立像⑨　16・4cm　木造　江戸時代
不動明王立像⑩　69・9cm　木造（寄木造）　江戸時代

● 建穂寺に関係する僧の像　四躯

弘法大師坐像　56・5cm　木造　江戸時代
行基菩薩坐像　63・2cm　木造　江戸時代
大応国師坐像　42・4cm　木造　江戸時代
建穂寺学頭坐像　33・8cm　木造　江戸時代

● その他の像　十躯

大黒天立像　62・3cm　木造（寄木造、ケヤキ材）　江戸時代
毘沙門天立像　84・6cm　木造　鎌倉時代　不動明王②と一具
鬼子母神立像　55・2cm　別称は訶梨帝母　木造（ヒノキ材）　江戸時代
閻魔大王坐像　99・6cm　木造　室町〜桃山時代
賓頭盧坐像　82・6cm　木造（クスノキ材か）　江戸時代

矜羯羅童子立像　23・1cm　こんがらどうじ　木造（カツラ材か）（一覧写真非掲載）
制吒迦童子立像　24・0cm　せいたかどうじ　木造（カツラ材か）（一覧写真非掲載）
名称不明立像　23・0cm　京都国立博物館の『学叢』不掲載　（一覧写真非掲載）
仁王像　二躯　322cm　阿形、吽形とも同像高　木造　鎌倉時代か

● 千手観音菩薩の眷属　二十四躯

伝毘楼勒叉天（でんびるろくしゃてん）　98・3cm　木造（ヒノキ材）　江戸時代
伝那羅延堅固（でんならえんけんご）　93・7cm　木造　江戸時代
伝密迹金剛（でんみつしゃくこんごう）　98・8cm　木造　江戸時代
伝毘楼博叉天（でんびるばくしゃてん）　96・4cm　木造（寄木造　ヒノキ）　江戸時代
伝東方天（でんとうほうてん）　97・1cm　木造　江戸時代
神母天（じんもてん）　98・3cm　木造　江戸時代
大梵天（だいぼんてん）　95・2cm　木造　江戸時代
帝釈天（たいしゃくてん）　94・7cm　木造　江戸時代
伝満善車王（でんまんぜんしゃおう）　95・7cm　木造　江戸時代
伝大弁功徳天（でんだいべんくどくてん）　92・0cm　木造　江戸時代
摩和羅女（まわらにょ）　93・0cm　木造　江戸時代

伝散脂大将（でんさんしたいしょう）　102・5cm　木造　江戸時代
伝畢婆迦羅王（でんひつばからおう）　92・8cm　木造（寄木造）　江戸時代
伝五部浄居天（でんごぶじょうきょてん）　92・2cm　木造　江戸時代
難陀龍王（なんだりゅうおう）　109・9cm　木造　江戸時代
迦楼羅王（かるらおう）　98・8cm　木造　江戸時代
伝金色孔雀王（でんこんじきくじゃくおう）　99・2cm　木造　江戸時代
伝緊那羅（でんきんなら）　95・2cm　木造　江戸時代
摩睺羅伽王（まごらがおう）　99・3cm　木造　江戸時代
摩醯首羅王（まけいしゅらおう）　97・0cm　木造　江戸時代
婆藪仙人（ばすせんにん）　92・0cm　木造　江戸時代
伝乾闥婆王（でんけんだつばおう）　102・8cm　木造　江戸時代
雷神（らいじん）　74・1cm　木造（ヒノキ材か）　江戸時代
風神（ふうじん）　70・5cm　木造（ヒノキ材か）　江戸時代

●　盗難等不明像　十一躯

釈迦如来　10cm　木造　一躯
薬師如来　70cm　木造　一躯

日光菩薩　50cm　木造　一躯
月光菩薩　50cm　木造　一躯
吉祥天　15cm　金属製　一躯
不動明王　40cm　木造　一躯
二十八部衆　五躯　阿修羅王（あしゅらおう）、金毘羅王（こんぴらおう）、沙羯羅王（さからおう）、金大王（こんだいおう）、満仙王（まんせんおう）

●行方不明の像　二躯（平成三年には存在が確認され、平成二十年に不明となった像）
不動明王立像　69・0cm　大火炎を背負った姿
不動明王立像　78・0cm　右肩を開けた姿

建穂寺仏像の補足説明

現在、観音堂に保管している仏像六十一躯の内訳は前記の通りである。その仏像を大きく分類すると、如来が六躯、菩薩が七躯、不動明王が十躯、千手観音眷属（風神、雷神を含む）二十四躯、高僧の肖像四躯、その他の像十躯である。京都国立博物館の『学叢』第三十一号で五十九躯となっていて、評議員の記録および筆者の現物確認の六十一躯より二躯少なくなっているのは、二躯の傷みが甚だしく京都国立博物館が調査対象外としたからと推定される。「盗難等不明像　十一躯」としているのは、横山武男はか執筆の『続、郷土の歴史　二十五話』に掲載されている内容を引用している。それによると観音堂の仏像の数の減少に気付いたのは昭和四十二年であり、同年八月に県と市の職員が調査して、十一躯が被害に遭っていることが判明した。県がその調査に参加したのは、県指定重要文化財も含まれていたからである。

眷属とは仏教用語で菩薩に付き従って、脇侍として付随する仏像のことである。建穂寺の仏像の中では、例えば不動明王の眷属としての矜羯羅童子立像、制吒迦童子立像が挙げられる。今回二十八部衆に加え、風神と雷神を加えて示した。建穂寺観音堂にも風神と雷神を安置していたし、有名な京都の三十三間堂でも二十八部衆と同じ堂に安置している。ただし、毘沙門天は本来二十八部衆に加えられているが、京都国立博物館は調査の結果を踏まえ、この毘沙門天が不動明王②と一具のものとしているので、「その他の像」の中に加えている。製作時期は毘沙門天と不動明王②とが鎌倉時代であるのに、他の二十八部衆はすべて江戸時代である。

現存する建穂寺の如来の内、伝大日如来坐像は真言宗の中心的像で、現存する如来像としては唯一の真言宗に関するものである。しかも、京都国立博物館の調査によると、宝冠阿弥陀如来像の脇侍菩薩ではないかという。宝冠阿弥陀如来像は名称が確定している像の一つで、常行三昧にも関係している。

菩薩像の内、秘仏で本尊の千手観音像、前立て千手観音像は本堂の観音堂に安置されていた。

山科言継の『言継卿記』にも、ここで伝統の舞楽である稚児舞が奉納されたとしていることから、この観音堂が本堂であったことは確かであろう。聖観音菩薩（伝承）と勢至菩薩（伝承）の名称については、鈴木信男の『幻の寺　建穂寺』によっている。菩薩形立像のままだと、この二躯の他、別に二躯あることから、まずこれらとの区別をつけたかった。京都国立博物館の調査ではこの二躯はいずれも菩薩形立像としかされていない。その製作時期については、勢至菩薩（伝承）は江戸時代、聖観音菩薩（伝承）は頭部が江戸時代、体部は鎌倉時代としている。

不動明王が十躯と多いのは、建穂寺が古くから真言宗を修してきた寺だからだろう。不動明王は仏典では大日如来の使者として登場しているので真言密教に関係する仏像である。十躯の不動明王の内四躯が中世以前のものであり、不動明王①は平安時代に製作されている。残りの六躯が江戸時代のもの、そのうち一躯は塔頭の一つである大聖院の銘があり、そこに安置されていたようである。不動明王は単独や大日如来以外との組み合わせも考えられるという。建穂寺は不動明王の数の多さで特異な存在であるということができよう。

僧を写した像としては、弘法大師坐像、行基菩薩坐像、大応国師坐像、それに建穂寺学頭坐像を加えて四躯がある。いずれも、江戸時代の製作との調査結果である。これらの像は、戦国時代に建穂寺一山ほぼ焼失するような戦火に遭っているので、改めて江戸時代に製作されたと推測される。

その他の仏像では、地蔵菩薩が地蔵堂に安置されていた。『建穂寺編年』によると、学頭の菩提樹院の上の場所以外に祢宜山というところに地蔵堂があったと記されているが、それは石仏であったものと考えられる。菩提樹院の地蔵堂の近くには訶梨帝母堂が建ち、中に鬼子母神像があった。この訶梨帝母堂は、一六四一年まで一山超えた糟尾地域の奥にあったという。また、閻魔大王は仁王門の近くの閻魔堂に納められていた。さらに、大黒天と賓頭盧尊者は時代によって異なるが観音堂に存在していたようだ。「ビンズルさん」と愛称がついた賓頭盧尊者像は撫でると病気が治るといわれた民衆救済の像である。現在は建穂観音堂に賓頭盧尊者像があり、その像は撫でられて今でもピカピカ光っている。撫でられた所が良くなると言われていて、特に頭が一番輝いている。

道昭や行基に関わる建穂寺仏像など

建穂寺は法相宗の道昭が開き、行基が再建したと伝わる。後に真言宗に改宗したといわれるが、現在建穂町内会が観音堂に保管している仏像の中に、道昭や行基が直接関わって製作した仏像は確認されていない。中世以前の内部資料が焼失している上、外部資料もほとんどなく、判断しようがない。安倍七観音の関連で行基が介在したという伝承はあるものの、八世紀前半に行基が彫ったとされる安倍七観音の千手観音菩薩像七躯も現存が立証されているわけではない。建穂寺の千手観音菩薩像も、京都国立博物館の調査により、製作時期は十六世紀であるとされている。現存している行基菩薩像の製作時期も、江戸時代とされている。『建穂寺編年』には、江戸時代まで南門があった所の近くに湧水の地があり、「行基さんの井戸」とされてはいるが伝承の域を出るものではない。

京都国立博物館による建穂寺の調査

京都国立博物館は平成二十年二月に建穂寺の仏像を調査していて、その結果を淺湫《あさぬま》毅《たけし》が論文「静岡・建穂寺の彫刻」の中で報告している。調査は、科学研究費補助金による「日本における木の造形的表現とその文化的背景に関する総合的考察」というテーマの下、行われた。淺湫は建穂寺をその対象に選んだ理由として、「この地が東西文化の接点にあり、日本文化を考える際に重要な地点であることに気づかされていた。（中略）建穂寺には平安時代から鎌倉時代のものを含む古仏が数多く伝存している」[82]と記している。

調査には伊東史朗氏（元文化庁、京都国立博物館調査員）、井上一稔氏（同志社大学文学部教授）の二氏が協力し、カメラマン二名も加わって四日間、概ね古い時代の像から順次行われた。その主要部分を記す。

伝存像のなかで最も時代が遡ると思われるのが、静岡県の指定文化財にもなっている不動明王像である。また、像高一尺ほどの小品ながらも如来形立像も平安時代にまで遡ると思われる。

これらに続くのが平安時代末から鎌倉時代初期の、いわゆる藤末鎌初に製作されたと思われる宝冠阿弥陀如来坐像である。これがかつて建穂寺に存在した常行三昧堂の本尊である。これに続く鎌倉時代の作例としては、説法印を結ぶ如来形坐像が挙げられよう。後補による表面の漆箔および金泥が厚ぼったく、像容を損ねている点もあり、一見すると江戸時代の作例のようにもみえるが、鎌倉時代の優品とみられる。

さて、この時期のものとしては、やはり小品ではあるが、菩薩系の残欠像が、この期の正系の仏師（おそらく慶派か）によるとみられる佳品で、頭部が失われたことがまことに惜しまれる。また、不動明王立像も丁寧なつくりの小品で、鎌倉期のものとみてよいかと思われる。

最後に、秘仏の千手観音立像について若干触れておきたい。今回の調査では人手と時間に限りもあり、本像を厨子より出して詳細に調査することがかなわなかった。しかしその像容は、檀像を意識したとみられる素地像で、毛筋彫りをはじめとする細部の表現までも神経の行き届いた入念の作であった。いずれ再度機会をいただいて詳細な調査を行いたい。（抜

82　浅湫毅　「静岡・建穂寺の彫刻」　京都国立博物館編集発行　『学叢』第31号　2009年　p119

粋）[83]

仏像についてはこの節だけでは説明し尽くせないので、仏像の明細やその状況について概略を拾うにとどめた。建穂寺の仏像がどのようなものであり、どのような意義をもっているかなどについては後述したい。

特筆すべき仁王像

仁王門にあった仁王像は、阿形像と吽形像の三百二十二センチメートル像高の一対である。現在仮置きされているが、傷みが甚だしく、修復が急がれるところである。世の中の景気がいい頃、役所の方から修復を促す動きがあったようであるが、立ち消えになった。今、修復費用は五千万円かかるとも言われている。土台が腐食して傾いできて、取りあえずの応急処置をした状態である。『静岡県史』は、仁王像を高く評価していて次のように記している。

阿形像（口を開いた像）が左臂（左腕）を高くあげ、右手を伸ばして掌を地に向け、吽形像（口を閉じた像）が両臂を曲げ、左は腰脇で拳を握り、右は掌を前にして五指を張った大勢の力強さ、隆々とした筋肉や翻転する衣褶（裏のついた上着）の強い彫り口など、まさに鎌倉期仁王像の特色が顕著に見られる。この法量、形勢の仁王像としては兵庫県石龕寺の仁治三年（一二四二）定慶（鎌倉前期の仏師）等作像、京都府勝持寺の弘安八年（一二八五）慶秀（十三世紀後半の仏師）等作造などがあげられるが、この一対はそれらよりも古様で、胸飾や釧を本体材から彫り出すのは他に類例稀であり、貴重な作品といえよう。おそらく鎌倉時代初頭の中央作家の手になるもので、これだけの金剛力士像を擁するのは相当の大寺といわねばならない。それは往古の建穂寺にふさわしいものではなかったであろうか。[84]

（かっこ内の説明は筆者）

　このように、注目されている仁王像も数奇な歴史を背負っている。三岡賢吉は、明治時代に訴訟沙汰になった記録があると、その著書『建穂寺異聞　明治二十七年仁王像取戻し訴訟の顛末』にまとめている。三岡によると、金剛力士像（仁王像）を巡る訴訟は概ね次のような経過をたどった。

　明治三年（一八〇七）三月二十三日、建穂俊雄（建穂寺住職）は仁王二躯体を秋山惣兵衛

83　同著者　同報告文　同書編集発行　同書　同年　pp142~143（抜粋）
84　『静岡県史　通史編2　中世』静岡県編集・発行　1997年　p255

（静岡県安倍郡服織村千代に居住）に五十両にて売却している。

明治三年（一八〇七）四月十日、建穂俊雄、山脇隆泰（建穂寺前住職）は秋山惣兵衛に上記仁王像の預かり証を発行している。

明治二十六年（一八九三）十月二十六日、第一審判決で「秋山惣兵衛は正当に買い受けている」として建穂俊雄（還俗）は敗訴している。

明治二十六年（一八九三）十二月四日、弁護士を立てない本人訴訟により判決が下り、「仁王像二躯体を秋山惣兵衛に引き渡せ」として、信徒総代ら（建穂寺廃寺、林冨寺無住）敗訴する。

明治二十七年（一八九四）一月八日、第二審控訴審により、信徒総代らは控訴代理人を立てて、高田敬義弁護士控訴状を静岡地裁に提出する。

明治二十七年（一八九四）三月二十三日、「第一審判決を棄却」して、「秋山惣兵衛の主張は成り立たない」※判決が下る。[85]（抜粋）

※　所有権の取得時効について民法一六二条によると、二十年間所有の意志をもって平穏かつ公然と他人の物を占有したものは、その所有権を取得する。（明治三十一年公布施行）

要するに、この訴訟の判決があった明治二十七年には民法はなく、民法典により民法という法律が成立したのが明治二十九年である。しかし、明治二十五年の国会の「民法調査委員会」で時効が三十年から二十年に短縮され当該事例に適用された。この民法典とは、広辞苑によると、「民法」と題する法律（明治二十九年法律第八十九号、同三十一年法律第九号）のことである。

民法の成立は明治二十九年であり、施行はその二年後。当該判決の明治二十七年の段階では適用されないはずである。しかし、「民法調査委員会」が時効の期間を既に二十年に短縮していたので適用されたというものである。従って、もし、高田弁護士を立てずに、また、国会の議論を裁判長判事ほかが考慮しなかったとしたら、この裁判の行方は分からなかっただろう。幸運だったという他ないのである。

85 三岡賢吉『建穂寺異聞─明治27年仁王像取戻し訴訟の顛末─』静岡新聞社 2002年

仁王像　阿形像（筆者撮影）

仁王像　吽形像（筆者撮影）

如来像

如来形立像〈銅造＋ヒノキ材〉

如来形立像〈平安時代〉

菩薩像

菩薩形立像〈残欠〉

菩薩形立像〈金属製頭飾〉

菩薩像

地蔵菩薩踏下像

千手観音立像〈前立〉

菩薩形立像〈高髻〉

聖観音菩薩立像〈金属製頭飾〉

⑤不動明王立像（13.2㎝）

③不動明王立像（29.9㎝）

⑥不動明王立像（37.3㎝）

④不動明王立像（53.6㎝）

不動明王像

⑨不動明王立像（16.4㎝）

⑦不動明王立像（33.3㎝）

⑩不動明王立像（69.9㎝）

⑧不動明王二童子立像（35.8㎝）

建穂寺に関係する僧の像

大応国師坐像

建穂寺学頭坐像

行基菩薩坐像

弘法大師坐像

その他の像

賓頭盧尊者坐像

閻魔大王坐像

大黒天立像

毘沙門天立像

雷神像

風神像

鬼子母神立像

二十八部衆立像

伝満善車王

迦楼羅王

伝緊那羅

伝畢婆迦羅王

伝散脂大将

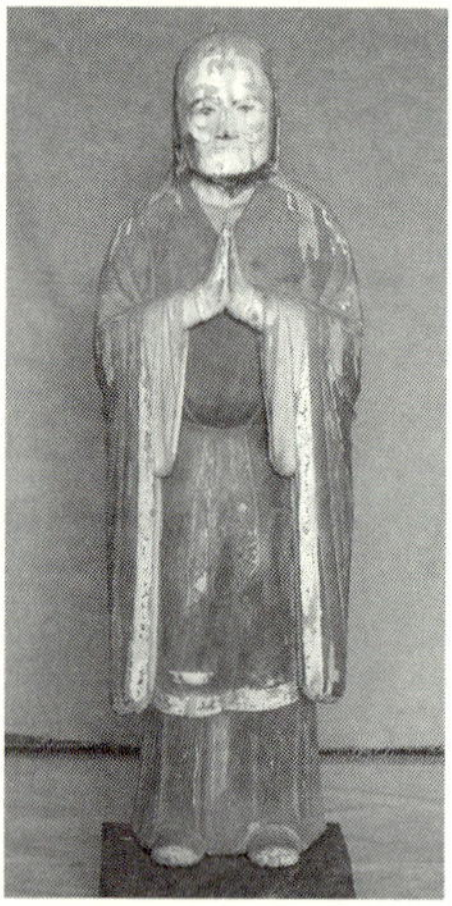
摩和羅女

伝東方天

伝大弁功徳天

二十八部衆立像

摩醯首羅王

伝毘楼勒叉天

伝毘楼博叉天

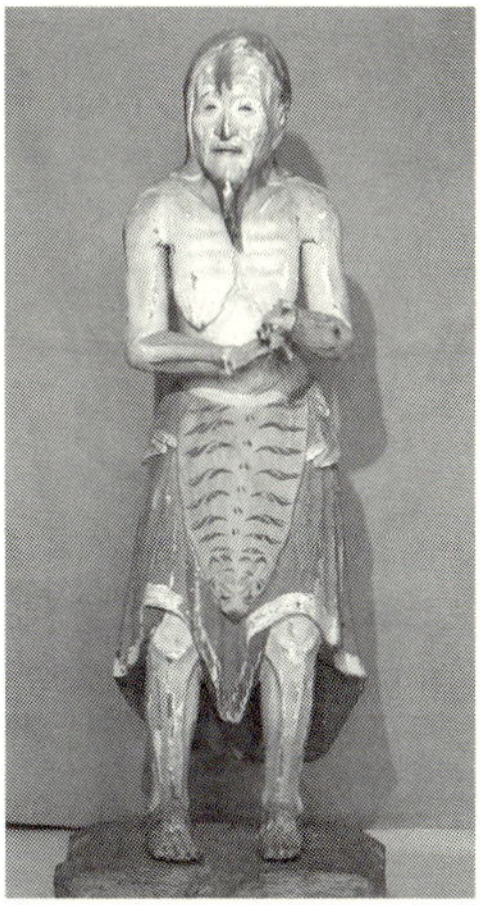

婆藪仙人

帝釈天

大梵天

伝金色孔雀王

伝密迹金剛

二十八部衆立像

伝五部浄居天

難陀龍王

摩睺羅伽王

神母天

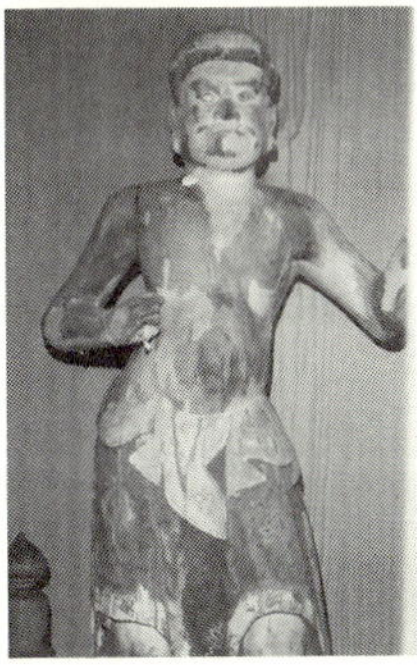

伝那羅延堅固

伝乾闥婆王

写真提供は京都国立博物館・淺湫毅氏

三　観音信仰等と建穂寺の特徴

本堂としての建穂寺観音堂

建穂寺一山の本堂が観音堂であったことはほぼ間違いない。菩提樹院と称する学頭の客殿も重要な伽藍の一つではあったが、本堂とは言い難い。何故なら菩提樹院という名称が使われるようになったのは、十七世紀前半に宥空が建穂寺学頭に就いてからのことであり、比較的新しい。また、建穂寺における稚児舞で最も古い記録である、山科言継の『言継卿記』によると、弘治三年（一五五七）二月十八日に言継が建穂寺の舞楽としての稚児舞を観音堂で見ているのである。さらに、三嶋清左衛門が元禄十六年（一七〇三）に著した『駿府巡見帳』にも、本堂として観音堂が記されている。

いずれにしても、観音菩薩は「観音さん」と呼ばれていて、一番親しまれている。中でも建穂寺同様、千手観音菩薩を安置している寺院が多い。千手観音菩薩はさまざまな呼び名があり、その一つが千手千眼観自在菩薩である。一般民衆が現世の苦しみからの解放を求める祈りの声を千の手と眼によって聞き取ってくれる有り難い仏であると信じられてきた。

建穂寺観音堂には、千手観音菩薩とともに眷属の二十八部衆、風神・雷神も併せて配されていた。千一躯の千手観音菩薩を安置する京都の蓮華王院三十三間堂と仏像の種類は同じである。風神・雷神は風雨をつかさどり、五穀豊穣をもたらす神々であり、二十八部衆はインド起源の神々が多い。これらは、千手観音菩薩の無限の慈悲に加え、人間の力では如何ともし難い災厄からの加護などを司っているといわれる。建穂寺がいかに観音信仰を中心に据えていたかが、うかがい知れるところでもある。

観音信仰

建穂寺にいつ観音堂が設けられたかは定かではない。観音信仰がいつ頃日本に伝来したかについて、大角修が「観音菩薩の日本での受容」の論文の中で、「飛鳥時代の仏像に観音像がかなり多いのを見て、六世紀の仏教伝来後まもなく観音信仰も広まったと考えられる」[86]と述べている。また、『目でみる仏像』(田中義恭、星山晋也編著)によると、「観音菩薩の像が盛んにつくられるようになるのは八世紀に入ってからで、留学僧や渡来僧、あるいは彼等によってもたらされた経典などによって仏教教義が深まり、仏、菩薩などの性格づけが明確になった。奈良時代に

86　大角修執筆「観音菩薩の日本での受容」『観音菩薩　自在に姿を変える救済のほとけ』学習研究社　2004年　p22

製作された仏像の中、現存する作品や記録などによると観音菩薩の作例が最も多い。しかも、この頃には聖観音の他、すでに十一面観音、千手観音、不空羂索観音、如意輪観音、馬頭観音などの変化像（密教的性格の像）も造られている」[87]という。

さらに大角は、日本において何故観音信仰が広まったかについて、「海とゆかりの深い菩薩だからだろう」[88]と観音菩薩のいる補陀落山との関係を示唆している。観音信仰が日本に根強い理由について、門馬幸夫は「観音霊場」の中で「観音信仰のもつこのような側面は、さかのぼれば、人間に、絶えず物を提供し、物を生み出す、大地への信仰にまでいきつこう」[89]と記している。これらから、観音信仰は尽きることのない泉のように、さまざまな恵みを与えてくれる海と大地への信仰に通ずるものがあるといえる。

「『法華経』普門品第二十五」の一節に、観世音菩薩に触れている有名な箇所がある。

若有無量百千萬億衆生受諸苦悩聞是観世音菩薩一心稱名観世音菩薩即時観其音聲皆得解脱[90]

若し無限ともいえる衆生が苦悩していて、一心に観世音菩薩の名を称えるならば、直ちにその声が聞き届けられ身心が解脱されるだろう。（現代文は筆者）

観世音菩薩は衆生が帰依するのであれば、解脱へと導いてくれるというのである。観世音菩薩については、最も短い経ともいわれる『延命十句観音経』にも、同様のことが記されている。

観世音　南無仏　与仏有因　与仏有縁　仏法僧縁　常楽我浄　朝念観世音　暮念観世音
念々従心起　念々不離心

観世音の信仰は仏に帰依することによって実現する。仏との因縁、つまり関わりや仏法僧のお蔭をえて、涅槃の四つの徳である常・楽・我・浄の域に導かれるのである。朝な夕なにひたすら念じなさい。そうすれば、きっと一瞬にして観世音が心に湧き起こり、永く心に在り続けるだろう。（現代文は筆者）

観音信仰は特に建穂寺がその最盛期を迎えようとしていた平安時代から鎌倉時代にかけて、貴族層のみならず庶民にまで広がりを見せたのである。その後も、観音霊場をめぐる巡礼が全国各

87　田中義恭　星山晋也編著『目でみる仏像』東京美術　2000年　p257
88　大角修執筆「観音菩薩の日本での受容」『観音菩薩　自在に姿を変える救済のほとけ』学習研究社　2004年　p22
89　門馬幸夫「観音霊場」「図説日本仏教の世界八『観音・地蔵・不動』」集英社　1989年　p5
90　瀬戸内寂聴『寂聴　観音経』中央公論社　1990年　p10

地で行われ、駿河の国にも観音霊場が設けられるようになった。千手観音菩薩を本尊とする建穂寺観音堂は、「駿河三十三所観音霊場」の第十五番の「札所」でもある。建穂寺が廃寺になった今でも、町内会が管理する観音堂がその後を受け継いで、観音霊場の札を掲げている。観音信仰は今でも根強く生きている。

平成二十九年八月には、建穂寺町内会の観音堂で明治時代の漆喰鏝絵の左官職人森田鶴堂作とみられる「巡礼絵馬」が見つかった。登場人物は、「駿河三十三所観音霊場」の巡礼に出かけた明治の建穂の村人たちである。左下に不鮮明ながら名前が書かれていて、今でも建穂に存在する苗字も見える。富士山と駿河湾を背景にして、同じような出で立ちの七人が描かれ、中には当時珍しかっただろう西洋傘を手にした人もいる。観音信仰は近代になっても根強い人気と共感をもって続いていたことがうかがえる。

観音信仰は長く息づき、人々の不安と混乱が募る時代であるほど、救いを求める人々の心を集めた。中でも、千の手と目を持ち人々の声に耳を傾けてくれると信じられた千手観音は、為政者のみならず民衆の心をもつかんだ。

観音信仰は現世利益の信仰から、浄土宗の影響を受けて、現世だけでなく来世のことも網羅する菩薩へと変遷していった。田中義恭、星山晋也編著の『目でみる仏像』には、「八、九世紀の観音信仰は、現世利益中心の信仰であったが、浄土教の発達に伴い、来世信仰としての性格を帯び、六観音信仰へと展開し、現世と来世ともに利益のある菩薩となり、その信仰は社会各層に広まった」[91]とある。建穂寺でも、六観音の一つである千手観音を本尊としていた。

観音菩薩の眷属としての二十八部衆と風神雷神

建穂観音堂には近世の文献によると、本尊の千手観音菩薩とその前立の周囲に、眷属としての二十八部衆と風神雷神が置かれていた。二十八部衆の内、残念ながら五躯は盗難に遭った模様だが、残りはほぼ揃っているし、風神雷神も現存している。上原昭一は、観音菩薩の眷属としての二十八部衆と風神雷神について、次のように記している。


観音と観音を信じる者を外敵から護る神々がいる。これを「眷属」という。観音の功徳をより確かなものにする、彼らの働きと姿を見ていこう。

千手観音は二十八人の神々を従えている。彼らを「二十八部衆」といい、千手観音とそれを信じる者たちを護るとされる。

千手観音の眷属は初め、二十八人ではなかった。『千手千眼観世音菩薩広大円満無礙大悲心陀羅尼経』という経典には、三十五人の善神が、それぞれ五百の侍者を従えて、千手の名を

91　田中義恭　星山晋也編著『目でみる仏像』東京美術　2000年　p344

> 唱え者を護ると記されていた。のちに『千手観音造次第法儀軌』という。千手の造像法を記した規則書で、二十八部衆として整理されたのである。
> 仏教に取り入れられた「天部」と称される、インド神話の神々をほとんど網羅しているこの二十八部衆は、まさに神々の力を結集した一大集団といえる。
> 千手観音だけで功徳は無限なのにもかかわらず、その功徳をより確かなものにしようとした。そんな先人の祈りが、二十八部衆には込められているのである。（中略）
> 風神と雷神　二十八部衆とともに千手を護る自然神。
> 自然現象の擬人化。中国で信仰されていた、雷公や風伯といった神を、インド風な裸形の鬼神として表現した神だといわれる。二十八部衆との戦いに敗れて、千手観音の眷属になったという話もあるが、もしかしたら、自然神を千手の配下に置くことで、人々は、自然の猛威からの守護を願ったのかもしれない。[92]

二十八部衆はインド神話の神々のほとんどを登場させているという。その多くはバラモン教の神々を集めたものであろう。千手観音だけで無限ともいえるご利益の上に、篤い援助の手が差し伸べられ、さらに自然災害の守り神ともいえる風神と雷神が守護してくれるというのである。

観音・不動・地蔵によるネットワーク

建穂寺には、現存するだけでも様々な幅広い種類の仏像が伝わっている。その中には、民衆にことのほか人気があった観音菩薩・不動明王・地蔵菩薩があった。千手観音菩薩は建穂観音堂本堂の本尊であった。不動明王は数が多く、古くは平安時代に製作されたものもある。地蔵菩薩は建穂の当時の村の入口の祢宜山にも、参道途中にもあったし、六町石も地蔵菩薩の一種である。観音・不動・地蔵について仏教に造詣の深い山折哲雄が、「庶民信仰のかたち」を執筆しているので記すことにする。

わが国の歴史のなかで、民衆のあいだにひろがり抜群の人気をえた守り本尊が、観音菩薩・不動明王・地蔵菩薩であった。
第一の観音菩薩は、慈母観音・悲母観音といわれるように、仏の慈悲と母の慈悲を一身に体現する本尊として崇められてきた。理想的な女性的なイメージを仏教化したもので、キリス

92　上原昭一執筆「観音信仰」本田不二雄編集『観音菩薩　自在に姿を変える救済のほとけ』学習研究社　2004年　pp133・125・126

ト教世界の聖母マリアに対応するといってもよいだろう。

これにたいして第二の不動明王は、剣と索をもつ忿怒の形相をした本尊として恐れられてきた。外部の敵を打ちくだき、怨霊や悪魔を退治する、エネルギッシュで男性的なイメージのなかで民衆の期待を集めてきた。それはある意味で、キリスト教でいう父なる神の峻厳な性格に似ているだろう。

そして第三の地蔵菩薩は、周知のように子供たちを救う菩薩として愛されてきた。地蔵ははじめ修行僧の姿をとるのがふつうであったが、やがて子供のイメージでつくられるようになり、地獄に堕ちた子供を極楽浄土に送りとどける可愛らしい救済仏へと変身をとげた。これはキリスト教でいえば、子なるイエスの姿に通じているといえるだろう。

要するに観音・不動・地蔵は、わが国の庶民信仰のレベルでは父と母と子の関係を理想的な姿で描いた聖家族であった。日本の庶民仏教が重大な関心を寄せた家内安全・身体健康というファミリーの願いも、そうした観音・不動・地蔵の、水ももらさぬ緊密なネットワークによってはじめて実現されると信じられたのである。[93]

古代における仏教導入の時点では、仏教は鎮護国家のためであったにしても、中世以降になると庶民信仰の対象にもなったといえる。庶民の願いも様々で、それぞれの願いに応じた仏像が安置されていった。観音菩薩は母のような広い慈悲の心をもって、不動明王は力強く外敵に対峙する父のような存在として、地蔵菩薩は子どもたちの救済とあの世で極楽浄土へ導いてくれる菩薩として愛されてきた。そして、山折はこれら観音菩薩・不動明王・地蔵菩薩がネットワークを形成していると主張するのである。

建穂寺を特徴づける種類の多い仏像、中でも現世利益の神や仏

密教系寺院ということもあるが、建穂寺は仏像の種類が多い。如来像にしても過去に存在したものを含めると、宝冠阿弥陀如来坐像、伝大日如来坐像、釈迦如来、薬師如来などがある。菩薩像は千手観音立像、聖観音立像（伝承）、勢至菩薩立像（伝承）、地蔵菩薩坐像など。明王像は不動明王立像、天は大黒天立像、毘沙門天立像、鬼子母神立像、閻魔大王坐像、賓頭盧坐像など数えきれない。中でも、現世利益の神や仏が多いのが特徴である。現世利益の信仰について、田中義恭、星山晋也編著の『目でみる仏像』は次のように記している。

釈迦如来が始められた仏教は、本来現世利益を否定することで、それ以前のバラモン教と一

93　山折哲雄執筆「庶民信仰のかたち」上原昭一ほか編集「図説日本仏教の世界⑧『観音・地蔵・不動』」集英社1989年 p5

線を画し、優れた宗教思想を構築していたが、仏教が普及していく過程で現世利益が説かれるようになった。「現世利益」とはこの世における生活の豊かさや快適さを神仏の力によって満たしてもらうことで、受胎、安産、養育、治病、延命、衣食住の充足、冥利栄達、五穀豊穣、自然の災害から逃れることなど個人や地域社会の利益、その他鎮護国家である。（中略）

天あるいは諸尊の場合は観音菩薩のように、利益の範囲が広いのに比べ、限定されているのが特徴で。戦神毘沙門天、豊饒神吉祥天、福徳神弁才天、財宝神大黒天、護方神四天王、寺門神（当初は釈迦如来の守護神）仁王（金剛力士）、安産神鬼子母神（訶梨帝母）などの諸天がその代表的な現世利益を期待され信仰を得ている。しかし、多くの諸天は独立した信仰を得ることはなく、仏法の守護神として如来や菩薩に随侍して描かれたり造られたりすることが多い。[94]

興味深いことに、釈尊が始められた頃の仏教は、バラモン教の神を超越していて思想哲学が先行していた。仏教が人々の中に根を下ろすに従い、現に今、ここに生活する人々を重視せざるを得なくなっていった。つまり、苦しんでいる民衆の救済が急務であったのであり、現世利益を追求せざるを得ない状況であった。建穂寺においても、広く慈悲の手を差し延べる観音菩薩に信仰心が向けられるようになり、それぞれ限定されたご利益の鬼子母神や賓頭盧尊者、大黒天などが安置されるようになったといえるかもしれない。

安倍七観音

安倍七観音とは安倍川の周辺に古代からあったといわれている千手観音菩薩を安置する寺であり、徳願寺、法明寺、増善寺、久能寺、霊山寺、平澤寺、それに建穂寺を指している。三嶋清左衛門の『駿府巡見帳』によると、千手観音菩薩について、像の形は立像と坐像の二種類存在し、像高は二尺五、六寸から五尺ほどとまちまちであるが、いずれも行基作としている。中には、行基の開創又は開基としている寺も三カ所ある。本尊を普段閉帳にしていて、前立の像を安置しているところも五カ所ある。七観音とも平地ではなく山をやや登った所に位置している点が共通している。

伝承では、幼少時の聖武天皇の病気回復を祈念して、法明寺のクスノキを伐採して、一本の木を七つに切り分けて、行基が彫った千手観音菩薩であるとされている。ただ、この説には無理がある。通常同時に作るのであれば同じようなものを作るからである。

聖武天皇は行基の協力も得て奈良に東大寺を建て、主要都市に国分寺及び国分尼寺を設置した

94　田中義恭　星山晋也編著　『目でみる仏像』　東京美術　2000年 pp483～484

とされている。田中義恭、星山晋也編著『目でみる仏像』によると、「行基（六六八～七四九）は、奈良時代に仏教の民間布教に尽くし、また勧進聖として東大寺大仏造立の大推進力となった僧」である。[95]初め草の根活動による社会活動をしていたが、その後朝廷の要請もあり、大仏造営に協力したといわれている。確かに生涯は、聖武天皇（在位七二四～七四九）が活躍していた時代と重なる。しかし、大仏殿の完成は七五一年（天平勝宝三）なので行基はそれを見ていない。

安倍七観音が千手観音菩薩を安置したのは、朝廷の命令の一環とも考えられるが、推測の域を出ない。現在残っている建穂寺観音堂の千手観音菩薩像は戦国時代後期の作である。

薬師如来

元禄時代に三嶋清左衛門が著した『駿府順見帳』によると、客殿を少し登った所に弥陀堂があり、阿弥陀如来を中央本尊として、聖観音菩薩と勢至菩薩を脇に据えて三尊としていた。そして、国分尼寺の廃止に伴い「菩提樹院」の名を譲り受けたという。足立鍬太郎は論文「建穂寺及び建穂神社の研究」で、「學頭坊は菩提樹院と稱し、最高最奥の三區を占め、始は彌陀三尊を奉じて常行三昧の場であったが、後には岸和田候夫人寄附の薬師三尊を安置して國分尼寺の後身に擬し、一山を統轄して非常なる權威を振るって居た」[96]と述べている。ほぼ同じことを『静岡市史』も触れていて、「思ふに菩提樹院が此の佛を安置したのは國分尼寺の後身たることを示す為であらう」[97]としている。菩提樹院に薬師如来を安置するようになったのは、学頭隆範の影響力が大きかったのだろう。元禄十四年（一七〇一）二月、和泉国（現在の大阪府南部）岸和田城主、岡部美濃守の奥方が薬師如来に日光菩薩・月光菩薩の両脇侍を加えた薬師三尊の形で献上したのである。それを、『建穂寺編年』は次のように記している。

菩提樹院道場所安置之薬師佛及日月光両侍尊並
宮殿寄附之檀那者織内泉州刺史岡部美濃大守
大嫁君也東奥州巌城内藤能登守嫡長息姫也天
性歸敬佛道寄在佛像於處處之梵刹矣大嫁君素

95　田中義恭　星山晋也編著『目でみる仏像』東京美術　2000年　p670
96　足立鍬太郎「建穂寺及び建穂神社の研究」静岡縣編集・発行『静岡県史跡名勝天然記念物調査報告』第1巻　1931年　p22
97　静岡市役所『静岡市史』第四巻　名著出版1973年　p362

契約檀信於東都長久寺渥屬攘災之祝祷也豎乎
長久隆範住持學頭而使大嫁之侍従内傳説薬師
佛除病延命之慈誓以請安置其尊像于學頭也大
嫁君信容之速如響應聲乃命某工以刻鏤安置其
像也此一件應須延寶末至貞享之間矣

98

菩提樹院道場に安置する薬師如来及び脇侍の日光菩薩・月光菩薩並びに宮殿を寄付した檀那は、近畿泉州の史官の岡部美濃守の正室であり、東奥州岩城内藤能登守の正式な長女である。天性、仏道に帰依していて、あちこちの寺院に仏像の寄付をしていた。正室様は、もとより檀那として信仰することを江戸長久寺に約束していて、手厚く災いを払い除くことの祝福の祈祷を続けていた。長久寺の隆範が建穂寺学頭に住持するに及んで、正室様の侍従の言い伝えとして、薬師如来の除病延命の慈悲の誓願を以って、薬師三尊を学頭に安置をさせてほしいとしたのである。正室様は信念を即実行する、打てば響くような人で、仏師に命じて、仏像を彫刻させ安置したのである。今回のことは、延宝末（一六八〇年頃）より貞享

（一六八五年頃）に至る期間に依頼を受けて応じているのである。（現代文は筆者）

かねてより岡部美濃守の奥方が寄付を申し出ていて、隆範が江戸長久寺から建穂寺学頭に住持することになった機会に、約束を実行したようである。薬師如来を安置したのは、除病延命の慈悲のご利益を祈ってのこととしている。残念ながら、日光菩薩と月光菩薩を脇侍とする薬師如来三尊は明治初めの火災を免れたものの、その後盗難に遭ったことが確認されている。

阿弥陀如来は極楽往生を祈念する仏像だといわれ、この世での命が尽きた後のあの世を支配している仏とされている。太陽の循環に例えるならば、西の空にある黄昏時の太陽である。一方の薬師如来は、東の空にある生命力に満ちた太陽といえよう。薬師如来は薬壺を持っていて、衰えかけたところを修復してエネルギーを補充してくれる位置付けの仏である。

瓢箪型の池

足立鍬太郎の絵図に描かれていた瓢箪型の池は、本堂の観音堂のすぐ目の前という建穂寺にとって極めて重要な位置にあった。伝承ではこの池に稲が実ったとされているが、建穂寺学頭隆

98　隆賢『建穂寺編年』上　見性寺所蔵（原書）　静岡市立図書館（複写）　1735年　p161

賢の著した『建穂寺編年』にそのきっかけとみられる記載がある。

三論道昭禪師東海行化砌紫雲聳虚空尋樹下得當國當地令巖上七日坐禪満七夜早旦千眼玉體來迎雲上百穗熟稲長盛巖庭因茲道昭影向本質刻調千梅檀造建佛閣於巖上安置靈像於玉臺迴

99

三論（道昭は法相宗の日本における祖であり、三論はその基礎である）の道昭禅師が東海の行化の途中で、紫色の雲が虚空に聳えていて、山に樹木が茂っているところに引き寄せられるように辿りついた。この地が駿河国の建穂であった。そこの岩の山の上に召されるように七日七晩座禅をしての翌早朝、千手千眼観世音菩薩を雲上に迎えた。無数のたわわに稔った稲穂が山上の観音平に建つかのような勢いで実っていた。そのため、道昭はここに神仏来臨の証しに、梅檀《せんだん》をもって刻み調え、仏閣を山上に建造して、その霊像を玉台に安置した。

（現代文は筆者）

隆賢は、道昭開基の模様をこのように記している。稲を実らせたのが本堂前の池であるとして、大事に残してきたというのである。

しかし、筆者はこの池は神がかり的なものではなく、「放生池」であると考える。瓜生中によると、「仏教では不殺生戒を重視する。肉や魚などの生臭ものを使わない精進料理が発達したのも、不殺生戒を守るためだ。そして、日ごろの殺生を反省し、生き物の生命を尊重する精神を養うために、鳥や魚を池沼や山野に放して供養する『放生会』という法要が営まれるようになった。この放生会を行う池を『放生池』というのである」[100]と記している。放生会とは、仏教の不殺生の思想による儀式である。捕らえた生きものを池沼に放してやる、作善や慈悲行に通ずるものであり、日本には奈良時代に伝わった。

99　隆賢『建穂寺編年』上　見性寺所蔵（原書）1735年　静岡市立図書館（複写）p9

100　瓜生中『知識ゼロからのお寺と仏像入門』幻冬舎　2003年　p72

四　天台の常行三昧を修した真言密教の建穂寺

建穂寺の阿弥陀如来像と常行三昧の関係

建穂寺の宝冠阿弥陀如来は天台宗の常行三昧の修行のために安置されていたといわれている。常行三昧は、観音堂前の弥陀堂で修されていたが、時代によっては学頭の客殿及びその周辺とされてもいる。

建穂寺に安置されていた阿弥陀如来仏の像が天台宗の常行三昧に関わるものであったのだろう。『静岡県史』にそれを裏付けるような記載がある。

この形の阿弥陀如来像は、天台宗の常行三昧を修する本尊であって、清水市竜雲院保管（一乗寺所蔵）の像（像高六十五センチメートル）はその銘文によって（『資料編中世』補遺―一九八号）、元久能寺にあったと推定される美作である。おそらく十二世紀における京都の代表的仏師集団である院派の手になるものであろう。県下では、静岡市建穂寺に十二世紀の一体（頭部後補）、由比町最明寺に十三世紀の一体（像高五十九・五センチメートル）、同形の宝冠阿弥陀如来像が伝存している。高髻《こうけい》に宝冠をかぶり、通肩の大衣の両脇辺に皺襞《しゅうへき》を重ねて表わすこの形の像は、愛知県豊川市の財賀寺や栃木県日光市の輪王寺にも十二世紀の作品を見ることができ、宝冠阿弥陀如来の東国における一系統を形成している。[101]

さらに、同様の阿弥陀如来像が建穂寺においても天台宗の常行三昧を修する像であったことを、京都国立博物館主任研究員の淺湫毅は建穂寺の調査報告書に、「いわゆる藤末鎌初に製作されたと思われる宝冠阿弥陀如来坐像である。これがかつて建穂寺に存在した常行三昧堂の本尊であり、頭部が後補であることもすでに指摘されているが、今回の我々による調査によって、頭部の補作が慶長十八年のことであり、補作を行ったのは地蔵菩薩踏下像を製作した仏師と、おそらく同一人物であろうということも判明した」[102]と記している。

元禄十六年（一七〇三）に三嶋清左衛門の『駿府巡見帳』に、弥陀堂が記されている。この弥陀堂は本堂の観音堂の堂庭にあり、場所としては重要な位置を占めていた。このことから、建穂寺は天台宗院か天台宗をかなり重要視していたことになる。三嶋清左衛門が「本尊」と言った像は、宝冠阿弥陀如来を指す。建穂寺の本尊は千手観音菩薩であるはずなのに、少なくともそれに

101　静岡県編集・発行『静岡県史　通史編2　中世』1997年　p252
102　淺湫毅「静岡・建穂寺の彫刻」京都国立博物館編集発行『学叢』第31号　2009年　p142

準じた位置付けだったと考えられる。

建穂寺の仏像の調査は、前述の京都国立博物館によるもののほか、一九九八年、大宮康男が静岡市社会教育課の依頼で行ったものがある。その成果が「建穂寺宝冠阿弥陀如来像に就いて」という論文になっている。

本論と関係の深い事項が、『建穂寺編年』の治承四年（一一八〇）の常行三昧に関する記述である。常行三昧堂や本尊宝冠阿弥陀如来像の造立に関する記事ではないにしても、この時に常行三昧堂と本尊宝冠阿弥陀如来像が存した事は疑いなく、この時の修法で用いられた像が本論で取り上げた像ではないかと思われるのである。そうであるとすれば、この記事は本像の像立年代を特定する重要な根拠となるが、本像の造形上の特徴が、この時期のものとして良いかどうかを他の宝冠阿弥陀如来像の作例と比較する事によって検討してみたい。

現在、本尊宝冠阿弥陀如来像の作例として知られている像は十例に満たないが、特に平安後期から鎌倉時代の作例が本論に関係が深いので、それを表に書き出してみた。

繰り返しになるが、宝冠阿弥陀如来像は、天台密教の常行三昧の本尊としての特殊な図像である為、地方寺院の造立に際しても、根本像の持つ特徴が、正確に伝えられたらしく、高髻、天冠台、着衣形式、印相などは、この作例のすべてに共通している。[103]

大宮康男の論文は、平安末期頃、建穂寺でも天台密教の常行三昧が行われていたことをうかがわせる。建穂寺以外の宝冠阿弥陀如来像の作例からも、その共通性が確認されているという。さらに大宮は、「建穂寺は、真言密教の『学問の寺』としてよく紹介されるが、天台密教の宝冠阿弥陀如来像が遺されている所をみると、実際には、天台、真言の両派が混在して伝えられたのであろう。ところで、静岡には、伊豆山上常行堂、伊豆山下常行堂、最明寺、建穂寺と四体の宝冠阿弥陀如来像が伝わっていたということになるが、この地に於ける仏教の伝播の実態を考えるなら、天台密教が寧ろ主になって、西から東へと伝えられていったという証拠となるのではないか」[104]とも述べている。仏教文化の流れが存在していたとする説は、仏像考察の上で有用である。

修行としての常行三昧

中世の建穂寺において盛んに行われていた常行三昧とはどのような修行だったのだろう。建穂寺が真言宗の醍醐報恩院の末寺になったことに起因するとも考えられるが、近世になってから天

103　大宮康男「建穂寺宝冠阿弥陀如来像に就いて」『地方史静岡』第26号『地方史静岡刊行会』編集発行　1998年　pp82～83
104　同著者　同論文　同書　同所編集発行　発行年　p92

台宗常行三昧の頻度は減少しているようである。

その、天台宗の常行三昧について、ひろさちやは著書『念仏とは何か』で、念仏には称名念仏と観想念仏の二種類があるとしている。称名念仏が一般的な現在も浄土宗系で唱えている念仏のことであり、他方の観想念仏が常行三昧に通ずる念仏であるとして、次のように記している。

> 比叡山においては、法華三昧堂とともに常行三昧堂がたてられており、この常行三昧堂において観想念仏が修せられていたようです。九十日を単位として阿弥陀仏像のまわりを歩き回り、口に念仏を称え、心で阿弥陀仏を念ずるものだそうです。しかも、その行は昼夜ぶっとおしで続けられます。そしてこの行が成就すると、諸仏を目の当りに感ずることが可能になるのです。
>
> まあ、これは、専門家のやる修行です。
>
> こんな観想の念仏は、われわれ在家の人間には逆立ちしてもできやしません。
>
> だからこそ、法然上人は、われわれのごとき在家の人間がやることのできる称名念仏を考案してくださったのです。[105]

比叡山の荒修行、「千日回峰行」ほどではないにしても、観想念仏も厳しい修行のようである。建穂寺で中世においては、常行三昧における観想念仏が盛んに行われていた。中世は近世以上に身の危険が多く、神仏にすがりたくなる社会であった。そして、寺院は現在では考えられないほどの存在感を有していた。庶民だけでなく支配層にとっても寺院は心の支えであり、様々な知識も集積されていた。荘園などを所有していて、経済的に独立し、権威だけでなく権力も併せ持っていた。

中世には観想念仏のような厳しい修行にも耐える風土や習慣が形成されていたのではないか。しかし、近世は比較的平和な時代となり、精神の安定感が持てるようになると、職種身分を問わず神仏に依存する度合いは減り、観想念仏は廃れて、念仏を唱えれば救われるという他力本願の宗派に人気が集まっていったようだ。

建穂寺の観想念仏と称名念仏

中世の建穂寺は、さまざまな宗派が修されていたことが仏像などから分かる。中でも、常行三昧が行われていたことから、天台宗がかなり重要な位置を占めていた。弥陀堂の阿弥陀如来が存在し、常行三昧堂では観想念仏が修せられていた。

法然（一一三三〜一二一二）が浄土宗を説きはじめたのは平安末期である。弾圧を受けながら

105　ひろさちや「地蔵菩薩とは何か」大法輪選書『地蔵さま入門』2000年　pp137〜138

も、「阿弥陀様に帰依します」という意味の「南無阿弥陀仏」を唱えれば誰でも救われる、という他力本願の信仰は長い年月をかけて人々に浸透していった。親鸞の浄土真宗あるいは一向宗に至っては戦国時代、怒涛のように民衆の支持を集めた。その結果、観想念仏はほとんど活動の記録がなくなる。一方、称名念仏を唱える他力本願の浄土系の宗派では念仏講という形も登場する。

念仏講について、日本歴史大辞典は、「念仏を唱えることを契機として結成されている講。普段は毎月、日を決めて寺や堂に集まりその本尊や路傍の石仏などへの念仏を唱えて村内安全や五穀豊穣などを祈願するが、村落内に死者が出た場合には、その弔いのための念仏を唱える集団ともなる」と説明する。建穂でも、定期の念仏講が存在していた。それは、建穂を五組に分けて、組ごとに輪番制で各家に集まり、昭和三十年代まで行われていた。また、弔いや送り盆のとき、町内の女性たちは、現在でも御詠歌などを詠って供養している。

建穂寺学頭隆賢の記す天台宗の常行三昧

建穂寺学頭隆賢は、『建穂寺編年』上の中で、天台宗の主要な修行である常行三昧について次のように記している。

常行三昧之因縁雖治承四年中略誌之而未盡故冒
煩亦叙之凡念佛三昧之法軌睿嶽天台之餘風矣
慈覺大師在唐巡禮五臺瞻覩其法莚信慕奥魁起
睿山彌布末流釋書慈覺傳曰仁壽元年以五臺山
念佛三昧法授諸徒修常行三昧故知大過去帳肇
誌傳教慈覺二大師次録開山大菩薩孰怪天台密
宗之山哉加旃孟夏期仲申月而祭祀鎮守明神號
比睿祭今尚無怠此月當比睿山山王大祭也今雖
號純密之山而台密之餘風尚貽也今世天台家之
佩密如翕兩翼車兩輪毫釐無視輕重肆今爲純密
之叢林也九月九日亦嘗饗鎮守神廟未傳祭何神
靈矣

106

常行三昧の因縁、治承四年（一一八〇）の頃、これを略し記したけれども、しかるに、未だ述べ尽くしていない。故に、煩わしさを冒して、またこれを述べる。おおよそ、念仏三昧の法規は比叡山天台の遺風である。慈覚大師（円仁）が唐に渡って、五台山を巡礼して、その説法の場所をみて、文殊菩薩を信慕した。ここにおいて、比叡山に先駆けとして起こし、そして、末流に行き渡らせた。『釋書慈覚傳』によると、仁寿元年、五台山念仏三昧の法をもって、さまざまな宗徒に授けて常行三昧を修行させた。それゆえ知られているように、大過去帳のはじめに、伝教大師（最澄）、慈覚大師の二人の大師を記して、次に開山大菩薩を記録した。でも、天台密教の寺とするには、たれか怪しさを感ずる。加えるに、夏の暑い盛りの日に、鎮守の明神を祭礼する。この祭りは比叡山の祭りと称して、今なお怠ることなく、この日、比叡山山王の大祭を行っている。今（一七三五年ごろ）、建穂寺は真言宗の寺院としているけれども、天台宗の名残を今なお残している。現在において、天台宗の流れを帯びて鳥の両翼や車輪の様に、いささかも天台宗の重みを軽視できない。そういうことを踏まえた上で、今に、建穂寺は真言宗の寺院とされている。また九月九日、鎮守に供え物をして神の御霊を祀っているが、なんという神霊であるか未だ伝わっていない。（現代文は筆者）

建穂寺は中世において、天台密教としての色彩が濃かったし、真言宗の寺院とされるようになった十八世紀前半においても、その名残を留めていたようである。天台宗を、鳥の翼や車輪の片方に例え重んじていたことが分かる。

伝大日如来坐像が阿弥陀如来の脇侍

京都国立博物館主任研究員の淺湫毅は、伝大日如来像とされている像が、宝冠阿弥陀如来像の脇侍の可能性があるとして、次のように言う。「本像に関連する重要な知見は、大日如来坐像と伝えられている像が、当初はその脇侍である四親近菩薩《ししんごんぼさつ》のひとつであった可能性が高いことを、像の作風や時代性、腰脇の部材と体の幹部のつなぎかたといった構造の類似性などの点から推定できたことである。宝冠阿弥陀如来像そのものが、現存作例も少なく貴重なものではあるが、造像当初の脇侍を遺す例は、栃木県・日光の輪王寺、静岡県・熱海の伊豆山神社などに限られており、その点でも両像は大変貴重な作例といえよう」[107]。

淺湫の報告書の通り、大日如来坐像と伝えられている像が四親近菩薩の一つである可能性が高いとすれば、真言宗の骨子たる宇宙の真理を仏像化した大日如来の像は建穂寺に存在しないということになる。現在観音堂に残る仏像を見ても、数多くある不動明王を除けば、真言宗という宗

106　隆賢『建穂寺編年』上　見性寺所蔵（原書）　1735年　静岡市立図書館（複写）　pp158～159
107　淺湫毅「まぼろしのおおてら建穂寺の仏たち」　特別展『建穂寺の仏像』　フェルケール博物館　2010年　p3

派の影が薄いのである。阿弥陀如来など仏像の種類から見る限りでは、中世においては、むしろ天台宗系の寺であったとするほうが、実態を反映しているのかもしれない。

さらに、阿弥陀とも釈迦如来とも断定しかねる如来系坐像について、淺湫は次のように記している。

> 説法印を結ぶ如来形坐像が挙げられよう。後補による表面の漆箔および金泥が厚ぼったく、像要を損ねている点もあり、一見すると江戸時代の作例のようにみえるが、鎌倉時代の優品と考えられる。
>
> 胸前に両手をかかげ、それぞれ一・三指を結んで、いわゆる説法印を結ぶ点から、阿弥陀との考えもあるだろうが、左脚を前に重ねる結跏趺坐という坐法（座禅を組むときの脚のかたち）をとる点から釈迦如来の可能性もあり（通常阿弥陀は右脚を前にする）、断定を避けて名称を如来坐像とした。説法印も左右の手の高さが若干異なっており、このような像容の如来像の尊名について、あらたに詳しく調べなおす必要があるだろう。[108]

この像が阿弥陀如来像であれば、真言宗というより天台宗に関係した仏像という可能性が高いことになり、仏像からは天台宗がさらに優勢ということになる。

真言密教の特徴

建穂寺は真言宗の寺であったとされる。では、空海の思想を中心にした真言密教にはどんな特徴があるのだろう。空海は唐の都長安に渡り密教を学んでいる。密教は仏教の中でも後期にインドで興った思想であり、古くからあった神々、特にヒンドゥー教の神々をその教えに取り込んでいる。福永光司は空海の『三教指帰《さんごうしいき》ほか』を説明付きで訳していて、密教の特質を法身説法、即身成仏などとしている。

一般に仏教は歴史上の人物である釈尊の教えであるとする。それに対して密教では宇宙の真理すなわち法（ダルマ）そのものを仏の身体とみて、法身と称し、法身が直接説法をすると説く。普通、非人格の真理が説法するという説明は理解しがたい。しかし密教では瑜伽《ゆが》（宗教的瞑想）を通して、法身の説法を受けとることができると主張したのである。[109]

108　同者執筆　同論文　同書　同所　同年　同頁
109　空海著　福永光司訳『三教指帰ほか』中央公論新社　20003年　p10

福永によると、空海の説く密教では、宗教的な瞑想を通して会得することができ、また生身のままで成仏することができるとしている。

また、高木訷元は空海の宗教の本質について、師である恵果和尚から受法した密教にあるとして、「真言密教は『成仏』が『即身』に可能であることを説く仏教の究極的神髄であるとともに、社会国家の安寧と民衆の福祉を実現しうるもといとなるもの。（中略）この二つがそれぞれ『国の鎮』と『仏の心』に対応していることは多言を要しないところであります。すなわち、真言密教はこの両面を一義的に共有することで、きわめて特徴的であるといえるのです」[110]とする。高木が言わんとするのは、宗教は国家のためだけのものではないが、人民の救済の前提には国家の安定が不可欠だということになる。社会福祉の増進や自らの成仏を深くにじませている。

さらに、真言密教の主要な教えとして、空海が開眼して得た考え方がある。それは寺林峻の説明によると、「何もかも捨てる仏教から、何もかも生かす新仏教の密教へ心のシフトを変えていく。煩悩を捨てよと説く仏教から、煩悩をみんなの幸せづくりのために振り向けようとする密教へ心を切り替える」[111]にある。それは、煩悩を捨てるのではなく人々の幸いのために生かすようにすることであるという。つまり、「即身成仏の『即身』とは『いま生きた身のまま』という『いま』に重きが置かれる」[112]と言っている。さらに、寺林は空海の密教修行の極意について、「これを『入我我入』という。わたし（我）が仏のなかに入り、仏が我のなかに入ってくる状態を繰り返しながら、自分が仏になっていく。私のからだと口と心で行う行為を仏がからだと口と心で行う行為にまで高めていく。それによってわが身・つ欲得にこだわって短い命を終えるしかない自分が、苦しむ者を救う仏のながいいのちにつながっていくのである」[113]と記している。

密教を特徴づけるものとして、大日如来や不動明王の仏像の他に密教美術としての曼荼羅がある。田中義恭、星山晋也編著、『目でみる仏像』には、「宇宙の森羅万象はすべて大日如来の徳のあらわれであり、一切の諸仏、諸菩薩、諸天の徳もこの如来の徳にほかならないというのが密教の基本的考え方であり、これを図示したのが胎蔵界、金剛界の両界曼荼羅である」[114]とある。さらに、「顕教における本尊、たとえば釈迦如来や阿弥陀如来に当たるものが密教の曼荼羅で、密教の修法に際して必要不可欠な存在である。一般に密教世界の深遠な教理を視覚的に図化したものといわれているが、平易にいえば修法の対象の絵解きであるともいえる。密教の行者は曼荼羅に描かれる図様（世界）を現実のものとして捉え（観想）、自己を投入してそこに現出した空間と一体となり（即身成仏）、様々な呪術を行という」[115]とも説明している。

110　高木訷元『空海入門――本源への回帰』法蔵館　1990年　p146
111　寺林峻『空海　感動を生きる』致知出版社　1995年 pp85～86
112　同著者　同書　同出版社　同発行年　p126
113　同著者　同書　同出版社　同発行年　p74
114　田中義恭　星山晋也編著『目でみる仏像』東京美術　2000年 p379
115　同編著　同書　同出版社　発行年　p441

建穂寺と真言宗

真言宗に関わる仏像は本堂の観音堂もしくはその周辺にはなく、麓の建穂神社の境内にある大師堂や塔頭など、安置されていたところは限定的である。真言宗の寺であるといわれる建穂寺だが、いつ誰がどのようにもたらしたかについて明記している史料は少ない。本尊は千手観音菩薩としていることから、真言宗をどの程度重要視していたか明確ではない。ただ、弘法大師像があり、その脇侍ともいえる不動明王像が現存するものだけで十躯（その内二躯は静岡県文化財に指定）あることから、いくつかの宗派の中で、ある程度の重みを持っていたことはうかがえる。

現在は残っていないが、江戸時代に建穂寺には真言宗関係のものとして曼荼羅があったようだ。『建穂寺編年』下に次のように記述がある。

寛文元年辛丑

糟尾莊衛門憕複ス兩部曼荼羅ヲ

書背後曰寛文元年辛丑七月糟尾莊衛門修補兩

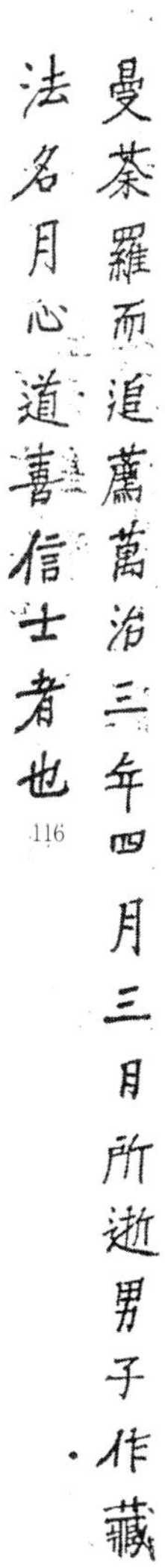
曼荼羅所追薦萬治三年四月三日所逝男子作蔵
法名月心道喜信士者也[116]

寛文元年（一六六一）
糟尾荘衛門は両部曼荼羅を修復した。
曼荼羅の後ろに書かれていることは、寛文元年（一六六一）七月、糟尾荘衛門が両部曼荼羅を修復したということである。これは、万治三年（一六六〇）四月三日に子ども作蔵、法名月心道喜信士の追善のしるしである。（現代文は筆者）

曼荼羅には、大日経に基づき智慧を象徴する金剛界曼荼羅と慈悲を象徴する胎蔵界曼荼羅とがある。その二つの曼荼羅を併称して、両部曼荼羅とか両界曼荼羅と称している。歴史大事典によると、両部曼荼羅とは、『大日経』に説く胎蔵界曼荼羅と『金剛頂経』に説く金剛界曼荼羅を合わせたものだとしている。

116　隆賢『建穂寺編年』下　見性寺所蔵（原書）静岡市立図書館（複写）1735年　p4

建穂寺に安置されていた不動明王十躯の内、製作時期が平安時代のものが一躯、二躯は鎌倉時代のものである。不動明王はかなり古くから信仰されていたことになる。また、その他に、明治初年の火災を免れたがその後盗難等に遭って、今はないものが一躯あったという。なぜこのように多くの不動明王像があったかを明らかにすることは難しいが、その糸口を探ってみたい。「不動信仰」について、有賀祥隆は次のように記している。

不動尊信仰の影響と修験道

不動尊信仰は、日本においては平安時代のはじめに真言密教を伝えた空海にはじまる。不動明王あるいは五大明王は、初期には鎮護国家のためにおこなわれる修法の本尊として祀られ、むろん後世にも藤原純友《すみとも》や平将門による承平・天慶の乱（平安時代中期）、下って蒙古軍が襲来した文永・弘安の役（鎌倉時代後期）など、内乱や国難に際して同じように祈祷の本尊として祀られた。しかし密教の修法は平安前期の天皇の親政から中期の藤原貴族による摂関政治に移行していく過程で、公的な護国修法からしだいに私的な息災・増益法に重きがおかれていく。この時代の流れのなかにあって不動明王あるいは五大明王は、天皇や貴族ら個人に、物怪調伏・病気平癒・安産祈願などのために厚い尊敬の念をもって迎えられた。117

このように不動信仰は空海に始まると言われ、不動明王はその初期には鎮護国家のため行われた修法の本尊として知られ、蒙古軍の襲来時における国難に対する祈祷の本尊ともされている。少年時代建穂寺で修行を積んだ大応国師は、経験と人脈を高く評価され、その蒙古軍に対して外交的な役割を担っている。不動明王と大応国師を直接結び付けることは、もちろんできないが、興味深いことではある。

江戸時代には、寺院法度（諸宗寺院法度）が制定されて、仏教寺院が幕府の統制下に組み入れられた。具体的な法令が本末制度や寺請制度（檀家制度）であった。名目的にはキリスト教などの排除を口実に、各宗派の寺院は、各檀家の戸籍簿的なものの作成を要請され、また檀家から葬儀を任され、先祖の供養を行う役割を担わされた。はたからは葬式仏教と揶揄されながらも従う他なかったのである。ただ、建穂寺のように檀家をもたない寺院もあり、祈祷寺院と呼ばれていたところもある。このような寺院は、修験系に多かったようである。川村邦光は論文「不動明王と修験道」で次のように記している。

> 修験道の祖は役行者（役《えんの》小《お》角《づぬ》・役《えんの》優《う》婆《ば》塞《そく》）とされている。だが、早くから伝説化され、どのような人物であったのかは定かでない。役行者が修験道の祖として崇拝されたことは、役

117　有賀祥隆執筆「不動信仰」「図説日本仏教の世界⑧『観音・地蔵・不動』」集英社　1989年　p124

行者が理想的な修験者の祖型とみなされていたことを意味し、それゆえに理想的な修験者のイメージが役行者の伝説のなかに織りこまれている。[118]

林羅山（道春）は江戸時代、駿府城で徳川家康に仕えた。羅山は十五歳まで、建仁寺で仏教徒としての修行をした後、儒学に転向して藤原惺窩に師事している。家康から始まり四代の将軍に仕え、諸法度の草案作成から古書の調査収集、出版など幅広く貢献した。また、のちの昌平黌《しょうへいこう》の礎となった。その羅山が『丙辰《へいしん》紀行《きこう》』の中で、建穂寺について次のように記している。

> 建穂寺
> 此寺はむかし役行者の草創せしやうにいひつたへなり。中比より密家の者移りゐて。今にいたるまであり。[119]

この『丙辰紀行』は、一種の紀行文であり、東海道の江戸から相坂（逢坂）の関（滋賀県大津市の南）までの名所の史話や伝説文である。また、役行者は、七世紀後半から八世紀にかけての山岳修行者であり、多分に伝説的な人物であり、修験道の祖と称されてもいる。

醍醐報恩院の末寺としての建穂寺

真言宗と天台宗の傾向を併せ持つ建穂寺が、「真言宗建穂寺」という看板を掲げるようになったのは、いつ何がきっかけだったのか。定かではないが、江戸時代、「寺院法度」の一つである本末制度が引き金になったことが推察される。具体的には、建穂寺が醍醐報恩院の末寺になったことである。

醍醐寺に詳しい藤井雅子によると、醍醐報恩院寛斎によって作成された『報恩院末寺帳』には、「一八〇カ寺のうちの約九割は、『寛永十五年（一六三八）被召加御本末畢』と記された後に列挙されていることから、幕府による宗教政策によって新たに本末関係を結んだ寺院であったといえよう」[120]という。因みに、建穂寺もその一つだった。

建穂寺が醍醐報恩院の末寺になったいきさつを『静岡市史』は、「有空には家康といふ後援者があり、又彼自身も盛んに活動したので何事もなく經過し、元和六年（一六二〇）四月には醍醐

118　川村邦光執筆「不動明王と修験道」「図説日本仏教の世界⑧『観音・地蔵・不動』」集英社　1989年 p143
119　林羅山著『丙辰紀行』塙保己一編纂『続群書類従』第十八輯下　続群書類従完成会1988年　p1316
120　藤井雅子著「中世醍醐寺と真言密教」勉誠出版　2008年　p248

報恩院の末寺たるを得るまでに運んだ。さうして彼は寛永三年（一六二六）五月十九日寂した。歳七十五歳」[121]と記す。宥空は家康から抜擢されて、江戸初期に建穂寺学頭になった人である。宥空が醍醐報恩院の末寺になると約束したとしている。しかし、正式文書は交わしていなかったようで、元和六年（一六二〇）醍醐寺から次のような約束の確認書が届いている。『建穂寺編年』に次のようにある。

六年庚申
學頭請約醍醐報恩院之末寺
報恩院許容簡帖曰　法印印寛濟　駿河國安
部郡建穂寺事任被申請之旨自今以後可爲醍醐
報恩院末寺之由依院主法印仰執達如件
元和六年四月日權律師眞勝印
建穂寺學頭御房[122]

元和六年（一六二〇）

学頭（宥空と考えられている）から、醍醐報恩院の末寺になる要請があり約束を交わした。報恩院が許容している簡略な法帖に次のように記してある。法印寛濟の名で黒印が押されて記されている。駿河国安部郡建穂寺のこと、この中請されたことによって、今後、醍醐報恩院末寺であること、よって、院主法印の仰せにより通達を下すものである。

元和六年（一六二〇）四月日、權律眞勝印

建穂寺学頭御房　（現代文は筆者）

建穂寺と醍醐寺のそもその流派の違いに拠る齟齬や、宥空からその後の学頭にどのように伝えられていったかについて、『静岡市史』は記す。

深雪山醍醐寺は貞観十四年（八七二）理源大師聖寶の建立した寺で、古義眞言宗に属し、今は醍醐派の總本山である。（略）建穂寺は學頭宥空が慶長十九年（一六一四）四月府城の眞言新義の法門にめされて、同派の本山智積院日譽など丶伍したのから考へて明らかに新義に

121　静岡市役所市史編纂『静岡市史編纂資料』第壹巻　1927年　p146

122　隆賢『建穂寺編年』上　見性寺所蔵（原書）1735年　静岡市立図書館（複写）p106

属して居たのであるが、今や古義眞言の醍醐寺に轉属した姿となつたのは、蓋し修驗道眞言宗修驗又當山派山伏の方面のみであらう。

宥空より宥譽に傳へ、宥譽から心應に傳へたやうである。宥譽は久能寺を兼帯し後秋田の某寺に移り、正保二年（一六四五）七月三日逝いた。心應から宥肝を経て源長に至り、寛永十九年（一六〇二）十一月醍醐報恩院より付法状を受けた。

當寺以て一山の規模とした。圓雄之に嗣ぎて學頭となるに及び、正保三年（一六四六）七月二九日醍醐寛濟大僧正東都より歸山のついでに菩提樹院に宿し、壇を開いて法を傳へ、特に圓雄に第二不動灌頂の秘訣を授けるに至つた。[123]

そして、最終的に『報恩院末寺帳』に調印したのは円雄である。東京大學史料編纂所編纂『大日本古文書』にその記載がある。

九六六　報恩院末寺帳（一巻）

○本文書ノ寺院名・同傍書・同注記及ビ著名ハ各々ノ書者ノ自筆ニカヽルモノナリ、

（表題）○紺紙ニ金泥ヲ以テ書ス、

「醍醐報恩院末流目録　　僧正寛濟」

（院主寛濟ノ時ノ目録）

醍醐報恩院末寺帳

次第不同

和刕菩提山寺　新遍（花押）

（以下十一寺（41～51）略）

寛永十五年被召加御末寺畢、

豫刕風早郡護持院弁越智郡畑寺兼帯、又号自性院光林寺、　快照（花押）

駿刕建穂寺学頭菩提樹院　圓雄（花押）

（以下略）[124]

建穂寺が醍醐報恩院の末寺になることを約束したのは宥空であり、正式文書を交わしたのは円雄であるという。

123　静岡市役所市史編纂『静岡市史編纂資料』第壹巻　1927年　p147～148
124　東京大学史料編纂所編纂『大日本古文書』「家わけ第19　醍醐寺文書乃5」東京大学　1966年　pp152～153

醍醐報恩院は真言宗醍醐派の総本山であり、末寺後の建穂寺はその強い影響下にあったといえる。建穂寺は醍醐報恩院の末寺になるまで、密教色の強い顕密寺院であったことは想像に難くないが、真言宗と天台宗を併修していたことはその伽藍などの配置から推察される。建穂寺は徳川幕府の本末制度という政策によって、醍醐報恩院の末寺という関係に縛られて、真言宗の寺院としての色合いを濃くしていったと考えられる。

五　その他建穂寺を特徴づけるもの

建穂寺の桜

建穂寺が桜の名所であったことは様々なところで紹介されている。弘化二年（一八四五）十一月に発表された駿河の名木ランキングが昭和になって、『静岡市餘録』に掲載されている。それによると、建穂寺の桜は駿河国名木集の中で別格の上位にランクされている。現在ではその面影は全くなくなったが、それでも五十年ほど前まで建穂神社の入口階段左横に、桜の大木が参拝者を出迎えるように名残をとどめていた。幕末からのものだったかもしれない。

「建穂寺の桜」のきっかけを作ったといわれる、大弐《だいに》という女性が植えたという桜が金玉集に撰ばれたとされている。この大弐について昭和初期に編纂された『静岡市史』は、「傳説には此女を尼千壽といふ」[125]と歌の後に説明を加えている。

浅間神社の神主中村高平は「建穂寺の桜」について、『駿河志料』に次のように記している。

125　静岡市役所市史編纂『静岡市史編纂資料』第壹巻　1927年　p132

【大貳舊蹟】未詳　金玉集云。摂政良經公の家にまかりしに、大貳といへる女、久しう相知れる人なりけり、駿河國手腰といふ所に、さそふ人ありてまかりけるに、つとめてのとし、千本の櫻をわけて、かれが朝夕の詠にせよかしとて、根ながら贈りけるに、彼里ちかき建穂寺といふに、其花をうゑて、佛にたむけたるよし、消息のついでにいひおこせければ、藤原有家朝臣

　我玉のひかりとつまにむすひてよ千本の櫻ちゝに咲きなは

近世此舊蹟さだかならず、此長が許にありしや、今の世にも、建穂寺観音の佛前に、櫻の古樹多くあるは、此花を植つきしにやあらん、また古へより花の多かりしによりて、此女も佛に進ぜしにや、此郷の山を櫻山とて、安永の頃には猶植そへて、花もいと多かりしが、近年は又朽枯たり、櫻山と稱する事、大貳が千本の櫻に由ある名なり。[126]

【大弐古跡】正確なことは分からない。金玉集に収められている。摂政《せっしょう》九条《くじょう》良経《よしつね》公の家にお世話になっていた大弐という女性は、長い間よく知られた人であった。駿河国手越という所に招いてくれる方がおられて、京都から下ってきた。その翌年、たくさんの桜を贈って、亡き夫がいつでも詩歌を作りたくなる環境をつくってあげたくて、苗木の状態で贈ろうと、手越に近い建穂寺に桜の花を植えて、仏にささげたという。そのいきさつを述べたついでに、一首を文字に起こすことにする。藤原有家朝臣

私の募る思いを光のような素早さと正確さを以って亡き夫に届けてください　たくさんの桜がさまざまに咲いているときにはいつも

近世になった今ではこの古い事跡がはっきりしないが、大弐の奇特な行いが基になっているのであろう。現在（近世）になっても、建穂寺観音堂の堂庭に桜の古樹が多くあるのは、この植樹に端を発しているのであろうか。あるいは、ずっと昔から建穂寺には桜が自生していて花がしっくりしていたので、この女性も仏前に献上したのであろうか。安永（一七七二〜一七八一）の頃には、更に植えた桜も加わって花が多かったが、『駿河志料』を記している文久元年（一八六一）には朽ち枯れたりしている。それにしても、建穂寺が桜の山の名所になっているのは、大弐が献納した千本の桜に由来している。（現代文は筆者）

中村高平は（近世になった）今となってははっきりしないとしながらも、「建穂寺の桜」が有名になったのは、この千本の苗木が影響したのではないかとする。いずれにしても、桜が植えられたことによって、建穂寺が最も栄えていた時代とされる鎌倉初期前後の華やかな春の佇まいが長い間、彷彿されたことであろう。

126　中村高平『駿河志料』一　1861年　橋本博校訂　歴史図書社　1969年　pp579〜580

『駿河志料』が引用した金玉集については、より有名な藤原公任《きんとう》（九六六～一〇四一）が編纂した金玉集とは別ものであることには注意を要する。静岡市史は、「建穂寺の桜」が記されている金玉集は僧存海によるものであり、藤原公任のものと混同してはならないとして、次のように説明している。

後柏原天皇永正三年（一五〇六）に、叡山の僧存海が、無住法師（梶原景時の末子、聖一國師の弟子、正和元年（一三一四）寂す。壽八七）の沙石集及聖財集より抄録した金玉集（藤原公任の輯めた中古歌人の歌集に同名のものがあるから混じてはならない）である。[127]

中村公平によると、九条良経（一一六九～一二〇六）と藤原有家（一一五五～一二一六）の経歴から、大弐が桜を植えたのは、建仁の頃（一二〇一～一二〇四年）のこととしている。そうなると、存海が金玉集を編纂したのはそれより三百年ほど後ということとなる。

次の写真は平成三十年春に撮影した、観音堂跡から南の藁科川を望んだ風景である。この写真は建穂町内会の有志三十人ばかりで、観音堂跡に通ずる道の整備をした時に撮影した。

観音堂址から桜越しに藁科川を望む。往時を彷彿させる（筆者撮影）

127　静岡市役所市史編纂『静岡市史編纂資料』第壹巻　1927年　pp131～132

地蔵菩薩としての六町石

六町石は現在、町内会が管理する観音堂の裏庭に置かれている。元禄九年（一六九六）には建穂寺本堂の観音堂への参道にあり、この約五十年後の延享四年（一七四七）二月一日、村からの失火がもとで寺の大部分は焼失したが、六町石は石造りのためか大火をくぐり抜け現存している。一町（約百九メートル）ごとに六基置かれたことから六町石と言われ、地蔵の形になっていることから六地蔵とも言われる。町石の座には六基とも、それぞれ寄進者の名前が彫られている。三町目の町石の座側面には「学頭道」の文字が写真でも見て取れる。ここが観音堂への道と学頭の菩提樹院への道との分岐点で、右道が学頭道であることを示している。

宮次男は地蔵菩薩について、「地蔵菩薩は釈迦が没した後、弥勒仏が出生するまでの無仏世界において、濁悪の世界から衆生を救済することを仏にゆだねられた菩薩である。また、六道（地獄・餓鬼・畜生・修羅・人・天）に堕ちた衆生を救済する救世主としても、広く信仰されている」[128]と記している。六町石は里程標の表示であると同時に、六波羅蜜（菩薩が修する六種の基本的な修行項目である布施、持戒、忍辱、精進、禅定、智慧）を意味するという説もある。

町石は寺院に通ずる参道で一町ごとに置かれている標石のことで、町石卒塔婆という解釈もある。一般的に町石卒塔婆は、五輪塔形式のものが多く鎌倉時代から建てられ、高野山のものが有

六町石の地蔵（筆者撮影）

名である。仏教でいう地水火風空の五大をかたどった五つの部分から成っている。下から地輪は方、水輪は球、火輪は三角、風輪は半球、空輪は宝珠形を順に重ねている。供養塔・墓塔として用いられていて、多くは寺院までの参道脇に建てられている。建穂寺の六町石は町石卒塔婆とは形が明らかに異なり、地蔵菩薩の形になっていることから、六道に通ずるという解釈が成り立つ。

　地蔵菩薩の救済活動について、ひろさちやは、「地蔵菩薩とは何か」という論文で次のように述べている。

> 「六道能化の地蔵尊」なる呼称が示すごとく、お地蔵さんの活動範囲は、地獄・餓鬼・畜生・修羅（阿修羅）・人・天の六道のすべ

128　宮次男「地蔵信仰」「図説日本仏教の世界⑧『観音・地蔵・不動』」集英社　1989年　p78

てに及んでいる。しかし、なかでも苦悩の大きい場所は地獄や餓鬼の世界であり、そこがお地蔵さんのいちばんの専門分野である。だから、地獄や餓鬼の世界の中心人物であったはずの閻魔大王までが、後世になると地蔵菩薩の分身とされてしまったのである。[129]

地蔵菩薩は衆生とともに苦悩される有り難い「ほとけ」ということである。足立鍬太郎によると、建穂寺では、閻魔大王は仁王門を入ってすぐの所にあり、そこから二百メートル余り登った所に建穂神社の鳥居があり、その脇辺りに六町石の最初の地蔵菩薩が置かれていたという。

建穂寺編年に記されている六町石

元禄九年（一六九六）、建穂寺観音堂参道に六町石と言われている石地蔵仏を安置していた。その時の状況を『建穂寺編年』でみてみる。

斯載安置六地藏於觀音堂磴道六處
安置石地藏佛此亦弘賢相謀乎大橋居行勸誘得
六尊之檀那以彫某姓名於石佛之座側而安置于

六處也大凡計嶝道也將向於三百六十歩許矣其
安置之地相去者皆各以六十歩而爲準則然逢於
險阻屈曲不便之地則未必守其準而延促亦循其
便矣安置嶝道之趾歩以爲第一能化佛在華表以
南石階下斲座石曰江尻竹永喜齋源泰喬月鑑常
圓居士天室高補大姉
第二地藏尊安地藏堂前一隅也座石曰長學利慶
童子雪峯寥傳童子施主上島村北尾耶衛門古品
第三地藏佛安學頭往詣觀音堂道旁彫座石曰妙
仙月宗寂性貞壽
第四地藏尊安置於大正院先師石塔路頭斲座石

129　ひろさちや「地蔵菩薩とは何か」大法輪選書『地蔵さま入門』2000年　p21

曰亭閑信士　妙勝信女　下砂町
第五地藏菩薩安在二本松鄰閒雕座石曰　元孝信
士　春意童女　施主横田榮快　榮快丸子横田氏薙染
號道空
第六地藏薩埵安觀音堂前石階下刻座石曰　根譽
善貞信士　繁譽妙榮信女　六軀總雕元祿九年丙子

130

元禄九年（一六九六）

ここに記す。六地蔵を観音堂参道の六カ所に安置する。

石地蔵仏を安置する。このこともまた、学頭弘賢は府中の大橋居行に相談を持ち掛けた。六地蔵の資金提供者である檀那を勧誘し、石仏の座の側面に檀那の氏名を彫りこむことで六尊の石仏を安置することになった。坂の参道の凡そを計測したところ、まさに三百六十歩（六町、約六百五十メートル）程であった。安置する石仏の位置をそれぞれ六十歩（約百九メートル）ずつ離せば、その間隔は一町になり、規則にのっとることになる。しかしながら、険しく屈曲しているような不便な所では、必ずしも杓子定規にはしないで、柔軟に考えて安置場所を設定した。

第一の地蔵仏は、神社鳥居の南の石段下に安置した。座石に、「江尻竹永喜齋源泰喬月鑑常圓居士天室高補大姉」と刻まれている。

第二の地蔵尊は、地蔵堂前の一角に安置してあった。座石に、「長學利慶童子雪峯寒伝童子施主上島村北尾耶衛門」と刻まれている。古い石仏である。

第三の地蔵仏は、学頭の菩提樹院と観音堂へ往詣する山道の分岐点の傍らに安置されていた。座石に、「妙仙日宗寂性貞壽」と刻まれている。

第四の地蔵尊は、大正院先師石塔付近の路傍に安置してあった。座石に、「亭閑信士妙勝信女下石町」と削られている。

第五の地蔵菩薩は、二本松の間に安置してあった。座石には、「元孝信士春意童女施主横田榮快」と刻まれている。榮快は丸子横田氏薙染、道空と称す。

第六の地蔵菩提薩埵は、観音堂前の石段下に安置した。座石に、「根譽善貞信士繁譽妙榮信女」と刻まれている。六躯すべてを、元禄九年（一六九六）三月十八日に彫ったとしている。前記の大きな石碑と同様、石工の下石町徳衛門が製作した。（現代文は筆者）

130　隆賢『建穂寺編年』下　見性寺所蔵（原書）1735年　静岡市立図書館（複写）pp40～41

野崎天了の句碑

現観音堂の前庭に、駿河の詩人野崎天了（八十三歳）の句碑が置かれている。この句は、天保十一年（一八四〇）に詠まれ、当時、碑は建穂寺参道にあったものである。この頃の建穂寺はすでに衰退してきていて、天保四年（一八三三）の新庄道雄『駿河国新風土記』によると、「今は二十一坊の内、七、八坊のみ存してその坊も人のすめるには大正院、円道院、学頭のみにてみな空坊なり」[131]ということであり、塔頭も僧が住んで機能していたところは数カ所になっていたという。中世の隆盛が失せた建穂寺ではあったが、この句碑が設置された当時も神仏混淆の寺であり、神のものと仏のものが同居していた。それが故に明治の神仏分離令で、影響は大きかったのかもしれない。

刻まれた句は、「道津連裳　経与み鳥や　法の場」と読める。現代文にすれば、「神も仏も混淆していて、神の使いの鳥のそばで経を読んでいる、法を伝える建穂寺であることよ」といったところか。建穂寺の実態を詠んだ句であろう。

建穂寺には、古代の秦氏の時代から伝統的に神と仏が同居していたばかりではない。その後の変遷を見ても、神には、日本的な自然崇拝や霊的存在を有するアニミズムのようなものがあり、ヒンズー教系の大黒天、鬼子母神、本尊千手観音の眷属である二十八部衆の天など多種多様な神

野崎天了の句碑（筆者撮影）

131　新庄道雄『駿河国新風土記』上巻　1833年　修訂：足立鍬太郎　補訂：飯塚傳太郎　国書刊行会　1975年　p735

由来の仏像が存在している。しかも宗派は多岐にわたる。真言宗の弘法大師の肖像を安置する大師堂があり、天台宗の常行三昧を修する弥陀堂には宝冠阿弥陀如来像があった。また、浄土教系の六町石の地蔵菩薩を参道に配していて、村民・町民による念仏講が廃寺後も続いていた。建穂寺の塔頭だった洞慶院（元喜慶庵）や龍津寺は曹洞宗であり、建穂寺で青少年時代修行した大応国師は臨済宗の高僧であった。このように、建穂寺は日本の主だった宗派の多くに関係している。この句はそうした建穂寺をよく表現している。

『駿河記』上は建穂神社について、文化六年（一八〇九）に次のように記している。

馬鳴明神社　在二建穂寺内一　祭神天照皇太神宮　保食神　延喜式神名帳所レ載の建穂神社是なり。（中略）十二社権現社同弘法大師堂神社の左にあり。鐘楼洪鐘銘寛永八年（一六三一）十二月榊原大内記従二位源朝臣照久寄進[132]

延喜式神名帳に掲載されている建穂神社の中央に馬鳴大明神の本社と拝殿があり、併せて天照大神と保食神が祀られていた。その左側には、十二社権現社と弘法大師堂があったとしている。

足立鍬太郎によると、神社右側には榊原照久寄進の鐘楼とその後ろに荒神の祠があった。荒神は正式には三宝荒神といい、竈《かまど》の神とも称され、現在でも建穂神社でこのお札を求めることができる。

132　桑原藤泰　原書校了　1809年　足立鍬太郎校訂　池鶴堂印刷所　1932年　p152

鶴堂の巡礼絵馬（筆者撮影）

森田鶴堂の巡礼絵馬

静岡新聞の平成二十九年十月三十日付朝刊は、建穂寺観音堂で漆喰鏝《しっくいこて》絵《え》の名工森田鶴堂作の巡礼絵馬が見つかったことを報じた。それによると、鶴堂は明治時代を中心に活躍した鏝絵師で伊豆の入江長八に師事した。作品の一つ「不去来庵」の金剛力士像の鏝絵は国指定文化財に登録されている。

絵は服織村建穂の住民七人が県内三十三カ所を巡る「駿河三十三観音霊場」の巡礼の様子を描いたもので、右下に鶴堂の角形朱印が押されている。鏝を使って描かれたものではないが、鶴堂の研究にもつながると期待されている、とあった。

鏝絵の先駆者として有名なのは伊豆の入江長八で

ある。『伊豆の長八・駿府の鶴堂』（八木洋行他）は長八と鶴堂との出会いについて、「鶴堂と入江長八の接点は、明治十四年、静岡市で開催された静岡県美術彫刻作品展覧会出品のため、長八が三月から五月まで静岡に滞在した折、鶴堂は長八をたびたび訪ね教示を受けている。時に、長八六十七歳、鶴堂二十五歳であった」[133]（抜粋）としている。同書によると、「美術一等工事ができる者は、左官職の最も優秀な職人で、左官の名人と称された。この一等職人に格付けされるのが静岡県では伊豆の入江長八、静岡の森田鶴堂など」[134]であった。

行基井戸

建穂寺学頭の隆賢が、行基井戸について『建穂寺編年』に記したのは、学頭を引退する前の年である。

十九年甲寅
此總鄧鑴確右幹圍行基鑿開之古井
井泉距山門者二十許歩在四衢來往之旁也傳言
行基菩薩所鑿開也蓋惟上古此地邊僻艸莽人亦

淳古頑愚菩薩憐郷里之小民鰥寡不便乎爨炊洗
灌以穿鑿者歟元禄中或議曰執禁闇夜往來若有
過而陥溺者則大悲井泉返罹害人之誚不如埋没
以逋危険矣遂循其謀也頃年亦有誚訶者謂今世

（中略）

長少荷負畚鍤提携耒耜穿鑿數仞埋没塊砂積爲
培塿鑑泉澤沸涌出於尋丈之間於越輸載淡上山
之名石使石工磨雕井幹非惟晴夜遯陥溺之危難
懺悔前所瘞没之皋咎有利而求心水之澄浄庶幾
地動不磷兀然競億兆之春秋矣
135

133　八木洋行他『伊豆の長八・駿府の鶴堂』静岡県文化財団　2012年　p120
134　八木洋行他『伊豆の長八・駿府の鶴堂』静岡県文化財団　2012年　p121
135　隆賢『建穂寺編年』下　見性寺所蔵（原書）1735年　静岡市立図書館（複写）pp151～152

享保十九年（一七三四）

この年、確固たる所を掘り起こして、行基菩薩が掘り開いた古井戸の主要部に囲いをした。その井戸は、山門を二十歩（約三十六メートル）ばかり南に進んだ四辻の往来のある傍らにある。伝承では、行基菩薩が掘り開いた井戸とされている。まさしく、よく考えてみると、上古、この地は辺鄙で草深くして、人もまた純朴で情けの篤い人々であったのだろう。行基菩薩は村里の庶民のかよわい人々が炊事洗濯に不便をしているのを憐れんで、井戸を切り開いたのだろうか。

元禄時代、ある話し合いの中で言われた。だれか、闇夜の往来の禁を破って、若し、過って落ちて溺れる者があっては、慈悲の井戸がかえって人に害を与えるとのそしりをこうむることになる。そのようなことがないように、埋没させて危険を防いだらどうだろうかと。ついに、その意向に従ったのである。この頃、そのことを、責めたり叱ったりする者もあったという。

（中略）

（ついに、村人の）老若に促した。もっこを担いで鋤を携えて、深く測って埋没した土砂を掘って積んだところ、小さな盛土の山ができた。そして、泉が湧きでてくるようにしたら、尋《ひろ》（約一・五メートル又は一・八メートル）の長さから、姿を映すような清水が湧出した。そこで、奥深い山の上からの名石を載せ運んできて、石工に湧水口を刻み磨かせた。

よく考えて、暗い夜に落ちて溺れる危険を避けるために、埋没させる以前の状態に改善を加えた。そして、井戸水の清澄と便利さを祈求した。庶民のこいねがうことは、井戸が地震などにより水の流れが変わることなく、末永い歳月あり続けることである。（現代文は筆者）

『建穂寺編年』には行基が掘り開いた井戸を、夜過って落ちる者があっては慈悲のためが、かえって人に危害を加えるものになりかねないと一時埋没させた井戸を、再び掘り起こした模様が語られている。建穂は古代の昔から水には苦労していた。この井戸の辺りには、総門（四本柱跡）があったと、明治九年ごろ服織村役場発行の地形図に載っている。通称「行基さんの井戸」はこの総門付近の道路脇にあった。昭和三十年代まではこの道の交通量も少なく、「行基さんの井戸」は存在し実際に使われていた。その当時の井戸の大きさは、四方が七十センチメートルぐらいの広さで、深さは五十センチメートル弱の大部分が埋められた井戸であった。春夏秋冬心地よい清流がこんこんと湧いていて、コンクリートのようなもので普段は蓋をしていたように記憶する。この付近は沼地が多く井戸を掘っても濁った水しか出てこなくて、「行基さんの井戸」は唯一の澄んだ水であった。筆者もこの水を生活用水として育った。特別な井戸という意識はなく、当たり前のように使っていた。

第三章　建穂寺の歴史

一　平安・鎌倉時代を背景にしての建穂寺

建穂寺が大寺院になった背景

日本では土地が狭かったこともあって、「確実なる富は土地のみ」という考え方が根強かった。律令時代に班田収授法（班田法）により、耕地の配分が行われたが、十世紀初めにはほぼ廃絶された。原因は、人口の増加に伴う耕地の不足であり、そのため墾田が奨励された。その後について、『静岡市史』は次のように記載している。

ことに、官寺や、私寺の大寺は、その財力と信仰上の地位を利用して、自ら墾田経営に乗り出し、他人の墾田まで買収し、あるいは、寄進までうけ、あるいは百姓の口分田を自己の墾田に加えて、次第に土地の兼併、利殖を図るようになった。このような時期、駿府とその周辺では、その官寺に、国分僧寺、国分尼寺があり、大寺に、東に久能寺、西に建穂寺が栄えるようになったのではないかと思う。そのうち官寺にあたる国分僧寺、国分尼寺は、すでに衰退しはじめた。国分僧寺、尼寺は、学問の道場であり、教化の中心であったとはいえ、国家的権力を背景として育った。これら官寺は、私寺の大寺にみられるような意慾、積極性もなく、あぐらをかいて、地域住民の信望を失っていったとみるべきだろう。それに反し、天台宗の久能寺、真言宗の建穂寺は、国府の東西にあって切磋琢磨し、多くの碩学の僧を擁して、駿府の官寺と対抗し、次第に、本県の国分寺的性格を、官寺から剥奪していった。その基盤は、土地問題であり、人民把握であった。[136]

耕地が班田制により国より分配されていた時代には、国家的権力を背景として、国分寺や国分尼寺はそれなりの支配力を行使できたけれども、班田制が崩れ墾田が進んだ荘園制の社会においては急激に権威も権力も衰退させていった。それに代わって蓄積された力を利用して、駿河国において登場したのが密教系の建穂寺であり、久能寺であると述べている。

そして、南都六宗の流れを汲む固定的な平地仏教である国分寺や国分尼寺に対して、建穂寺や久能寺の山岳密教は人々にとって新鮮に映ったと推測される。関西からの宗教の流れが、高野山の真言宗、比叡山の天台宗となり、それまでの官寺を中心にした宗教を凌駕しつつあった。

そこのところを、『静岡市史』では、「荘園社会の人民が、国分僧寺・尼寺の信仰にあきたらず、極楽浄土の世界を来世に求めた密教の伝播は、東の久能寺、西の建穂寺がその拠点となり、

136　静岡市役所編集発行『静岡市史・原始　古代　中世』1981年　p1026

国分僧寺・尼寺の求めた平地仏教から、山岳仏教に上昇したことは、非常な魅力を感じたにちがいない」[137]と記す。このように建穂寺や久能寺が繁栄した裏には、耕地としての荘園を所有地として獲得していったこと、国の寺に代わって民衆からの信仰心を得ていったことがある。

強力な寺院勢力と顕密仏教

中世は捉えどころがなくて分かりにくい。当時の資料が少ないこともあるが、政治や社会がどのように推移したのか漠然としているのである。ましてや、その中において寺院の置かれた立場や、権力の程度も分かりにくい。平安時代は約四百年続き、律令制を継続した時代から終わり頃の院政期へ大きな変遷をたどっている。平安末期は平清盛など平氏の滅亡とも重なる時代である。それに、源頼朝が鎌倉に幕府を樹立した鎌倉時代は、完全に武士の時代になったと考えたいところであるが、中世の仏教に詳しい黒田俊雄によるとそうでもないらしい。『王法と仏法—中世史の構図』は次のように記している。

すなわち日本の中世は、公家・武家それに大寺院などの権門勢家が対抗しながら並立して一つの支配秩序を形づくっていた時代である。この権門勢家とは、社会的ないし政治的に強大な権勢をもつ門閥家を指す言葉で、九世紀末からみられるものである。しかし、巨大な権門の家産支配体制が整えられ完成するのは、荘園制と同様十一世紀後半であって、あたかもそれは院政の成立期に相当する。そしてこれ以後、天皇を国王の地位に据えながらも最有力な権門が国政の実権を掌握するかたちの政治形態が中世の国家体制の基調となるのであり、いわゆる院政期はその第一段階とみなしうる。[138]

中世という時代は次第に武家の勢力が絶大となっていく時代であり、公家社会や寺社勢力を完全に統制支配していたと考えがちである。しかし、黒田の説では、この時代、武士は諸勢力の中で抜きんでていたわけではなく、公家社会の権威も依然として無視できず、寺社勢力も強大であった。広い荘園を支配して様々な利権を有し、僧侶らはいつでも兵に変身できるよう訓練されていた。

寺院には古くから権威があり学問の集積があった。僧侶は深い知識と修行によって、身体的にも精神的にも鍛えられていた。黒田は僧侶を志す人が本来の宗教活動のためでなく、世俗的な背景をもったまま寺院生活に入る例が少なくなかったとしている。

137　静岡市役所編集発行『静岡市史・原始　古代　中世』1981年　p1028
138　黒田俊雄著『王法と仏法　中世史の構図』法藏館　2001年　pp105~106

そもそも寺院大衆の主要な指導的な階層である学侶・学生は、その世俗的な出自からいえばほとんどは中小級の貴族や武士の子弟であった。彼らが出家生活に入った動機は、今日考えられがちなように世間を捨て去って仏道に精進するためというよりは、学侶としての「芸能」を身につけて寺院生活という生活の途をえらび、そのなかで昇進し名誉を求めることであり、それがこの時代の社会のしくみであった。寺社勢力の興隆が武士階級の発展とまったく並行している理由もここにあった。[139]

それだけに、積極的に公家や武家の師弟が剃髪して出家することも多かったとしている。その後、還俗（出家した者が再び俗人になる）する人は珍しくなかった。僧侶となることは一つの手段であって、寺院は学問によって知識を吸収して、心身の修行にあたる場と考えていたようだ。

中世における寺社は、単に宗教的存在としてだけではなく、社会的な存在感を有していた。寺社勢力は時には武士勢力を上回る勢いを見せていた。黒田はこのような寺社勢力の存在を顕密仏教の「王法仏法相依」の論として提唱していて、「王法仏法相依論とは、単に仏教が政治権力に奉仕することをいうのではなく、仏教が社会的・政治的に独自性を帯びた勢力を形成しながら国家全体の秩序の構成原理のなかに入りこんでいる政治と宗教との独自の癒着のしかたを意味していたのである」[140]と書いている。また、王法と仏法は車の両輪のようなものであり、左右の翼のようなものでもあると述べている。双方が必要欠くべからざるものとして相互依存の関係にあるという。

黒田は顕密仏教の特徴について、仏教の伝来元の中国や朝鮮半島とは異なっているとも記している。

古代の日本へ伝えられた仏教は、このような朝鮮および中国の仏教であった。そして、政治制度において唐の律令制を模倣したように、仏教のあり方についても、天皇だけを意味する国家ための仏教、そうした国家によって設置され統制される寺院と僧尼という特色が著しかった。

しかし、日本の古代仏教には、天皇だけでなく国上・民衆をも含む意味の国家のために祈願する思想もみられ、寺院・僧尼の生活にもある程度の自治的慣行が認められていたといわれる。平安時代、最澄・空海以後になると、一方で国家＝天皇のための仏教を説きながら、他方でそれと並んで民衆の福利を祈ることも多くみられるようになる。それが「鎮護国家」という言葉の現実であり、必ずしも中国仏教と同内容ではなかったことに注意しなければならない。[141]

139　黒田俊雄『王法と仏法　中世史の構図』法藏館　2001年　pp108～109
140　同著者　同書　同出版社　同年発行　pp27～28

このように黒田は顕密仏教の特色の一つが鎮護国家にあるとしている。また、この顕密仏教が中世の日本仏教界を支配していたと主張している。それは鎌倉時代になり、臨済宗、曹洞宗、日蓮宗などの新教が広められた時代においても、なお根強い力を保有していて、むしろ仏教界を支配していたのは顕密仏教であるとしている。まさに、建穂寺においても顕密仏教が支配的であった。観想念仏や称名念仏が行われ、山岳信仰の流れを汲む加持祈祷が盛んに行われていたのである。

所蔵国書を献上

『建穂寺編年』によると、建穂寺は享保七年（一七二二）に、江戸幕府から所蔵している国書を幕府に献上するように命令を受けている。建穂寺が所蔵していた国書は十七部であり、その内容について『建穂寺編年』は次のように記している。

官令海内使收藏某等國書之曹獻之

其書一十七部也。謂新國史。本朝世紀。寛平御記。延

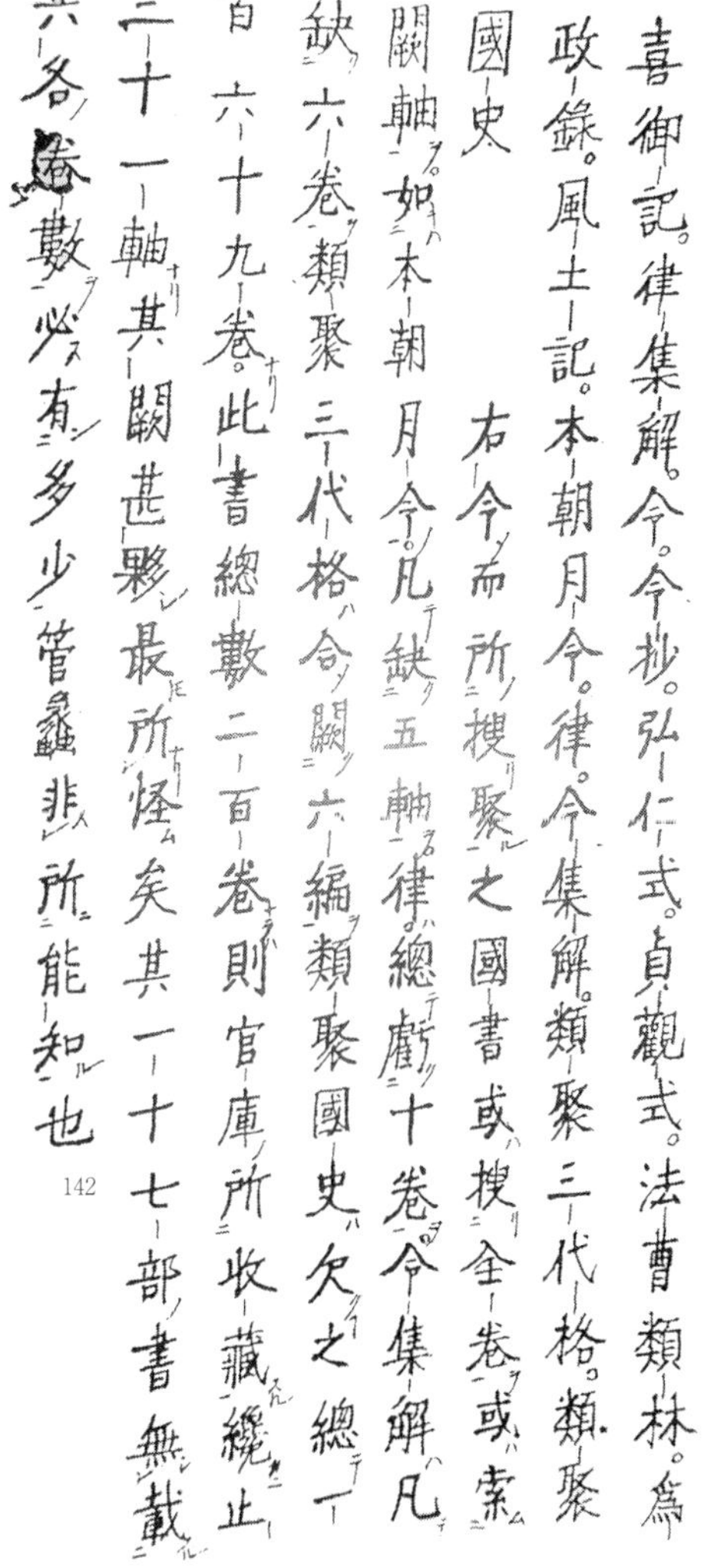
喜御記。律集解。令。令抄。弘仁式。貞観式。法曹類林。爲政録。風土記。本朝月令。律。令集解。類聚三代格。類聚國史　右令所捜聚之國書或捜全巻或索闕軸如本朝月令。凡缺五軸。律總虧十巻。令集解凡缺六巻。類聚三代格。闕六編。類聚國史欠之總一百六十九巻。此書總數二百巻則官庫所收藏纔止三十一軸。其闕甚夥。最所怪矣。其一十七部書無載其各巻數。必有多少。管蠡非所能知也[142]

幕府は全国に命じて、それらの国書を所蔵しているものにこれを献上させた。建穂寺はその国書が十七部あった。その国書名は、『新国史』『本朝世紀』『寛平御記』『延喜

141　黒田俊雄『王法と仏法　中世史の構図』法藏館　2001年　p24
142　隆賢『建穂寺編年』上　見性寺所蔵（原書）静岡市立図書館（複写）1735年　p126

御記』『律集解』『令』『令抄』『弘仁式』『貞観式』『法曹類林』『為政録』『風土記』『本朝月令』『律』『令集解』『類聚三代格』『類聚国史』である。

右の命令によって、探し集めた国書、或いは全巻を探し求めたり、或いは欠けている巻物を探し求めたりした。例えば、『本朝月令』については全てで五軸（全本十巻）が欠けていて、『律』は全てで十巻欠いていて、『令集解』は全てで六巻（全五十巻）欠いていて、『類聚三代格』は合わせて六編（全三十編）欠けていた。『類聚国史』は全部で百六十九巻欠けていて、この書の総数が二百として、収蔵しているのは僅かに止まり三十一軸である。その欠けようは極めておびただしい。もっとも怪しむところである。その十七部の書はそれぞれの巻数を無掲載のものも多少あったが、管理が行き届かなくてよく把握できていない。（現代文とかっこ内の加筆は筆者）

この国書献上命令は、江戸時代に出された。建穂寺で見つかった国書のほとんどが平安時代以前のものである。中には、『弘仁式』（七〇一年〜八一九年編纂）や『律』（七一八年〜七五七年編纂）のように、奈良時代まで遡るものもある。

この時代の国書の蔵書が十七部（冊数では推定百冊以上）と建穂寺に多いのは、恐らく、建穂寺が国全体のことを広く知る必要があるほど駿河国を超えて活動していたことや、鎮護国家を修していたことの現れであろう。また、かなりの規模と勢力を有していたことの証しともいえる。

駿河国の良馬の産地であった「蘇弥奈牧」

牧とは牛馬を飼育する産地のことである。牧には官牧と私牧があった。駿河国には、服織周辺とみられる官牧の「蘇弥奈牧《そみなもく》」と、愛鷹山東南麓に当たる現在の沼津市辺りにあった「岡野牧」の二カ所があった。蘇弥奈牧があった場所は、木枯の森を含む牧ケ谷一帯から美和地域に当たる内牧辺りと想定されている。『静岡市史』も、「蘇弥奈牧」が駿河国の良馬の産地であったことについて、「『御宇多院御領日記』など古い史料によると、〝服織の庄から、都に牛が貢上げられ、南藁科の里・牧ヶ谷・美和の里・内牧から馬が貢進された。〟ことがみえるのだから、羽鳥地区を中心に、古代から中世にかけて、官牧と私牧とがあった」[143]と記している。

『静岡市史』には、牛馬を飼育する土地は大化の改新後、次第に制度的に整備されていったとして、次のように記している。

律令制度に「官牧」という項があって、年々牛馬が地方の牧から貢上された。しかし、律令制の崩壊とともに「私牧」「荘園化」がすすんだ。

143　静岡市役所編集発行『静岡市史・原始　古代　中世』1981年　p1032

武士たちは、農業経営者から、一歩進んで、常に弓を射、馬に乗って、自分の領地を護るようになり、都との関係は、従前とは異なって、一筋縄ではいかなくなった。

彼らは、家子、郎党を養い、その住居地を「屋敷」と呼び、濠や、土塀・矢倉門を構築して、万一に備えた。屋敷に住んだ在地領主たちは、血縁関係で結ばれ、一族・一家・一門と称して、郎党は家子と主従関係を結んで、団結を強固にした。そのあかしに社寺を建立して、敬神崇祖の祀ごとをしたのであった。

「蘇弥奈牧」には、式内社が残存し、その式内社は、「神宮寺」と呼ばれ、真言の寺と、共存して、地域住民の尊崇をうけた。

延喜七年（九〇七）建穂神社は発生し、「童舞」という稚児舞が奉納された。

地域住民は、保食の神、天照大神を奉祀する力の入れ方であった。これがのちの建穂寺の鎮守となり、馬鳴大明神と称せられた。[144]

『静岡市史』では、建穂神社の発生を九〇七年としている。この時期、農業経営者たちは、馬に乗って自分たちの領地を守らなければならない状況に置かれていたことは間違いないだろう。換言すれば、自己防衛のための武装化であり、武士化である。彼らは馬や武器を持って荘園を営む農業集団であり、身の安全と心の安らぎを求めて寺や神社を建立したのは自然な成り行きである。

蘇弥奈牧については『静岡県史』でも取り上げていて、その位置を明確に示した『静岡市史』に比べて、やや婉曲な表現になっている。

　蘇弥奈牧の位置に関しては必ずしも明らかでなく、(曽)比奈の地名を遺す現在の富士市大字大淵付近に比定する考えもあるが、やはり、現静岡市街地の西北、安倍川と藁科川とに囲まれた牧ヶ谷から美和の内牧に至る一帯の産地とする旧『県史』(第三巻、二九〇～二九一ページ)以来の説を支持したい。そのさい、後日この地に置かれた羽鳥荘が、後宇多院次いで昭慶門院院庁分の年貢として「御牛飼一頭分」を負担しており(「竹内文平氏所蔵文書」嘉元四年(一三〇七)六月十二日昭慶門院領目録案、『資料編中世』一-八九九ページ)、鎌倉時代後期になってもなお、同荘は牧場の機能を維持していたらしいことも参考になろう。[145]

『静岡県史』が示すように、鎌倉時代後期になっても羽鳥荘では牧場が機能していた。「蘇弥奈牧の近辺では、岡部(辺)・朝比奈・藁科・工藤・長田・手越の各氏、今の清水市城南部には、

144　静岡市役所編集発行　『静岡市史・原始　古代　中世』　1981年　pp1033~1034

145　静岡県編集発行　『静岡県史』　通史編1　原始・古代　1994年　pp1067~1068

入江氏を始め多数の武士団が簇生《そうせい》した」[146]と、牧は武士の成長と歩みを共にしたとしている。

『静岡市史』では、武士が勢力を持っていく鎌倉時代には、蘇弥奈牧が東西をつなぐ大事な場所になっていったとして、「鎌倉時代になって武士の世の中になるにつれて、各地の牧は、軍事・運輸の必要から盛んになるとともに『蘇弥奈牧』は、交通路の要衝となった」[147]と書いている。

一一八〇年ごろの建穂寺と政治や社会の動向

建穂寺において天台宗の常行三昧がいつ頃から行われていたのか。平安時代の建穂寺についての記録は少なく、ましてや内部資料がほとんど存在しない中で、『建穂寺編年』は稀有な存在であり、この項は史実を伝えているとされている。改めて記す。

四年庚子

斯年常行堂大過去帳殺青法會權輿ス[148]

治承四年（一一八〇）
この年、常行堂において大過去帳の記録を読み、法会を初めて行う発端となった。（現代文は筆者）

このくだりについて、昭和の初めに建穂寺について研究した足立鍬太郎は、その論文「建穂寺及び建穂神社の研究」を『静岡県史跡名勝天然記念物調査報告』第一巻に発表している。

併しそれも保元三年（一一五八）以前の記事は亦殆ど用をなさざるものであるが、同年後に至つて大般若經書寫の記事の連續するは、所藏の同經奧書に據つたもので、時代的にも記録的にも信がおかれる。又治承四年（一一八〇）始めて常行堂法會に大過去帳を讀んだといふによつて、建穂寺史の基礎の置かれたことと、天台宗四種三昧の一たる常行三昧の修せられたことが知られる。[149]

146　同編集発行　同書　同発行年　p1068
147　静岡市役所編集発行　『静岡市史・原始　古代　中世』1981年　p1034
148　隆賢『建穂寺編年』上　見性寺所蔵（原書）　静岡市立図書館　1735年　pp38～39
149　足立鍬太郎「建穂寺及び建穂神社の研究」　静岡縣編集・発行　『静岡県史跡名勝天然記念物調査報告』第一巻　1931年　pp35

『建穂寺編年』上に記載されている内容が史実に基づかないとされる中で、足立もこの一一八〇年に修された常行堂法会は信頼がおけると評価している。建穂寺において常行三昧は、平安末期頃から行われていたと考えてもよいだろう。

それでは、この頃の朝廷の動きや宗教界を取り巻く環境はどうであったか、五味文彦編の日本時代史八『京・鎌倉の王権』を引用する。

注目したいのが後白河法皇の動きである。近衛天皇の死によって思いもかけぬ形で帝位につき、その後、何度も政治の実権を奪われることがあったにもかかわらず、その都度、復活を遂げて三十五年に及ぶ政界のトップの地位を保っていたからである。九条兼実《かねざね》の弟慈円の『愚管抄』によれば、法皇は出家前から袈裟を着て護摩をたくなど、仏法に帰依しており、また他方で舞や猿楽を常に好んでいたという。150

一一八〇年というのは、鎌倉幕府が日本最初の武家政権を樹立する少し前の時代である。その頃の朝廷は、後白河法皇が何度目かの復活を遂げた時代とも重なり、藤原の北家の始まりの九条兼実の時代でもあった。この時代、公家の多くが出家したらしく、九条兼実の弟の慈円も法皇ものちに出家をしている。いかに寺院の影響力が大きかったかを示すものでもある。

公家、武家、寺家の「権門体制」における後白河法皇の存在には大きなものがあった。中でも後白河が果たした役割として大きかったのは文化的な面だった。先の『京・鎌倉の王権』から引用する。

一一八〇年（治承四）年末に平重衡《しげひら》に焼かれた南都の東大寺・興福寺の復興はすぐに始まった。なかでも鎮護国家の象徴である東大寺の大仏が焼き落ちたことは社会に大きな衝撃をあたえ、多くの貴族や僧は、東大寺が創建された際の聖武天皇の詔《みことのり》に見える「若し我が寺興復せば天下復興し、我が寺衰弊せば天下衰弊す」の詞を思い浮かべたことであろう。

（中略）

治承の内乱（一一八〇〜一一八五）の時期には、平氏が兵糧米の欠如を京中の有徳人から徴収して補ったこともある。

この有徳人などの「民庶」に財源を求める一つの方法として勧進が拡がり、作善の一つとして米銭を仏に喜捨することが求められたのである。「民庶」の共通の利益となるような、橋や道路・港湾の修理や造築などの公共性の高い土木事業や、「民庶」の信仰を集める寺院や鐘、大仏の造営などに勧進の対象は広がっていった。151

150　五味文彦編　日本時代史8『京・鎌倉の王権』　吉川弘文館　2003年 pp36〜37
151　五味文彦編　日本時代史8『京・鎌倉の王権』　吉川弘文館　2003年 pp41〜42

このように、奈良や京の都では、大仏の造営や米銭の喜捨などの勧進活動と言われる行為が広がっていった。比較的余裕のある庶民による布施や労働提供などが行われるようになった。

それではこの時代、建穂寺は鎌倉幕府からどのようにみられていたのだろう。『静岡市史』は次のように記している。

> 東鑑巻三に據れば、元暦元年（一一八四）に服織庄は一度八條院鳥羽天皇の第三皇女暲子内親王母は美福門院得子の御領に歸したのを、頼朝が請還して再び池大納言頼盛に管領せしめて居るけれども、建穂寺は源頼朝の敬神崇拝に伴って久能寺と同一の待遇を受けた事と推察される。[152]

源頼朝は仏教に帰依していたばかりでなく、神に対する崇敬の念も厚かった。それだけに、建穂寺への対応も手厚かったことがうかがえる。

大応国師の活躍

大応国師（一二三五～一三〇八）は聖一国師（一二〇二～一二八〇）と比較されることが多い。年齢的には聖一国師の方が少し上であるが、同じ時代も生きている。ともに駿河国安倍郡の生まれ、幼少年期を大応国師（諱《いみな》は紹明《じょうみん》）は建穂寺に、聖一国師（諱は円爾《えんに》）は久能寺に学び、鎌倉中期を代表する臨済宗の僧となった。紹明は既に名を馳せていた円爾に憧れ、目標にしていたともいわれている。

『久能寺縁起』を引用した『久能山誌』は、「栄えた久能寺だったが、嘉禄年中（一二二五〜一二二六）に麓の火事が二王堂に飛び火し、さらに大風に乗って境内堂宇に広がり、本尊を取り出した他はことごとく焼失してしまう。以来だんだんと寺勢は衰え、僧侶の数も減少していった」[153]と記す。聖一国師は火災前の久能寺に学び、大応国師は久能寺の火災後に建穂寺に学んでいる。恐らく、両僧とも当時の駿河国で最も栄えていた寺で修行していたことになる。

大応国師の修行時代の経歴を、『建穂寺編年』で見てみる。

紹明師事浄辨和上落髪得戒

大過去帳上巻曰先院主浄辨大法師未詳氏族生

園等事跡僅知為第七院主也　三才圖會巻七十二

152　静岡市役所市史編纂『静岡市史編纂資料』第壹巻　1927年　p131

153　静岡市編『久能山誌』静岡市　2016年　p39

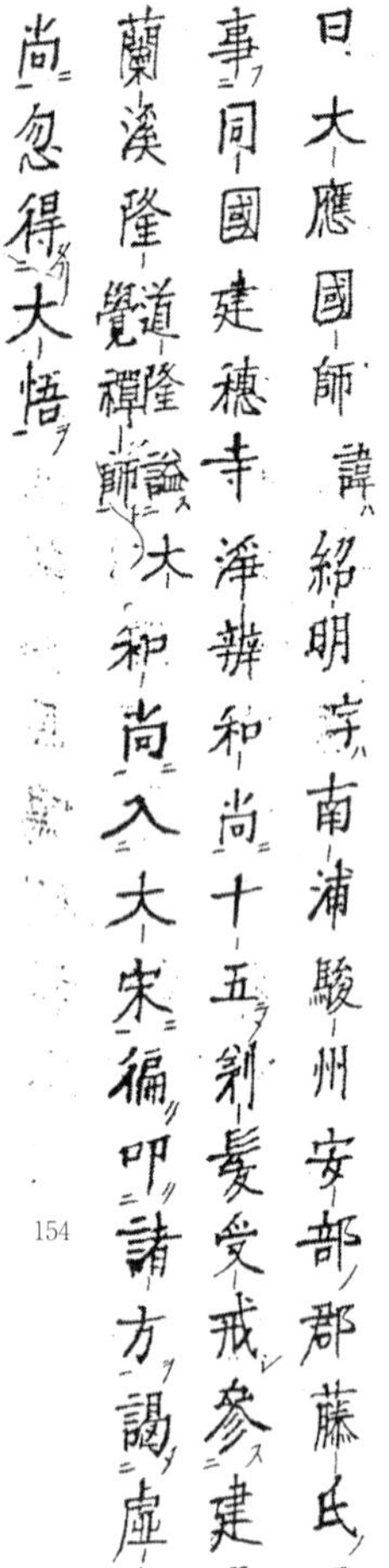
曰大應國師諱紹明字南浦駿州安部郡藤氏子幼事同國建穗寺淨辨和尚十五剃髮受戒參建長寺蘭溪道隆大覺禪師諡大和尚入大宋徧叩諸方謁虛堂和尚忽得大悟

154

建長元年（一二四九）第八十八世後深草天皇

紹明は浄弁和上に師事して、剃髪得度をした。

大過去帳上巻によると、先の院主浄弁大法師は未だ氏素性墓地などの事跡がはっきりしていない。僅かに知れていることは第七院主であったことだけである。『三才図絵』（種々の物を図解して説明した書）巻七十二によると、大応国師の諱は紹明（「しょうみょう」とも）、字は南浦《なんぽ》といい、駿河国安倍郡藤原氏の子であり、幼くして同国建穂寺の浄弁和尚に師事したことである。十五歳にして剃髪受戒して、建長寺の蘭渓道隆（死後、大覚禅師とおくりなされる）和尚に参禅する。のち宋に渡り、広く諸方を修行して回り、虚堂《きどう》和尚に拝謁することができ、修行の甲斐あって真理の大悟に至った。（現代文は筆者）

建穂寺の頃は不明であるが、大応国師が修してきたのは一貫して禅宗である。鎌倉時代から室町時代にかけて、禅宗寺院に広がったものに五山文学、五山文化がある。これは、中国の官寺制度を模倣して日本に導入された。京都五山には、南禅寺（別格）、天龍寺、相国寺、建仁寺、東福寺、万寿寺があり、京都のほか、鎌倉にも鎌倉五山があった。しかし、文学が文字や言語で伝えられるという性質を持ち、悟りと本質的に相いれないところがあったのか、禅の修行がおろそかになるとの批判を招くことになった。

末木文美士は『鎌倉仏教展開論』で、「むしろ実際の禅の修行は、林下と呼ばれる五山外の諸寺において厳しく行われた。とりわけ、南浦紹明（大応国師）・宗峰妙超（大灯国師）・関山慧玄の大応派の系統は応灯関《おうとうかん》と呼ばれ、とりわけ宗峰の大徳寺、関山の妙心寺の系統が有名である。大応派は厳しい修行によって、それまでの諸行兼修的な禅に代わって純粋な禅を確立し、後の臨済禅の骨格を作った」[155]と記している。大応国師は、朝廷も推進した五山文化からは距離を置く形で禅の修行に邁進した。大応派は大応国師―大灯国師―関山慧玄の法系を応灯関と称されるようになり、大応国師はその始祖とされている。この応灯関は臨済宗で唯一存続している法系となっている。

154　隆賢『建穂寺編年』上　見性寺所蔵（原書）静岡市立図書館（複写）1735年　p41
155　末木文美士著『日本宗教史』岩波新書　2006年　p116

南浦紹明は宋で約九年間修行をして、大陸禅を修得して文永四年（一二六七）に帰国した。その後は、一旦鎌倉の蘭渓禅師の下で修行を続けたが、急に博多に向かうことになり、崇福寺に住持すること三十三年の長きにわたった。その裏には、幕府や朝廷の意向があったのではないかとされている。その頃、モンゴルとの外交交渉が緊迫していて、その対応役をしていたというのである。

『静岡県史』から引く。

やがて帰国した南浦は、本師である蘭渓のもとに留まること四年に及んだ。ところが文永七年十月、突然博多に下向して興徳寺（福岡市西区姪浜町）に住した。このとき蘭渓の法を嗣がず虚堂の法を嗣いだことを天下に公表した。ついで同九年十二月、横岳の崇福寺に入寺し、三十三年にわたり専ら大陸禅の宣揚に努めた。このような南浦の行動の裏には、おそらく幕府の意向が関係していたのではなかろうか。というのは、当時モンゴルとの外交交渉の上できわめて緊迫した情勢が続いていたからである。モンゴルの外交使節として再度来日していた趙良弼《ちょうりょうひつ》と崇福寺の南浦とが詩を唱和するなど親しく交歓しているというのも、まさにそうした事情を物語っているように思われる。執権北条時宗はじめ幕府方としては、大陸の最新情報にもっとも精通していた南浦を急遽西下させて、外交の顧問役として外交折衝に当たらせようと考えたのではなかろうか。南浦の自筆法語などによると、壇越である西国武将たちの強い要請を受けて、長期にわたって南浦が上洛を思い止まらされていたことが知られる。このような点から考えると、文永・弘安両戦役を含む三十三年もの間、南浦が西国に留まる結果になったのは、単に宗教界の事情からだけではなく、国際情勢を考慮した幕府の外交方針によるものが大きかったように思われる。[156]

ようやく国際情勢が安定してきた嘉元二年（一三〇四）になって、南浦紹明は後宇多上皇からの招きを受けて、京都の万寿寺に住持するようになりさまざまな厚遇を受けた。その後、北条貞時に招かれて鎌倉に入り、正観寺を経由して建長寺に住持するようになり、翌年の延慶元年（一三〇八）に没し、円通大応国師の勅諡号を受ける。

玄侑宗久は著書『観音力』に、「日本でいちばん最初に国師号という称号をもらったのは我が宗の南浦紹明という方です。で、その国師号というのが『大応国師』なんです。『大応＝大いに応ずる』というのは、観音力のことです。『観音経』というお経の中に、観音さまというのはどういうお方かというのがいろいろと書いてありますが、『善応諸方所』と書いてあります。『よくもろもろの方所に応ず』、つまり、どんな状況にもサッと応じることができる、というんですね」[157]としている。「大いに応ずる」とは仏教発祥の地インドの植物を含む生命力を具現化した

156　静岡県編集・発行『静岡県史』通史編二　中世　1997年　p212

言葉である。時代の変化に応じ柔軟に対応していった大応国師は、まさに釈尊の教えを忠実に実践した。後宇多法皇から受けた称号は実に功績にかなっていた。

建穂寺の鎮守馬鳴大明神が下した託宣と鎌倉幕府

鎌倉幕府は専修《せんじゅ》念仏を危険なものとして禁圧していったが、収まるどころかかえって念仏の渦となって広がりをみせて、社会の各階層の中に浸透していった。幕府は仏教を排斥しようとしたのではなく、伝統的な顕密仏教を支持奨励する立場を取っていた。特に、再興にも関わり菩提寺のようにしてきた鶴岡八幡宮寺をはじめとして、延暦寺や東寺などは護持していたし、祈祷所ともしていた。そんな状況下で、建穂寺の馬鳴大明神がご神託を伝えたのである。『静岡県史』にはその模様が記されている。

承元四年（一二一〇）、駿河国建穂寺の鎮守馬鳴大明神が下した「合戦あり」との託宣が幕府に注進され、これが将軍源実朝の夢に合致したため、報賽《ほうさい》として剣が明神に奉納されている（『資料編中世』一―五六八号）。すなわち建穂寺を含め、源頼朝の挙兵を陰に陽に支えた伊豆国走湯山《そうとうざん》、北條時政が奥州征伐祈願のため造営した同国願成就院以下の関東諸寺もまた、武家政権を護持する役割を担い、その代償として幕府の保護を享受したのである（『同』

一一二九・二七六号）。[158]

そのご神託の内容を中村高平が、吾妻鏡を引用する形で『駿河志料』に記している。

吾妻鏡云、承元四年十一月二十四日駿河の國、建福寺、鎭守馬鳴大明神去二十一日卯尅託二小兒一酉歳可二合戦一之由云々、別當神主等注二進之一今日到来相州披二露之一仍可レ有二御占一之由廣元朝臣雖レ申二行之一将軍家彼二十一日暁夢、合戦事得二其告一非二虚無一歟、此上不レ可レ及レ占云々、被レ進二御劔於彼社一、云々[159]

吾妻鏡（東鏡）巻十九に述べている。承元四年（一二一〇）十一月二十四日、駿河国の建穂寺鎮守である馬鳴大明神が去る二十一日の午前六時頃、小児に託して、来る酉年に合戦が行われるとのご神託を伝えた。別当神主などにご注進が今日もたらされた。相模国にこれを披露し、よって御占いあるべきか否かのことを広元朝臣が行い申すといえども、将軍家は先般

157　玄侑宗久著『観音力』ＰＨＰ研究所　2009年　pp39～40
158　静岡県編集・発行『静岡県史』通史編2　中世　1997年　p176
159　中村高平『駿河志料』一　1861年　橋本博校訂　歴史図書社　1969年　p695

二十一日早朝の夢で、その合戦のことのお告げがあったので、真実のことであろう。これ以上占いなど穿鑿《せんさく》する必要はない。馬鳴大明神には剣を奉納して礼儀を尽くすようにとのことであった。(現代文は筆者)

建穂寺には、将軍家が神仏に対する信仰心が篤いことが幸いした。予言が的中したことなど偶然が重なって好結果を生んだわけだが、この機会を生かす実力があったともいえよう。建穂寺馬鳴大明神の神託が将軍家に届くほどに、存在が認められていたことは間違いない。この頃、建穂寺は隆盛を極めていたと思われる。

足立鍬太郎は、「建穂寺及び建穂神社の研究」で、この馬鳴大明神の神託の前後に起きた事件を例にしながら次のように記している。

実は此年六月将軍實朝夫人の女房丹後局といふ者が、京なる夫人の實家より關東へ下す装束を宰領して建穂の西南宇都山にかかると、群盗に襲撃され、荷物は勿論、自己が所持の財寶まで奪はれ、這々《ほうほう》の體《てい》で鎌倉へ下り訴へたことがある。されば将軍が雄劍を馬鳴明神に進めしこと、この事件に多少の交渉があらう。又當度明神の豫言は的中して、建保《けんぽう》元年(一二一三)癸酉、果して和田義盛の亂があつた。160

将軍家から馬鳴大明神に剣を奉納した経緯に触れているが、関連があるか否かは別として興味深いことである。この和田義盛の乱とは、一般的に、和田合戦と呼んでいる戦いのことである。和田義盛と執権の北条義時との間で、建保元年（一二一三）五月二日から二日間行われた合戦で、義盛は義時の挑発に乗って戦い、義時の完全勝利に終わっている。その結果、北条側が幕府機構の指導的地位を確立した。この合戦に勝利し、承久の乱にも勝って、北条執権政治の基盤ができた。それだけに、このご神託が印象深いものとなっている。

160　足立鍬太郎「建穂寺及び建穂神社の研究」静岡縣編集・発行『静岡県史跡名勝天然記念物調査報告』第一巻　1931年　p38

二　今川氏など戦国大名を通しての建穂寺

太田道灌が馬鳴大明神参詣にみる、建穂寺の凋落ぶり

（1）『駿河国新風土記』に記されている『慕景集』の道灌

鎌倉から室町時代にかけての混乱と動乱が始まる。応仁の乱（一四六七〜一四七七）に突入する前夜で、不穏な空気が漂いだした時代でもある。このような時期に、太田道灌《どうかん》は天皇に拝謁した帰途、今川氏兼の招きで駿河国の府中に立ち寄ったようである。

『駿河国新風土記』は慕景集を引用して、次のように記している。

太田道灌の慕景集に「嘉吉元年五月京にのぼり侍るに、屋形のかしこまりまうしのべて、皇のみことのりいただきつゝ帰らんとせしころ、畠山持国管領へしたしきえにし侍りて、ふりはへていとまうしにまかりし時、今川氏兼朝臣の御もとへみそかごとつたへねとてなん、

御はなむけたびしに、駿河の府にいたり、鵜殿但馬守盛重をしてまうしつたへしに、氏兼朝臣よろこびつゝ、二日、府の国分尼寺菩提樹院にやどりて、こゝにてあるじまうけうづたかし、遠山左衛門尉宗俊、一色勘解由左衛門貞俊などしたしきゆかりなければ、こゝらの宮寺にまうで侍りぬ、惣社のやしろ、雷の宮、建穂の馬鳴のやしろなどにこゝろざしのぬさたむけ侍りて」云々 161

太田道灌の慕景集に、「嘉吉元年（一四四一）五月に京都に上り参上したとき、道灌が畏敬をもって申し上げて、天皇のみことのりをいただいて戻ろうとしていた頃のこと、畠山持国管領と親しき関係にあって、わざわざ別れの挨拶に伺った時、今川氏兼朝臣のおそばへ秘密のこととして伝えた。道灌は帰途の旅の途上で、駿河国の府中に入り、鵜殿但馬守盛重を通して申し伝えたことを、氏兼朝臣は喜んで、二日、駿府の国分尼寺菩提樹院に宿泊して、ここで主は御馳走をして丁重なもてなしをした。遠山左衛門尉宗俊、一色勘解由左衛門貞俊などとあまり親しい間柄でないので、この付近の寺社に参詣することにした。静岡浅間神社、別雷神社、建穂馬鳴大明神の社などに敬意の念を込めて、幣《ぬさ》を奉納した」ということが記されている。（現代文は筆者）

161　新庄道雄『駿河国新風土記』上巻　1833　修訂：足立鍬太郎　補訂：飯塚傳太郎　国書刊行会　1975年　pp731～732

ここに記されている「国分尼寺菩提樹院」は八世紀中ごろ、聖武天皇の勅願によって、国分寺と併せて建立された官寺である。次第に衰退し、江戸時代初期には建穂寺学頭客殿が菩提樹院という名称で呼ばれることになる。

（2）太田道灌の馬鳴大明神参詣の後世における解釈

足立鍬太郎は、「建穂寺及び建穂神社の研究」で、太田道灌が嘉吉二年（一四四二）に馬鳴大明神を参詣したことを記す。しかし、永享四年（一四三二）生まれの道灌は、当時十歳ほどであったので、道灌の父道眞のことではないかとか、『慕景集』そのものに誤りがあるのではないかともいわれている。建穂寺学頭隆賢は、道灌が馬鳴大明神を参詣した際、歌を残していないことに、『建穂寺編年』で不満を漏らしている。

今想參詣二廟之形勢懼似慰情笑娯之遊詣而非爲信恭誠志之膜拜也
（中略）
承元至嘉吉二四〇餘年其相後者未大遥而其衰滅可看也嘉吉至元禄亦二四〇餘年其變衰之酷感激逼胸嘆慨哽咽不可發聲以語也
（中略）

今山寺之變化不可以爲鮮也其最歎哀之所錘獨大明神也潜屈十二所宮之一隅僅遷舊栖草莽之田疇耳當謂日月之輝奪掠於群星也省之則紅涙潺潺嗚呼其痛恨之竭不可復知矣162

今思うに、道灌の参詣した二廟《びょう》（やしろのこと）での様子について、恐らくは慰めや娯楽の遊びを伴った参詣に似ている。つまり、恭しく誠意をもって、両手をあげ地にひざまずいて深く拝むような正式なものではない。

（中略）

承元（承元元年は一二〇七年）の頃から嘉吉（嘉吉元年は一四四一年）の頃まで凡そ二百四十年余りである。しかし、その嘉吉が承元時代に比較して劣ってきているが、遥か遠くの昔のことではない。その衰退したさまを熟視すべきである。嘉吉から元禄（元禄元年は一六八八年）に至るまでもまた、二百四十年余りである。その衰えの変容ぶりの酷きこと、強烈な打撃となって心を揺さぶられて胸にせまり、ただ嘆きため息をつき、むせび悲しむばかりで、言葉では言い尽くせない身体の髄に沁み込むほどの深い悲しみである。

（中略）

162　足立鍬太郎「建穂寺及び建穂神社の研究」静岡縣編集・発行『静岡県史跡名勝天然記念物調査報告』第一巻　1931年　p42

現在、建穂寺の変化をもってあでやかとすべきではない。その最も嘆き悲しみの集まるところは、独り馬鳴大明神である。潜屈するように、十二所権現の社の片隅に密かに祀られている。かろうじて、旧のすみかの雑草の生える田畑に還すのみである。まさに、いわゆる太陽や月の輝きによって群星のそれが略奪せられるようなものである。これを顧みれば、すなわち、力ない涙がさらさら流れてすすり泣くような運命的な無力感である。それはこの痛恨が尽きて消えてなくなり、再び知ることのないものであろう。(現代文は筆者)

第一段落で、隆賢は馬鳴明神に奉る道灌の歌がないことを残念に思うと述べている。参拝の仕方が丁重でなく誠意が感じられないとする表現となっているのは、その不満を表したものであろう。隆賢のわだかまりが感じられる。馬鳴大明神を鎮守にもつ建穂寺を軽く見られたという意識が強いといえる。隆賢は建穂寺の凋落ぶりと、道灌の参拝ぶりを重ねて考えすぎているきらいがある。『慕景集』に記されているように、道灌が駿河国の府中に寄ったのは、あくまで京都に赴いた帰途のついでであり、たまたま時間があったので、参拝したといったことであろう。

第二の段落で隆賢は、承元から嘉吉を経て元禄時代までの二百四十年間ずつ合わせて四百八十年間の建穂寺の変容した衰退ぶりを記している。そのことを足立は、「江戸時代の前期既に建穂寺の衰微せしことを注意しておく」[163]と指摘している。文献によっては、建穂寺が江戸時代前期にも栄えていたとするものもあるが、あくまで江戸末期との比較であって、建穂寺は漸次衰退の途上にあったことは間違いない。

第三の段落は、馬鳴大明神の置かれた状況についてである。足立は、「建穂寺及び建穂神社の研究」で、建穂寺学頭隆賢が、「大に馬鳴大明神の爲に気を吐いて居るが、併し當時の彼は未だ馬鳴明神の本體を知らないのである」[164]と述べている。隆賢は道灌の馬鳴大明神に対する対応のことを痛嘆している割には、馬鳴大明神の正体を知らないと言っている。そもそも明神森があった時代から、その神宮寺としての建穂寺は馬鳴菩薩を安置している。馬鳴大明神と建穂寺は一体不可分の状態にあったと主張したかったのだろう。

（3）建穂寺の鎌倉から室町を経て江戸時代に至る衰退の形跡

隆賢が、四百八十年前の承元の時代を取り上げているのは、鎌倉初期というのは建穂寺が隆盛を誇っていた時代だからであろう。この表現から、承元の時代の建穂寺であれば、道灌がこのような非礼な行為はしなかったのにという思いが見て取れる。道灌の嘉吉からさらに二百四十年

163　足立鍬太郎「建穂寺及び建穂神社の研究」静岡縣編集・発行『静岡県史跡名勝天然記念物調査報告』第一巻 1931年 p42
164　同著者　同書　同所編集発行　同年発行　同頁

経った江戸時代初期、まさに隆賢自身が置かれた時代と比べて、その凋落ぶりを悲嘆しているのである。愚痴とも受け取れるが、建穂寺を取り囲む環境の中で、人為を超えた時の勢いや流れを突き付けられて、打ちひしがれている様子が浮かぶ。

鎌倉時代から戦火などで次第に衰退していった様子が、『建穂寺編年』に、隆範の『観音堂記』を引用する形で記されている。

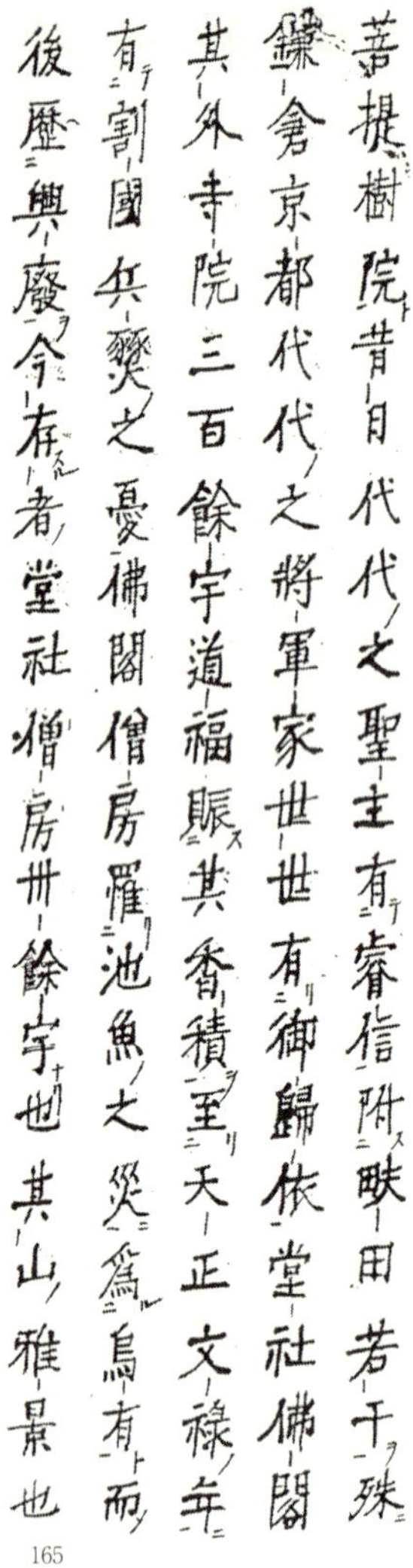
菩提樹院昔日代代之聖主有睿信附畋田若干殊
鎌倉京都代代之將軍家世世有御歸依堂社佛閣
其外寺院三百餘宇道福賑其香積至天正文祿年
有割國兵燹之憂佛閣僧房罹池魚之災爲烏有而
後歷興廢今存者堂社僧房卅餘宇也其山雅景也
165

菩提樹院と称されこれまでの代々の君主から信任されていて、若干の耕作田も与えられた。殊に、鎌倉、京都代々の将軍家からは帰依されていた。社殿や仏閣など寺院の構築物が三百余りあり、山道や境内などには煙や香の匂いが漂い賑わいを見せていた。しかし、天正・文禄年間の群雄割拠した憂えるべき戦乱の時代に、仏閣、僧房が防ぎようのない戦災に遭い、全く何も残らない廃墟と化した。その後の興廃を経て、今（一六八〇年頃）存在しているのは、堂社僧房など三十余りになっている。建穂寺の現実（近世）の景観である。（現代文は筆者）

戦国時代以前の絵図などが残っていないがために、江戸時代に描かれた絵図をもって「大寺院建穂寺」としているが、隆範の『観音堂記』を鵜呑みにすれば、その十倍近くあったことになる。それは、全く根拠のない絵空事ではないようで、江戸時代の絵図に描かれている地域以外に、その西側の山の反対斜面から麓にわたっても建穂寺の所有地であったことが『建穂寺編年』に記されている。

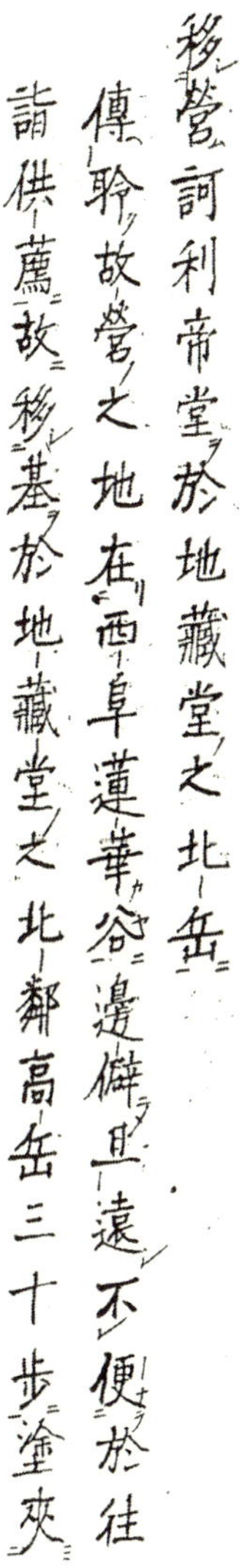
移営訶利帝堂於地蔵堂之北岳
傳聆故営之地在西阜蓮華谷邊僻且遠不便於往
詣供薦故移基於地蔵堂之北鄰高岳三十歩塗夾

165　隆賢『建穂寺編年』下　見性寺所蔵（原書）静岡市立図書館（複写）1735年　p17

險易ッ降陟今尚不忘勞ッ矣
係ク棟ニ木版曰寛永十八年辛巳

166

寛永十八年（一六四一）

訶利帝母《かりていも》（鬼子母神とも称す）堂を地蔵堂の北山に移設安置した。

古代から伝えられている地名の古くから営んでいる地に、西に広い丘の蓮華谷（通称・れんぎゃーと）があり、辺鄙にしてその上遠いので、参詣したり供え物を進ぜたりするのに不便であった。そのため、訶利帝母堂を地蔵堂の北隣に五十メートル余り上った所に移設した。道は険しく容易に近づける場所ではないので、通うのには今なお苦労が伴うところではある。棟に掛かっている木版には、寛永十八年（一六四一）辛巳と刻まれている。（現代文は筆者）

建穂の西のはずれに糟尾《かそう》という地域があり、現在はかなり北の方まで住宅地になっている。その新住宅地の東側に通称「れんぎゃーと」と呼ばれている蓮華谷がある。以前から「蓮華」の名から、この辺りに仏教関係の堂宇があったのではなかろうかと関心を持っていた。そういう問題意識の中に飛び込んできたのが、『建穂寺編年』のこの記載内容であった。

宝永五年（一七〇八）に、現在の建穂神社の西側の小高い山の反対側にある糟尾谷の松林を伐採したというのである。つまり、この地域まで建穂寺の所有であったことを意味する。この山には、昔僧坊があったとする言い伝えがある。また、この里山に多くの人が入っていた昭和三十年頃、写真の山の中央の尾根から少し手前に降ったところで石仏を見かけたと聞く。しかし、残念ながらそのことを裏付ける証拠は現在確認できない。

写真は現在の建穂糟尾　茶畑付近が通称「れんぎゃーと」と称されている。（この右の山の反対側が建穂寺跡）

166　隆賢『建穂寺編年』上　見性寺所蔵（原書）　静岡市立図書館（複写）　1735年　p1247

五年戊子

伐鷲西嶽舉林收修復觀音堂之價

學頭慧觀謀修復觀音堂於山侶或謂不如鷲林木

以爲基資議成而伐倒所面糟尾谷之松林不貽稚

小一無棄然以爲赤巒豈其不出一千餘株邪其塊

杌大凡布護於數千頃也得其值黄金二十両也

167

宝永五年（一七〇八）

西側斜面に育てた林を伐採して、観音堂を修復する資金を捻出した。

学頭慧観は観音堂を修復することを僧侶たちに諮った。その意見として、その元手の資金を調達するために、材木を売る方法の提案があった。その意見が採用されて、糟尾谷側の斜面の松林の樹を切り倒すことになった。小さい木も含め残らず伐採し、一山概ね峰の地肌が見えるほどにして、千株余りの枝を払った材木の塊とした。それを、凡そ数千位にして布で養生した。その代価として得たのは、黄金二十両であった。（現代文は筆者）

山の尾根筋にアカマツを植えると育つと言われているし、建穂の山からマツタケが取れたという記録もあるので、このマツは山の尾根筋に多いアカマツであろう。実際のところ、昭和に発行した地図には、塔頭が並んでいた所と糟尾の間の山を『赤松峠」と表示してある。『建穂寺編年』には、中世の建穂寺は三百ほどの伽藍があったと記されている。草創期の神宮寺的建穂寺が明神森から始まったと仮定すると、中世の隆盛期の建穂寺は、近世の建穂寺の絵図よりこのマツ林を含む西側方面に広がっていたと推測できないこともない。

今川氏の下での連歌師宗長と建穂寺との関わり

（1）今川氏と連歌師宗長

連歌師宗長（一四四八～一五三二）は駿河国島田の刀鍛冶の子として生まれた。宗長自ら出身地のことは述べていないが、『静岡県史』に、「出生地の島田は、宗長の孫弟子にあたる紹巴《じょうは》が富士見物に駿河国を訪れた時の紀行『紹巴富士見道記』に『島田という所に、まだ暮れやらぬ空ながら、宗長出生の地とき丶てとまり』と記されているのが初出で」（『資料編中世』三―三三

167　隆賢『建穂寺編年』下　見性寺所蔵（原書）　静岡市立図書館（複写）　1735年　pp70～71

九五号）」[168]とある。

同じ『静岡県史』に「出家した前後、宗長は駿河守護今川義忠に仕えるようになった。文政元年（一四六六）のこと、連歌の大成者宗祇は、関東下向の途中、駿河国の今川義忠を訪ね、歌枕の清見関に案内された。この時宗祇を清見関に案内したのは、義忠に仕える、一九歳の若き宗長であった」[169]と記されている。この時、宗長は連歌師宗祇に会ったことをきっかけに連歌に関心を持つようになったようである。

義忠は北条早雲の姉北川殿と結婚するほどに都方面の事情に明るかった。宗祇だけでなく、当時の京都の文化人を駿河に招いている。その文化人の接待を仰せつかったのが宗長である。『静岡県史』は、「文明五年（一四七三）宗長は、駿河国に下向した歌僧正広も清見関に案内した。このように都の文人を接待することは、義忠に仕える宗長の仕事の一つであった」[170]とする。宗長が連歌師として大成した素地はこのような状況で育まれたのだろう。

宗長は義忠の死後上京して、一休宗純に修し宗祇に連歌の手ほどきを受けたとされている。五十歳前後で、駿河国に戻り、義忠の嫡男である氏親の計らいで柴屋寺を建立してもらい住持するようになった。その後は、連歌だけでなく、政治の上でも今川氏のために尽力している。

連歌は院政期頃から歌われるようになり、特に中世に流行している。和歌の上句（五・七・五）と下句（七・七）を交互に長く連ねる形で、京都の流れを汲む今川氏の文化の趣向と合っていたようだ。小和田哲男監修の『今川時代とその文化　消えた二百三十年を追う』は、なぜ戦国時代に歌われていたかについて取り上げている。

連歌は、一人で詠む和歌とはちがって、一種のチーム・プレーが要求される。そこから意志の疎通が重要になってくる。戦国時代、連歌が流行したことの一つの理由はそこにあったものと思われる。今川氏が重臣たちを招いて連歌を開いたのは、一味同心の確認という側面もあったのである。まさに、連歌は「輪の文学」である。

しかし、これだけでは、連歌が戦国時代に大流行したことの説明にはならない。もう一つ、連歌に宗教的というか呪術的な要素があった点も見落とせない。たとえば、「出陣連歌」というのがある。出陣前に連歌会を開き、それを神に奉納して出陣すれば、その戦いに勝てるというものである。有名な、明智光秀が愛宕社で詠んだ「ときはいま　あめが下しる五月哉」は、連歌師里村《さとむら》紹《じょう》巴《は》（室町末期の連歌師、奈良の人）らと詠んだ「出陣連歌」であった。[171]

168　静岡県編集・発行『静岡県史』通史編二　中世　1997年　p947
169　同所編集発行　同書　同発行年　pp948～949
170　同所編集発行　同書　同発行年　p949
171　小和田哲男『戦国今川氏　――その文化と謎を探る――』静岡新聞社　1992年　p31

連歌は独吟もあるが多くの場合一座に会して一定の規模の集団で行う形態をとっている。今川氏が連歌を開いたのは、「輪の文学」の側面もあったとしながらも、本来の目的は、戦いに備えて神に奉納する「出陣連歌」にあるとする。そこに、連歌が戦国時代に流行した理由があるというのだ。

（2）宗長が出家した寺院と推測されている建穂寺

宗長は今川義忠に仕える前に、駿河国のいずれかの寺院で修行をしている。中世における最高学府は寺院であり、宗長は出身の身分こそ低かったが、義忠の下に仕えることができた。建穂寺は、宗長が修行した真言宗系の寺院として有力視されている。

『静岡県史』は、宗長が永正十四年（一五一七）七十歳の時に著した自伝『宇津山記』を引用する形で、「自分は、下職のものの子であるが、十八歳のとき法師になっている」と記している。身分は低かったけれども、入門の際の戒律を受けて密教系の秘密灌頂の儀式まで修している。宗長は一四四八年誕生し、一五三二年に没しているので、法師になった十八歳は、寛政六年（一四六五）のことである。『静岡県史』には「真言僧駿河宰相のもとで出家した」[172]と記ある。『静岡県史』は、『宗長手記』の中の醍醐寺に赴いた時の模様を取り上げ、「宗長の師匠、駿河の宰相とて、此院家に宮づかへせし人也」[173]と宗長の回想を紹介している。

さらに『静岡県史』は、宗長が出家した寺院は建穂寺であろうと、次のように推定している。

この宗長が出家した寺院については、駿河近郊の服織の建穂寺と推定されている（中川芳雄『静岡市史』原始古代中世）。宗長の師匠駿河宰相が醍醐寺の院家に仕え、建穂寺が醍醐寺の末寺であったことから建穂寺と推定したものであるが、この推定は正しいであろう。
さらに、鎌倉時代中期の大応国師南浦《なんぽ》紹明《じょうみん》が建穂寺出身であることに注意したい。紹明は建穂寺で出家したのち、建長寺の蘭渓道隆に学び、宋に留学し、帰国後は博多の崇福寺・京都の万寿寺・南山城薪の妙勝寺・鎌倉の建長寺に歴任、臨済宗の発展に尽くした名僧である。のちに、宗長が紹明にゆかりのある建仁寺天源庵のため、所領からの収入を確保するなど、様々に尽力しているのも建穂寺の縁であろう。[174]

『静岡県史』には宗長の時代に既に建穂寺が醍醐寺の末寺であったとされているが、関わりが取り沙汰されてはいるものの、まだ本末の関係にはなかったと推測される。『静岡市史』では、

172　静岡県編集・発行『静岡県史』通史編二　中世　1997年　p948
173　同所編集発行　同書　同発行年　同頁
174　静岡県編集・発行『静岡県史』通史編二　中世　1997年　p948

「元和六年（一六二〇）四月には醍醐報恩院の末寺たるを得るまでに運んだ」[175]と記されている。建穂寺が文書の上で正式に醍醐報恩院の末寺になったのは、東京大学史料編纂所編纂『大日本古文書』によると、寛永十五年（一六三八）円雄が学頭であった時期とされている。醍醐報恩院末寺帳には五十三番目の末寺として円雄の花押が押されて収められている。

宗長が修行した寺は、『静岡県史』も『静岡市史』も建穂寺であろうとしている。『静岡市史』では、消去法で建穂寺しか該当する寺はないとしている。

いずれ宗長は阿闍梨位に相当する修行を積んだ。そしてその行を、かつて醍醐に宮仕えしたことのある駿河の宰相に受けた。ところは駿河の真言寺、それも醍醐派と考えるのが自然なひとつの想定となるのではなかろうか。現在の島田市、そのかみの志太郡大草に今川範氏開基の祥雲山慶寿寺がある。がこれは真言泉涌寺末である。同じく野田には『霊異記』に見える鵜田寺があるが、今は慶寿寺末、古くは律宗であった。藤枝焼津と来てもいま醍醐寺末はない。現在の静岡市には六カ寺の醍醐寺末があるが、いずれも該当しない。ひとり今は廃滅に帰した服部《はとり》の建穂寺《たきょうじ》が醍醐寺に属する大寺であった。[176]

宗長は高徳の密教僧の位である阿闍梨にまでなっている。出身の身分は低かったけれども、かなりの教養は身に付けていただろう。それは、京都からの文化人が駿河に来た折に十分生かされたと思われる。

（3）今川氏親と連歌師宗長の関わり

宗長には、自らが生い立ちや成人してからの京都生活について書いた自伝がある。一五一七年、宗長七十歳のときに書いた自伝『宇津山記』（『群書類従　雑部』所収）である。静岡大学教育学部小和田研究室の『駿河の今川氏』から引用する。

予、つたなき下職のものの子ながら、十八にて法師になり、受戒・加行《けぎょう》・灌頂《かんじょう》などいふ事までとげ侍し。はたちあまりより、国のみだれいできて六七年又、遠江国のあらそひ三ケ年うちつづき、陣屋のちりにまじはりしかども、口ばかりには精進ぐさきあざみやうの物にてぞをくりし。其後、都の霊社・奈良七大寺・高野のおくゆかしきに、此国の徳をもおもはずまかり出て、四十年あまりほど。宗祇といひし閑人になづさへちなみて、連歌の上下といふばかりも聞侍し。[177]

175　静岡市役所『静岡市史』第四巻　名著出版　1973年　p363
176　静岡市役所編集発行『静岡市史』原始　古代　中世　1981年　p1292

私は、つまらない下働きの職人の子どもであったが、十八歳で法師となり、受戒（戒律を受ける）・加行（準備的な修行）・灌頂（密教で法を受けるときの儀式）などまで成し遂げた。二十歳すぎた頃から、国の中が乱れ始めてきて六、七年して、遠江国の争いが三年次々起こり、軍営に所属して、仏教修行に励みながらもあきれるような生活をおくった。その後、京都の神宮社・奈良七大寺・高野山の奥ゆかしさに触れて、この国の厚徳に図らずも感得して四十年余りになる。宗祇という閑居の連歌師に師事しながらも慣れ親しんで、連歌師としておおよそのことを修め見聞した。（説明付き現代文は筆者）

宗長のこの自伝は、連歌師として大成する前の無名時代を知る手掛かりになる数少ない資料である。短文であるため、この自伝だけでは宗長の経歴を完全に把握することはできないが、宗長自らが記していることに価値と特徴がある。

宗長は連歌師として大成した後、今川氏親に迎えられ、丸子の吐月峰柴屋寺に住持した。この経緯について、大塚勲は『駿河国中の中世史』で、「明応五年（一四九六）駿河に帰国、氏親に迎えられた。時に氏親二十四歳、宗長四十九歳、親子ほどの年齢差であったが、二人は文芸という趣味を同じくし、相性もよかったらしく、その後氏親は宗長を大切にし宗長も氏親の為に尽くしている」[178]としている。また、大塚は、氏親は中御門《なかみかど》宣胤《のぶたね》娘の寿桂尼との結婚を契機に氏親は京都の文化人との交流が始まったとしている。氏親と寿桂尼との縁を取り持ったのも宗長であると記述している。

氏親も今川氏代々の文芸好きに漏れず、中御門宣胤の女との結婚を契機に、当代を代表する文化人で後柏原天皇側近の三条西実隆《さんじょうにしさねたか》（永正三年内大臣就任・辞任）との交流が宣胤を介して始まった。宣胤は実隆と昵懇の間柄であり共に宮廷文芸の指導者であった。そうした氏親と実隆との間を直接取り持ったのは、実隆の許に出入りしていた実隆お気に入りの連歌師宗長である。[179]

氏親は宗長とのこうした関係を背景に、年の差がありながらも親しく付き合いをして、駿河に迎えて重用したのであろう。

177　今川研究会編　『駿河の今川氏』第十集　静岡谷島屋　1987年　p168

178　大塚勲　『駿河国中の中世史』　羽衣出版　2013年　p130

179　同著者　同書　同発行所　同発行年　同頁

今川氏の交通政策と建穂寺

今川氏は、それまで地域の寺社などによって設置された海川陸の関所を「仮名目録」によって禁止した。今川氏の交通政策は建穂寺にも少なからず影響を与えたと思われる。

次に取り上げる『今川時代とその文化　消えた二百三十年を追う』で、うかがい知ることができる。

それでは戦国大名今川氏はどのような交通政策を行っていったのであろうか。まず今川氏が制定した分国法「仮名目録」の第二十四条には「駿・遠両国津料、又遠の駄の口の事、停止の上、異議に及ぶ輩は罪過に処すべし」（読み下しに改めた）と規定されておりこれによれば「仮名目録」が制定された大永六年（一五二六年）の段階で、駿河と遠江の津料と遠江における駄の口、すなわち関所（駄別銭）を停止していることがわかる。

（中略）

さらに津料や駄別銭（商品運搬税）の停止は別の意味をもっていた。それはこれをいままで徴収し、収益としていた地域の寺社や在地領主から、その徴収の権利を否定・奪取することで、彼らの恣意的な徴税を禁止し、経済的打撃を与えることであった。さらにその奪取した津料や駄別銭の徴収の権利を今川氏が統一的に把握し、ときにはその権利を知行として寺社・給人に与えることで今川氏は彼らとの主従関係の強化を意図したのである。[180]

津料や駄別銭を「徴収し、収益としていた地域の寺社」の中には、恐らく建穂寺も含まれている。平安時代に観音堂が建立され、麓にかけて神社や塔頭やその他の堂宇が建てられた建穂寺であるが、そもそも、前身である明神森が建穂の西の羽鳥地区にあったものが、中世に東寄りに移動している。そこに何らかの利害打算が働いていることも推測できる。

古代以降において、京都からの道が丸子から歓昌院坂の峠越えをして牧ケ谷を経由して、木枯の森の横を通るルートも開発されていた。道沿いの歓昌院坂の峠、蘇弥奈牧があったとされる牧ケ谷、藁科川に浮かぶ木枯らしの森が、建穂寺観音堂の南真下に一直線に広がる立地条件にあった。建穂寺は、川や道を見渡せて、しかも管理しやすい位置にあったと想像される。

建穂寺と中御門家との結び付き

今川氏親と中御門宣胤の娘である寿桂尼との結婚を契機に、京都の文化人との交流は活発と

180　小和田哲男監修『今川時代とその文化　消えた230年を追う』静岡県文化財団　1994年　p200

なった。

『静岡県史』によると、中御門家では寿桂尼を頼って、宣胤の息子の宣秀や娘の御黒木が次々駿府に下ってきた。宣秀の息子の宣綱も同時期下ってきていて、宣綱は今川氏親の娘を娶っている。山科言継が駿府に半年近く滞在したのも、中御門家の御黒木などとの関係を頼ってのことである。

当時、京都は応仁の乱（一四六七～一四七七）後で政情不安の状況にあった。『静岡県史』は、「彼女（寿桂尼）が今川氏親に嫁いで氏輝・義元の母となったことが、グループ形成の基軸となった」[181]という。中御門家にすれば、駿府に来やすい状態にあったものと推測される。

宣胤の子息の宣増《せんぞう》は建穂寺の僧侶となっている。そのことが『静岡県史』に記されている。

このほか中御門家と駿河国との関係としては、宣胤の子の宣増が建穂寺の別当となっている。のちに今川家が武田信玄によって滅ぼされたとき、御黒木も宣綱も運命をともにしている。[182]

この宣増について、『建穂寺編年』は建穂寺の院主を務めていて、駿河国を今川氏が支配していた戦国時代に逝去したと触れ、四條家出身の隆慶についてもほぼ同様のことを記している。

六年丁酉
四月六日前院主而眞院法印宣増
大過去帳曰天文六年四月六日前院主法印宣増
巖倉眞性院中御門氏族・前院主法印隆慶四條
家氏族・隆慶法印本簿敘列乎宣増而缺曆月故
省略標文恪華族同類相于此中也[183]

天文六年（一五三七）

四月六日前院主にして眞院法印宣増逝去する。

大過去帳に記されている。天文六年（一五三七）四月六日、前院主法印大和尚宣増であった

181　静岡県編集・発行『静岡県史』通史編二　中世　1997年　p972

182　静岡県編集・発行『静岡県史』通史編二　中世　1997年　p973

183　隆賢『建穂寺編年』上　見性寺所蔵（原書）　静岡市立図書館（複写）　1735年　pp54～55

中御門家氏族の巖倉眞性院が逝去している。また、四條家氏出身の前院主法印大和尚隆慶も逝去している。隆慶法印については大簿に宣増に続いて書かれているけれども、年月が欠落している。したがって、標文に書かなかったのであるが、同じ華族出身であり妬みがないよう、この『建穂寺編年』の中では同等を図っている。（現代文は筆者）

『建穂寺編年』によると、宣増は建穂寺院主であり、法印にもなっている。法印とは、法印大和尚の略であり最高の僧位でもある。

建穂寺には院主と学頭の二人の代表が存在していて、江戸時代の初期にトップの座をめぐって、幕府の寺社奉行所に訴訟を起こすまでにこじれたことがある。その裁断は院主敗訴に終わっているが、これは、歴史的な学頭と院主との軽重を問う係争事件ではなかった。あくまでその時点の院主であった宥専の行為の悪辣さが原因だったという。その後の建穂寺においては、学頭に院主の号も兼ねさせて両職を一任させた。それ以降、建穂寺一山を代表する職として学頭が権威と権力を掌握したのである。

大応国師を指導したのは院主の浄弁大法師であり、十六世紀以前の建穂寺では院主がかなりの力を持っていた。院主宣増の存在は大きかったといえる。戦乱で焼ける前の大寺院の建穂寺を統括していた一人でもあることになる。

『建穂寺編年』には、「前院主法印隆慶四-條家-氏」と記されているが、小沢誠一の『言継卿記にみる今川最盛期』は、「このように当時京・駿間には貴族、高僧、等知識人の往来が盛んであった。建穂寺前院主、法印真性院、宣増は寿桂尼の兄であるし又同じく前院主、法印隆慶も類縁である」[184]としている。

しかも、同書に宣増と隆慶とが類縁であるとする説明として、中御門家の系図が掲載されていて、それには、宣胤の孫であり、彼の息子である宣秀と宣増の兄弟である隆永の子であると図示[185]されている。

今川氏真が武田に攻められて退却する経路や状況

永禄十一年（一五六八）十二月十三日、武田勢に追われた今川氏真は妻早川殿などの親族とともに、ごくわずかな家臣に守られながら、まず建穂寺を目指した。その経過を『小畑道牛事歴』（内閣文庫本）から『静岡県史』が引用している。

一、氏真公、駿府御館を御明け成され、竹尾（建穂）と申す真言寺え御退くの事、永禄十一

184　小沢誠一執筆「『言継卿記』にみる今川最盛期」今川研究会編『駿河の今川氏』第五集　静岡谷島屋　1980年　p41
185　同執筆　同論文　同会編　同書　同所発行　同年　p48

年十二月十三日也。其の日午刻、御館を甲州方より焼き候に付きて、その日に竹尾を御立ち候て、其の夜通しに掛川え御篭り候。路次はふこうり（富厚里）と申す処え御掛かり朝比奈の谷に御出で候。右の通り也。

二、其の時の掛川の城主朝比奈備中守と申す、大功の武将也。186

このように、建穂寺で息継ぎをして態勢を整えてから、夜を徹して掛川城に向かったとみられる。

氏真がなぜ掛川城を目指し、その退却ルートとして、藁科経由で山間部を通って島田に抜ける道を選んだかについて、『静岡県史』は次のように記している。

氏真が懸川城へ退却する際、なぜ山間部へ向かったのか問題であるが、家臣の多くが離反したため敵味方の区別ができず、武田勢の急襲と遠江国に徳川家康が侵攻を開始していたため、東海道を西に退却することが危険であったための行動ではないかと思われる。さらに、前田利久氏などの指摘するように、建穂寺学頭慶隆が今川氏と血縁関係にあり、修験者の保護もあったとも考えられる。

とにかく、今川勢は、総崩れになるところを、懸川城を守備する朝比奈泰朝《やすとも》、志太郡伊久見ノ山（島田市）に立て籠る由比氏、益頭郡《ましづぐん》花沢城（焼津市）を守備する大原資良《すけよし》、志太郡藤枝城を守備する長谷川正宣などが、頑強に抵抗し、持ち堪えた。[187]

この退却時には、散散な状態でしかも氏真は慌てていた。その時の様子や駿府の町の状態が小和田哲男の『駿河今川氏十代　戦国大名への発展軌跡』に記されている。

氏真夫人の父北条氏康が上杉謙信に宛てた手紙（『歴代古案』一、同前一三五三頁）の中で、武田信玄多年氏政と入魂に在り。数枚の誓句取り交す。忽ち打ち抜き、旧冬十三、謂われず駿府へ乱入。今川氏真その構え無く、時に至り、手を失われ候間、遠州懸川の地へ移られ候。愚老息女乗物を求め得ざる躰、この恥辱雪《すす》ぎ難く候。なかんずく、今川家断絶嘆かわしき次第に候。

と呼べているように、「愚老息女」というのが氏真夫人であり、「此恥辱難レ雪候」というのもうなずかれるであろう。駿府館はこのときの信玄の攻撃によって焼失してしまった。館ばかりでなく、浅間神社、臨済寺をはじめ、駿府の町もほとんど灰燼《かいじん》に帰してしまったのである。[188]

186　静岡県編集・発行『静岡県史』通史編二　中世　1997年　p170
187　静岡県編集・発行『静岡県史』通史編二　中世　1997年　p1020

この時、武田勢によって、駿河の町はほぼ焦土に化したといわれていて、建穂寺も大きな被害を受けている。その後、武田信玄は「武田信玄晴信判物　當寺法度事」189で、建穂寺の寺領末寺を元亀元年（一五七〇）に安堵している。江戸時代の古書、古文書、絵図などで現代に残る建穂寺の資料のほとんどは、この後の建穂寺の姿を示すものである。

同じ安倍七観音の久能寺に対する武田勢の酷い仕打ち

武田勢は駿河国から今川氏を駆逐して駿府の町を焦土と化したばかりでなく、無慈悲な宗教的な弾圧も加えている。その被害に遭った寺院は建穂寺ばかりでない。同じ安倍七観音の一寺、久能寺も、建穂寺以上の被害を受けた。『久能山誌』は次のように伝える。

中世に天台宗の流れを汲んでいた久能寺が、近世に新義真言宗へと変わっていった時期についても、武田家による久能山退去、妙音寺跡への移転を画期とすると捉えられてきたように思う。この点については、永禄十三年（一五七〇）四月一日の「武田晴信判物写」【表一五一番】で、久能寺院主が快弁法印に補任されたことが関係するだろうか。文中において、快弁が久能寺院主になったことで、建穂寺から久能寺院主へと移ってきたものと考えられる。ここから武田家は、久能寺を久能山から退去させたばかりでなく、建穂寺から院主を送りこむことによって、真言宗化させるという政策的な意図をもっていたという評価ができるだろう。[190]

武田氏により久能寺は天台宗から真言宗に改宗させられたのである。

静岡市指定有形文化財の建穂寺に関する判物

静岡市立藁科図書館がまとめた『藁科の中世文書』は、藁科地区が古代から栄え、質、量ともに静岡文化の先駆けとして注目されたとしている。中でも建穂寺には、文化的価値が評価される文化財も残る。静岡市は指定文化財として、「建穂寺関係歴史資料」（三種六点、見性寺所蔵）を一括指定している。その内ここでは、判物の三点を紹介する。

188　小和田哲男『駿河今川氏十代　戦国大名への発展軌跡』戎光祥出版　2015年　p250
189　静岡県編『静岡県史料』第三輯　臨川書店（現在見性寺藏）1994年 p199
190　静岡市編『久能山誌』静岡市発行　2016年　p48

（1）今川氏親判物

駿河國藁科郷織服・庄。今宮浅間。同神宮寺・寺領共。別当職之事等。建穂寺眞光坊可レ為二成敗一・之状如レ件。

※長享三年己酉正月吉日

※氏親（花押）

眞光　坊

※　建穂寺眞光坊ヲシテ服織庄今宮浅間同神宮寺々領並ニ別当職ヲ管セシム

※　長享三年（一四八九）（筆者記入）

※　氏親判物の最古のものなり　191

（2）今川義元判物

駿河國服織庄内※眞光領之事。

右。養父泰以永代増善寺殿瓶形共。令二買・得一楠谷常聖院江令二寄進一畢。彼坊領・号二増分一。

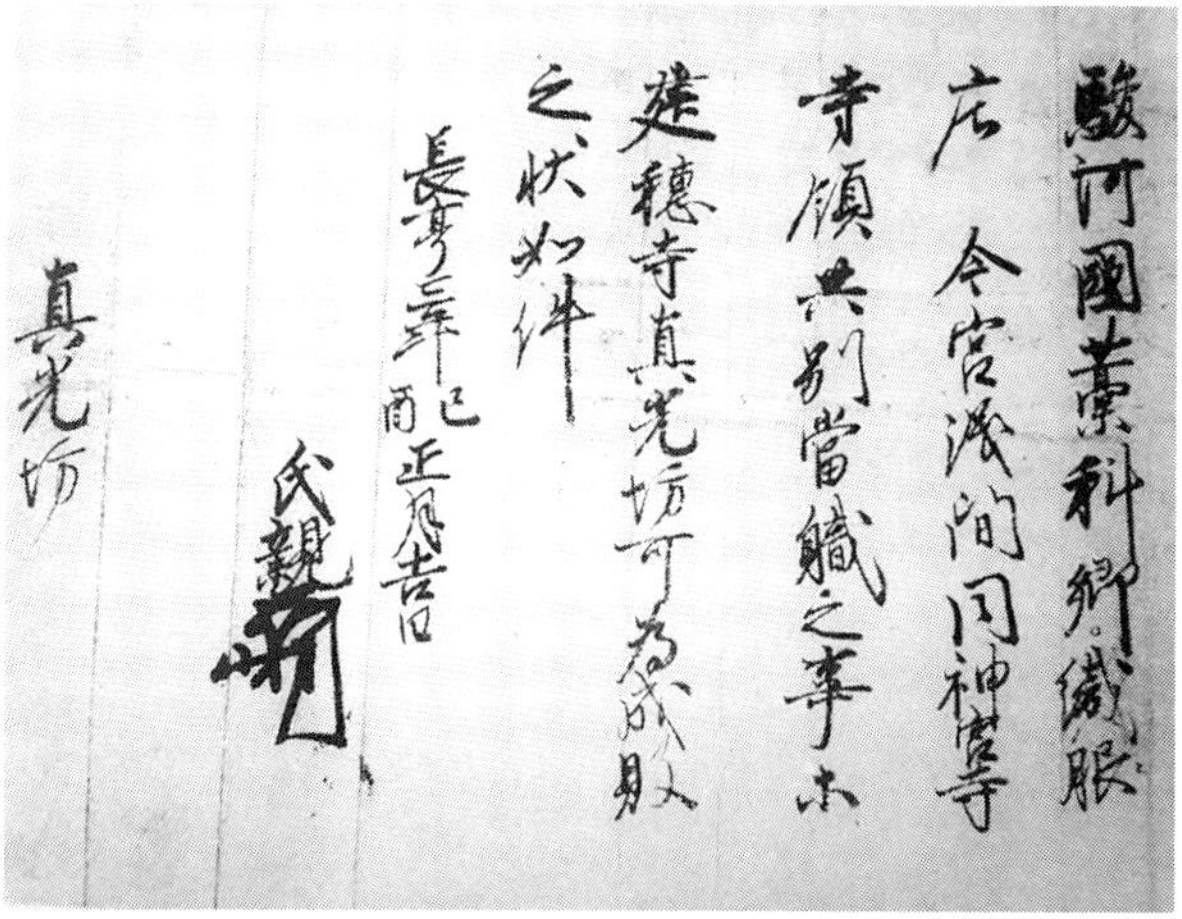

見性寺方丈撮影画像提供（見性寺所蔵）

先地頭二條殿及二六ケ年一被二押・置一處。泰以就二
懇望一出二叛形一上者。悉常聖院江・寄進不レ可レ有二
相違一。雖レ然根本爲二三社幷神・宮寺領一之間。
爲二彼修埋一此間中途ニ有レ之・分田畠半分。建穂
寺莊嚴坊へ預置畢。・修理勤行於二退轉一者。可レ
有二其改一者也。仍・如レ件。

※天文十五己午年十月十日

治部大輔《今川義元》（花押）

朝比奈彌一郎殿

※　朝比奈泰以眞光坊領ヲ買得シ楠谷常聖院ニ寄附ス
※　地頭正親町三條氏ノ押領セル坊領を安堵セシム
※　義元坊領ノ一部を建穂寺莊嚴坊へ預ク
※　坊領とあるべきものか
※　天文十五年（一五四六）（筆者記入）192

191　静岡市立藁科図書館編『藁科の中世文書』静岡市立藁科図書館　見性寺蔵　1989年　p28

建穂寺眞光坊と服織庄今宮神社の関係について、足立鍬太郎は、「建穂寺及び建穂神社の研究」で、次のように述べている。

長享三年・延徳元年（一四八九）正月、今川氏親は建穂寺眞光坊に服織庄今宮浅間神社、同神宮領及別當職を管理せしめた。此社寺領は後に氏親の姉夫正親町三條實望の爲に六ケ年間横領されたのを、天文十五年（一五四六）今川氏の長臣朝比奈泰以が、氏親の文書と共に買ひ取りて、楠谷常聖院へ寄附したから、其趣を證明したる今川義元の文書と共に常聖院の後身なる服織村新間見性寺に今之を所蔵して居る。此の今宮浅間神社は羽鳥の氏神で、神宮寺はその別當である。[193]

今川氏親と義元の文書は関連していて、朝比奈泰以が氏親の文書とともに買い取り、見性寺の前身の楠谷常聖院へ寄付した。義元の文書はそれを証明したものだという。

（3）武田信玄晴信判物

當寺法度事

一　寺領幷末寺等可レ爲レ如二前々一事。

一　寺領幷坊跡不レ可沽却一事。
一　寺中諸沙汰可レ爲レ如二舊規一。門前。千代。箕輪・諸役免許之事。
一　年中庚申爲二布施一如二前々一棟別寄進之事。
一　爲二俗躰一坊領不レ可二相拘一事。
　　付坊領令二沽却一於二還俗一者。買主不レ爲二損亡一事。
一　堂之左右之道三間分不レ可二押領一事。
一　毎年正・五・九月爲二國家祈念一護摩供勤行事。
一　寺法戒行幷諸沙汰於二寺中一令二糾明一可レ有二・落着一・但於二非法之義一者及二披露一可レ被遂二
裁許一事。
　右具在前
　元亀元年庚午
　　六月二十六日　（信玄印）（花押）
　　　健穂寺[194]

192　静岡市立藁科図書館編『藁科の中世文書』静岡市立藁科図書館　見性寺蔵　1989年　p28
193　足立鍬太郎「建穂寺及び建穂神社の研究」静岡縣編集・発行『静岡県史跡名勝天然記念物調査報告』第一巻　1931年

※　俗人は坊領に関わらないこと（筆者記入）
※　付けたり、坊領を売却して還俗したものは、買主に損失を生じさせないこと（筆者記入）
※　元亀元年（一五七〇）（筆者記入）

三　近世徳川時代の建穂寺のありさま

幕藩体制権力の台頭と顕密仏教の崩壊

（１）社会変化による顕密仏教の崩壊

中世から近世への移行に伴い、そこに生活する人々に精神的な意味で大きな変化が見てとれる。中世の切実な救済を求める不安定な生活から、近世の世俗的で現実的に対処する比較的安定的な時代に変わっていった。そのことを黒田俊雄は『日本中世の社会』で、次のように記している。

まず、宗教的敬虔が無条件に美徳とされた中世と異なり、世俗道徳がより優越した価値基準となり、それだけに世俗秩序と勤勉が尊重される社会になることがある。つぎに、信仰的な

194　静岡市立藁科図書館編『藁科の中世文書』静岡市立藁科図書館　見性寺蔵　1989年　p14

陶酔や感情的な判断よりは理知主義的な思考や論理が重んじられ、激情や歓楽の抑制が説かれる傾向がみられると思う。知識人の場合ことにそうである。さらに、宗教勢力でなく世俗権力の主導と統制による教育が、しだいに社会を支配するようになる。私は、おおよそこういう傾向が、近世のはじめから明治にいたるまで一貫して見られる基調でないかと思う。[195]

このように価値基準の大幅な変更によって、長く続いた顕密仏教に終止符が打たれる。幕藩体制樹立への道筋ができ、感情的に影響を受ける社会から、制度が整備され理性的に対応する社会に変わっていく。

荘園制社会を基盤にしていた権門体制はその権力を失い、並行して顕密体制も崩壊する。黒田は同書で、「大づかみにいって、顕密体制もまたこの時期に、崩壊の段階を迎える。しかしながら、顕密体制は、おのずから崩壊するのではなく、激しい宗教一揆の怒涛に洗われて崩壊する」[196]と述べている。社会的思想としての宗教的運動のうねりである。

中央の奈良や京都の社寺はもとより地方の大寺に至るまで、少なからず時の支配者である朝廷や幕府から経済的援助を受けて維持繁栄してきた。平安時代から、自ら広大な荘園を所有管理したり、道路河川港湾の利権を所有したりして、経済的に自立していた。寺院は、公家、寺家、武家の権門体制の一角を獲得していった。戦国時代に至って、武家が武力にものを言わせて抜きんでた地位を築くようになると、各戦国大名は領国支配のための分国法を制定した。今川氏も氏親の時に、「今川仮名目録」を制定して支配体制を固めた。戦国大名は検地をして田畑を押さえ、刀狩りによって武家とその他農民や寺社を武装解除した。そして自らを頂点とする支配体制を整えていく。その筆頭格が織田信長であり、その後を受けた豊臣秀吉であった。

その結果、寺院は大名やその後の幕府の軍門に降らざるをえなかったのである。

（2）一向一揆に対する弾圧から幕藩体制における宗教制度の確立へ

天下統一を目指していた織田信長や豊臣秀吉が危惧したのは、多発する一向一揆だった。信長は一向一揆勢力への武力弾圧を強め、豊臣秀吉も後に続いた。末木文美士は、『日本仏教史　思想史としてのアプローチ』で次のよう解説している。

戦国時代末期には、一向一揆の拡大や京を舞台とする法華一揆（天文元年〜五年・一五三二〜一五三六、日蓮宗の京都の町衆が中心になって起こした一揆）の展開が大いに大名たちの肝を冷やし、宗教勢力にいかに対処するかが天下統一のうえでの重要な課題となった。とく

195　黒田俊雄著『日本中世の社会』と宗教　岩波書店　1990年　p237
196　黒田俊雄著『日本中世の社会』と宗教　岩波書店　1990年　p178

> に暴力的手段に訴えて一気に仏教勢力の壊滅をはかったのは天下を統一した織田信長であった。
>
> （中略）
>
> 信長をうけた豊臣秀吉は、根来《ねごろ》や高野山などを屈服させる一方で仏教の復興をはかり、京都東山に大仏殿を建立して、文禄四年（一五九五）に各宗の僧を集めて千僧供養を行った。しかし、それに応じなかった日蓮宗の不受不施派への迫害がはじまったことからも知られるように、実際には自己の絶対権力の下に宗教勢力を従わせようという意図をもつものであった。
>
> こうして江戸幕府の開創期には、すでに仏教界は世俗の権力に対抗できるだけの力を失っており、やすやすと幕藩体制のなかに組みこまれ、それを補完する役割をも担わされることになった。[197]

天下統一のために仏教界は力ずくで押さえ込まれ、江戸時代には幕藩体制の管理システムの中に組み込まれた。その結果、権門体制における顕密仏教は崩壊し、宗教の権威は失墜し人々の寺院に対する畏敬の念は弱まっていく。

仏壇が導入され、家単位の宗教の時代を迎える

家族又は同族単位の仏壇の導入が本格化したのは近世である。中世に比べ近世においては、個人でなく「いえ」が単位となって先祖が崇拝されるようになった。そこに登場したのが家の中の仏壇である。これは、仏教が寺の支配下から解放されたことを意味してもいる。黒田俊雄は、近世の仏教の特色について次のように記している。

この寺檀制度のもとで現われた、中世末までになかった特異な現象は、死者の霊が即刻「ほとけ」とみなされるという、自動的で安直な成仏観念である。中世では、相当著名な高僧でも真に成仏できる（できた）かどうか、人々は危惧の念をもっていたし、多くの死霊は冥途をさ迷い、怨霊ともなり、地獄の責め苦に苛まれているのではないかと、人々は恐れていた。近世では、死者はすぐに法名・戒名を付与され、位牌として仏壇に収まり、やがて不特定多数の祖霊のうちの一つとしてその個性を失ってしまう。民族学者はこれを日本人の固有信仰とみなすが、歴史的にみればそれは「いえ」と寺檀制度がもたらした、顕密仏教の次の

197　末木文美士著『日本仏教史　思想史としてのアプローチ』新潮社　1992年　pp171～172

段階の仏教の形態といえるのではなかろうか。「いえ」とは、近世的身分制度の基本単位であるから家格があり、したがって、身分制度の意味を内包している。[198]

江戸時代は士農工商の身分制度が明確に決められていた。身分はその人個人の才能や才覚や努力ではなく、多くの場合先祖代々生まれながらのものだ。養子縁組など特別な制度はあったものの、生まれた家がその人の身分を決めていた。それだけに、身分の最も高かった武士階級に属していた人たちにとっての先祖崇拝は格別のものがあって、農民・商人・職人など下級身分の階層より際立っていたといえる。

磯田道史は、「加賀藩御算用者」の幕末の家計を丹念に調査し、武士階級が身分の割に経済状態は楽ではなかったことを立証している。暮らし向きは楽でなくても交際費に多くのお金を使っていた。交際費は必要経費であり借金をしても支出しなければならなかった。中でも先祖に対する祭祀費用を重視していた。磯田は『武士の家計簿』の中で次のように述べている。

> 既に死んでしまった先祖との交際とは、すなわち祭祀行為である。武家では、この先祖祭祀にも多くの費用をかけている。先祖を大切に祭ることが、身分を保証する根源になっていたからである。仏壇への花代、菩提寺への喜捨、仏様へのお供え、これらも身分費用の一つであった。[199]

武士をはじめとして、身分を保証してくれている先祖を祀る仏壇は大事にされ、菩提寺には余裕資金がなくても布施は欠かせなかった。そのため、近世の寺院は中世のような権力は失っていても、財政的には潤っていた。一方、建穂寺のように、檀家を持たない寺院は、経済的に苦しい立場に追いやられた。

近世的本末制度の導入

（1）中世的本末関係から近世的本末関係へ

仏教政策は、織田信長から始まって豊臣秀吉に受け継がれ、徳川時代に制度化された。具体的には、本末制度と寺檀制度である。寺院法度としてくられていて、慶長六年（一六〇一）から、宗派ごとにスタートしている。

本末関係は近世になって突如として現れたのではなく、中世においても存在していた。中世の本末は個人的な人間関係の上に成り立った緩い関係であり、制度に基づいたものではなかった。

198　黒田俊雄著『黒田俊雄著作集』第二巻「顕密体制論」法藏館　1994年　pp219～220
199　磯田道史『武士の家計簿』新潮社　2003年　p84

近世の本末は、れっきとした制度であり、幕府にも本末帳で報告される、固定的で拘束力のあるものであった。

中世的な本末関係と近世的本末関係は大きな違いがあるけれども、近世へ移行するまでに、本寺と末寺の関係は経過的な形で存在していたとされる。藤井雅子は、『中世醍醐寺と真言密教』に次のように書く。

> なお寛永九年（一六三二）から十年かけて各宗寺院から江戸幕府に提出された書上げを元に作成された「関東真言宗新義本末寺帳」によると、中世に無量寿院との間に「秘密道具」の授受をしたことが確認できる下野国佐野金蔵院や常陸国西光院（一乗院）の項には、「本寺松橋院家」すなわち無量寿院が「本寺」であると記されていることから、明らかに中世的本末関係が近世的本末関係の基盤となったことが確認できよう。つまり付法（印可授与）の際に与えられる印信が、畿内「本寺」僧と地方住僧（門徒）を結ぶ、いわば個人的・一時的な関係――双方いずれかの入滅により消滅する関係――を表す証明書にすぎない一方で、「秘密道具」授与は畿内「本寺」僧と地方住僧との個々の師弟関係が継続されていくなかで成立した新たな本末関係の形であると考えられ、双方の信頼関係により強固な関係を象徴するものであったといえよう。[200]

このように、師弟関係が持続発展しての強固な関係であったり、他に媒介者が存在したりして、中世的な関係から近世的な関係に移行する場合も少なからずあった。しかし、多くは、近世になってから幕府の命じた制度により本末関係を結んだ寺院である。[200]

藤井の『中世醍醐寺と真言密教』をさらに見ていく。

ところで江戸前期に報恩院寛斎によって作成された「報恩院末寺帳」には、約百八十カ寺が記されているが、この中には室町前期以来、報恩院流正嫡との間に本末関係を結んでいた越前国瀧谷寺・常陸国知足院・同国遍智院・同国岩谷寺・尾張国万徳寺・近江国三珠院・同国神照寺等が確認できることから、中世的本末関係が江戸幕府の宗教政策下における近世的本末関係に継承されたことが知られる（『大古』五—九六六八）。但し百八十カ寺のうちの約九割は、「寛永十五年被召加御本末畢」と記された後に列挙されていることから、幕府による宗教政策によって新たに本末関係を結んだ寺院であったといえよう。しかしこれらの新たに本末関係を結んだ寺院が、報恩院を「本寺」として選択した理由には、おそらく報恩院が意教流願行方の「本寺」と主張し、広く認識されていたことがあろう。[201]

200　藤井雅子著『中世醍醐寺と真言密教』勉誠出版　2008年　p315
201　藤井雅子著『中世醍醐寺と真言密教』勉誠出版　2008年　p248

醍醐報恩院の末寺になった建穂寺も正式な形を取ったのは寛永十五年（一六三八）学頭円雄であり、それ以前の元和六年（一六二〇）に学頭宥空が末寺の約束をしている。しかし、建穂寺も降って湧いたように突然、醍醐報恩院と本末の関係になったのではなく、中世から何らかの関係にあった。足立鍬太郎は次のように記している。

> 爾後の徳川時代に於ける建穂寺の歴史は、新義眞言の寺院ながら、修験道を兼修して、一山の隆盛に資せん爲、醍醐寺古儀眞言報恩院の末寺となり、正保三年（一六四六）には寛済大僧正が菩提樹院に臨みて、學頭圓雄に第二不動灌頂の秘訣を親授するに至つた。元來報恩院は、八條女院の助成に成つた寺で、南朝方と關係が深く、僧正道祐の如きは門跡職を棄てて吉野に入つたこともあるから、建穂寺との關係も恐らくここに始つたのではあるまい。[202]

足立によると、八条院（一一三七～一二一一）に力があった平安後期から鎌倉初期には、建穂寺と醍醐報恩院との結び付きがあった。仏教文化が奈良や京都から伝来してきていることを考えれば、自然な成り行きであったろう。

（2）同じ真言宗でも派が異なった建穂寺と醍醐報恩院

建穂寺には不動明王立像が、現存しているだけでも十躯とかなり多く、しかも内一躯は平安時代の製作であると、京都博物館は調査で報告している。こうしたことから、建穂寺が、古くから真言宗の寺院であったことは明らかである。真言宗には新義と古義があり、建穂寺は本山派新義真言宗に属していたが、醍醐報恩院は当山派古義真言宗に今でも属している。この違いについて、『静岡市史』では次のように記している。

建穂寺は學頭宥空が慶長十九年（一六一四）四月府城の眞言新義の法門にめされて、同派の本山智積院日譽など、伍したのから考へて明らかに新義に属して居たのであるが、今や古義眞言の醍醐寺に轉属した姿となつたのは、蓋し修驗道眞言宗修驗又當山派山伏の方面のみであらう。今林富寺に不動明王像の多く遺れるも全く此爲である。この轉属と前後して學頭が菩提樹院と稱したと見てよろしい。203

202　足立鍬太郎執筆「建穂寺及び建穂神社の研究」静岡縣編集・発行『静岡顕史跡名勝天然記念物調査報告』第1巻　1931年　pp48〜49

足立鍬太郎はそれについて、「古義新義の争を生じ、又學頭院主の二頭政治と紛糾して、大破綻を暴露した」[204]と述べて、学頭院主の争いにも影響して、その後の建穂寺の衰退につながったとしている。またこの頃、学頭の堂宇に菩提樹院の名称の使用を許されたとしているが、高い代償であったのかもしれない。

ただ、建穂寺が醍醐報恩院の末寺になったから衰退したと、短絡的に結論付けるわけにはいかない。寺院の権力の低下は歴史的な流れの中にあった。戦国大名など武家の力が強大になり、寺院の力は徐々に奪われていった。建穂寺の衰退は、例えば今川氏の「仮名目録」の制定によって、交通政策上の利権を剥奪されていることにも表れている。収益源を奪われ、経済的に苦境に立たされた。さらに、戦国時代を中心に繰り返し、大火に見舞われた影響も無視できない大きな要因だったといえる。

院主と学頭が職務を分担していた建穂寺

『建穂寺編年』によると、江戸時代初期までは院主と学頭が職務を分担していたという。戦国時代以前の建穂寺においては、学頭より院主の方が多く登場している。

『建穂寺編年』は次のように記す。

此山振古分山司以爲二也一謂院主合寺一﨟握山中之權指麾山徒其爲職也歳首讓國之朝覲拜賀至亮陰之凶禮總此職也二謂學頭選修學僧而任此職揮舞法柄誘誨事敎薙染得戒灌頂授法至葬送導師皆輻湊於此師也逮于寛文中圓祐坊宥專

205

いにしえを振り返れば、建穂寺の代表の任務を分けて二つとしている。一つは院主と言われ、一山の長老であり建穂寺の権力を握っていて、僧を指揮するのが職務である。年頭や譲国（天皇が位を譲ること）の朝覲（天子が家来に会うこと）や拝賀に始まり、太陽による明陰の不作の儀式に至るまで、この職が統括する。もう一つは学頭と言われ、学頭は修学の僧

203　静岡市役所市史編纂課『静岡市史編纂資料』第壹巻　1927年　p148

204　足立鍬太郎執筆「建穂寺及び建穂神社の研究」　静岡縣編集・発行『静岡顕史跡名勝天然記念物調査報告』第1巻　1931年　p49

205　隆賢『建穂寺編年』上　見性寺所蔵（原書）静岡市立図書館（複写）1735年　p159

侶から選んでこの職を任す。法の品格を奮い立たせ発揮させて、物事を教え諭すこと、剃髪、受戒、灌頂、授法から葬儀の導師に至るまで、皆この学頭に権限が集まるようにする。

（現代文は筆者）

往年の建穂寺一山の権力を掌握して指揮を執っていたのは院主であったようである。学頭は僧侶の修学や儀式の導師を務めていた。この力関係が大きく変わったのは、学頭学秀と院主円祐坊宥専とが寺社奉行に訴訟を起こして、裁定が下ってからのことである。

この争いについて、『静岡市史』で見てみる。

然るに寛文六年に至り、學頭學秀、院主圓祐坊宥専と争ひ、中性院長盛・寶幢院宥範が院主に與《くみ》したので、遂に幕府に訴ふるに至つたから、學秀は之を屑とせず去つて上總の淨願寺に住持した。是に於て院主は學頭を廃して其の俸米を併せんとし、菩提樹院の廊廡倉廩を壊つに至つたから、宗徒憤懣幕府に訴へ闘諍を亘つたが、寛文十二年幕府宥専等を斥罰し、青蓮坊快宥が徃を守り來を糾して清廉質直なるを賞した。延寶元年正月上總大宮寺元昌（後鎮昌と改む）學頭に選ばれ、二月十八日司政の東都四箇寺眞福寺彌勒寺知足院圓福寺幕命に依て五條の新規を制して建穂寺に下した。一、朱印は菩提樹院に納めよ。二、宗徒に古義の徒を入るべからず。三、學頭は中席に座すべし。四、二月の祭禮に學頭輿に乗るべし。五、學頭を院主と號すべし。一臈の別俸は舊の如くなるべし。其他皆古来の如くなるべし云々。裏面に寺社奉行本多長門守忠利戸田伊賀守忠昌小笠原山城守長矩の略署及捺印がある。是に於て建穂寺は全く學頭政治となつた。[206]

ところで、寛文六年（一六六六）になって、学頭学秀は院主円祐坊宥専と争い、中性院長盛と宝憧院宥範が院主に味方したので、ついに幕府寺社奉行に訴えることになった。学頭学秀はこれを潔しとせず建穂寺を去って、上総の浄願寺に住持した。そこで、院主宥専は学頭職を廃止してその俸禄米を併合しようとして、菩提樹院の廊下や米蔵を破壊した。そのため、宗徒たちは憤慨して幕府寺社奉行に訴訟を起こした。寛文十二年（一六七二）、幕府は宥専たちを排斥処罰し、青蓮坊快宥がこれまでのふるまいを正してきた品行の良さを称誉された。延宝元年（一六七三）正月、上総大宮寺の元昌（のち鎮昌と改める）が学頭に選ばれ、二月十八日司政である江戸四箇寺の真福寺、弥勒寺、知足院、円福寺が幕府の命令によって五条の新規を制定して建穂寺に下した。

206　静岡市役所市史編纂課『静岡市史編纂資料』第壹巻　1927年　p149

一、朱印状は菩提樹院に収納しなさい。
二、宗徒に古義のともがらを入れてはいけない。
三、学頭は中央の席に座りなさい。
四、二月の廿日会祭に学頭が輿《こし》に乗るべきである。
五、学頭を院主とも称しなさい。
院主の別途の俸給は旧規の通りである。その他については、古来の仕来りのようにあるべきである。裏面に、寺社奉行本多長門守忠利、戸田伊賀守忠昌、小笠原山城守長矩の省略署名と捺印がある。ここにおいて、建穂寺は全てにわたって学頭が政治を執ることになった。

（現代文は筆者）

空海の綜芸種智院での教育と建穂寺の問答講

（1）空海の綜芸種智院での教育

空海は「物事が興るもすたるも人に由るのである。人が昇るか沈むかは道による」とし、だから教育は必要であるという理論を展開している。空海は大学で学び、唐に留学して修行した。教育の重要さに身をもって感じていたはずである。篠原資明《しのはらもとあき》は『空海と日本思想』で綜芸種智院《しゅげいしゅちいん》について、「空海が嵯峨天皇より東寺を密教寺院として賜ったのが、八二三年のこと。東寺の近くに綜芸種智院を開設したのは、五年後の八二八年のことである。綜芸種智院は、いまでいう私立学校で、儒教、道教、仏教の三教をあわせ学ぶことが目ざされたという」[207]と記している。

また、渡辺照宏と宮坂宥勝が共同執筆した、「わが国最初の庶民学校の創設」によれば、綜芸種智院には次のような特徴があった。

> 綜芸種智院の教育の特徴を要約するならば、教育の機会均等と綜合教育、完全給費制の三点につきるであろう。このような今日からみても驚歎すべき教育理想をかかげたことには、二、三のよってきたるゆえんが考えられると思うのである。第一には空海自身が国学、大学に学び、早くから教育に対して深い関心と深い理解をもっていたということであろう。当時の官学の欠点はかれ自身が身をもって知ったところのものにちがいない。空海以前あるいは以後においても日本の仏教史上で、正規の教育を受けて国家の最高学府に学んだ仏者といえば、空海ひとりあるのみである。第二には入唐して長安に学び、先進国唐のすぐれた教育機関を目のあたりに見てきたということであろう。これを要するに綜芸種智院の開設は、刻苦勉学した青年時代の空海の教育に対する夢が実現したものであるとみることができるであろ

207　篠原資明『空海と日本思想』岩波書店　2012年　p105

う。しかし、開校以来二十年つづいたこの私立学校も、経済上の事情と良き教師が得られないという理由で、承和十二年（八四五）に閉校となり、東寺に施入されたのである。[208]

空海は理想の教育に意欲をみなぎらせていた。唐では、塾や学校があって身分を問わず才能ある若者が学べる環境があることを目の当たりにした。そのような環境に育まれ、唐には諸芸に秀でた人々が多くいて、それぞれが文化や産業の発展に尽くしていた。それに引き換え日本では、都の京都でさえも学校の整備が進んでいないし、貧しい若者が学ぶところも機会もなく、残念ながら若者の才能を引き出せない。

空海が綜芸種智院を設立しようとしたのは、人を救いたいという思いからであった。篠原は、その思いの根拠は報恩にあり、具体的な現れが綜芸種智院の設立であり、ここでの教育は四恩に報いるためであるという。四恩とは、父母の恩、国王の恩、衆生の恩、三宝すなわち仏法僧の恩のこと。篠原は『十住心論』に述べられている「一切衆生はみなこれ我が四恩なり」との言葉を引用している。この報恩とは開かれたものであり、その施しが施恩者から受恩者になされ、その施しを受けた受恩者が次の施しをするというように、施しの循環が行われることになる。空海の教育とはその橋渡しをするものであった。

（2）建穂寺の問答講などによる教育

建穂寺は、修学を積極的にする「学問の寺」とされている。その修学の模様を伝えた文献は少ないが、『建穂寺編年』に過去の問答講に触れたくだりがある。

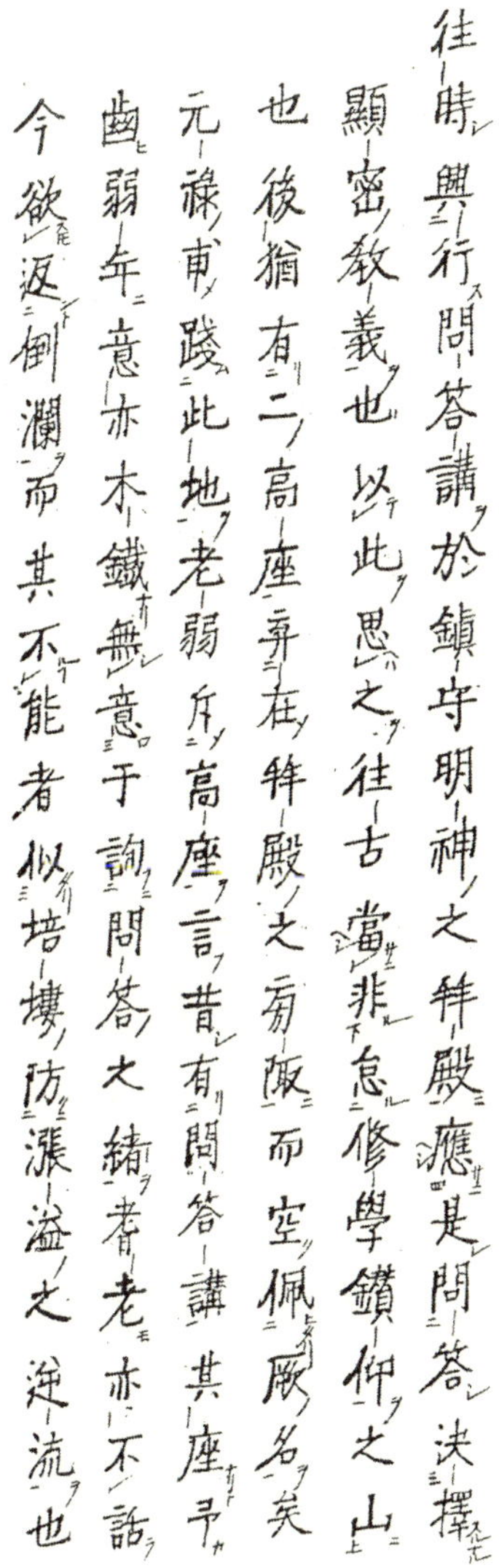

往時興行問答講於鎮守明神之拝殿應是問答決擇顕密教義也以此思之往古當非息修學鑽仰之山也後猶有二高座并在拝殿之前阪而空佩厥名矣元禄甫践此地老弱斥高座言昔有問答講其座尋幽弱年意亦未識無意于詢問答大緒者老亦不語今欲返倒瀾而其不能者似培塿防漲溢之逆流也

208　渡辺照宏・宮坂宥勝執筆「わが国最初の庶民学校の創設」久木幸男・小山田和夫編論集『空海と綜芸種智院―弘法大師の教育　上巻―』思文閣　1984年　p265

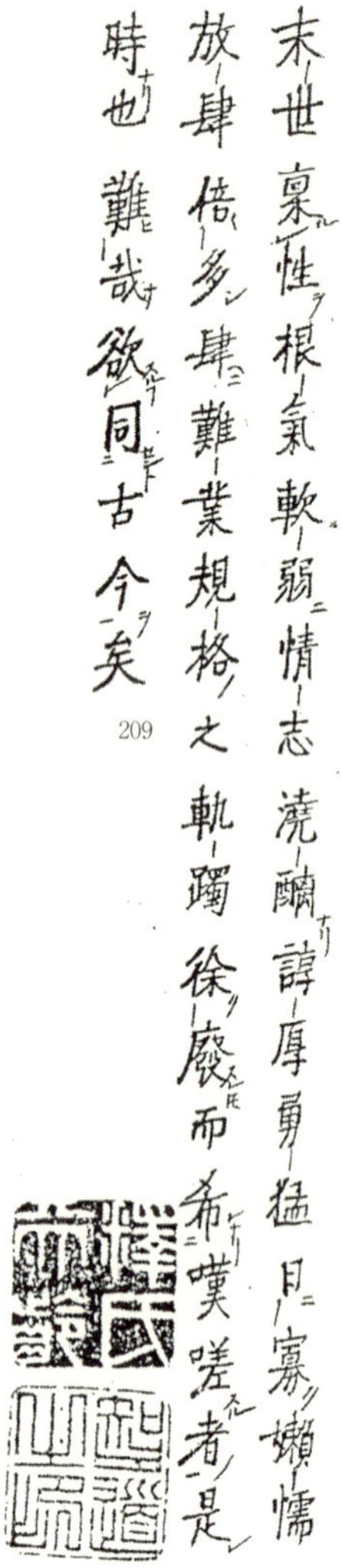

末世稟性根氣軟弱情志澆漓諄厚勇猛日寡嬾懦
放肆倦多肆難業規格之軌躅徐廢而希嘆嗟者是
時也　難哉欲同古今矣

209

むかし、問答講が鎮守明神の拝殿において行われていた。これは、まさに顕密の教義教理の問答のやりとりを通して選び決めるものである。このことを考えれば、大昔に、建穂寺はまさにお互いの修学研鑽を怠らずに励む寺院として位置付けられていた。後世においてなお、二人の高僧が座るための高座だけが神社拝殿の傍らの隅に残っていて、その問答講の名を虚しく心に留めることができるに過ぎなかった。

元禄の初め、建穂寺にきた老弱（学頭）が高座をさして次のように言っている。

昔、問答講が行われていた。もし問答講が今も行われていれば、私がその高座を務める者である。私はまだ若輩の身であり、精神の鍛錬ができていない。ここにおいて、問答の端緒に遡って考えてみるまでもないことではあるが、世間の老人もまた話題にしない今、敢えて問答講のことを取り上げてみたい。そうすることは、小さい塚が漲り溢れる逆流に必死に抵抗することに似ているにしても、である。末世にあり、根っからの弱いものを受けている身として、辛抱強さも軟弱にして人情が薄い世の中にあって、丁寧重厚にして勇猛果敢に言うことに気おくれして、臆病になり怠け心が生じてしまい、図らずも世相に流され、気ままに勝手のことばかり数倍している。つまり、苦しい難業ではあるが定めの形跡を徐々に廃しているのに、このような状態にありながら嘆く者が少ない。これが時世というものであろうか。憂えるべきことではなかろうか。難しいことではあるが、今も昔と同じように問答講をしたいと考えている。（現代文は筆者）

『建穂寺編年』は、「問答講鎮守明神の拝殿において行われていた。これは、まさに顕密の教義教理の問答」という。元禄十六年（一七〇三）に三嶋清左衛門が著した『駿府巡見帳』によると、鎮守馬鳴大明神の拝殿の横に大師堂（弘法大師の堂）があった。顕密の教義教理の問答をしていたと記され、空海の綜芸種智院の教育に多少なりとも影響を受けたと推測される。

それに、「二人の高僧が座るための高座だけが神社拝殿の傍らの隅に残っていて」ともあり、問答講が行われていた形跡はある。

「私はまだ若輩の身であり、精神の鍛錬がなされていない」としているのは、謙虚さの表現で

209　隆賢『建穂寺編年』上　見性寺所蔵（原書）　静岡市立図書館（複写）　1735年　p162

もあるが、心が定まっていないことを述べている。精神を整えることについて、『秘密曼荼羅十住心論』巻第九には、「自心に迷うが故に、六道の波鼓動し、心原を悟るが故に、一大の水、澄静なり。澄静の水、影、万像を落し、一心の仏、諸法を鑒知《がんち》す」とある。自分自身の心が迷っているから六道が揺れ動く。六道つまり布施、持戒、忍辱（苦難を恨まない）、精進、禅定（瞑想して平常心の維持を図る）、智慧の六波羅蜜を正すことによって、心を澄み切った水のようにすれば心の落ち着きが得られる。水に波立ちがないような状態にすれば鏡に映すように自らの心を鑑みることができる、という意味であろう。この『秘密曼荼羅十住心論』は空海の著書の一つであるが、『建穂寺編年』のこの高僧も心の重要性を述べている。

建穂寺において、宝永七年（一七一〇）に密教の灌頂《かんじょう》壇が開かれた。灌頂とは広辞苑によると、密教で阿闍梨より法を受けるときの儀式のことである。『建穂寺編年』は次のように記す。

慧観開灌頂壇於菩提樹院
山侶之登壇灌頂者十餘輩久能寺及遠州西樂寺
二山之僧伽各數輩也結縁入壇之緇素男女東西
遐邇月日羣集未可記其員矣時是八月也
210

慧観は灌頂壇を菩提樹院で開く。

建穂寺で登壇灌頂した者は、十人余りの僧であった。久能寺及び遠州西楽寺の二寺の僧集団の僧が数名ずつである。仏道入門の縁を結ぼうとする男女、東西、遠近、日々の同類の集団であり、未だその員数が明らかでない。時は八月のことである。（現代文は筆者）

これによると、登壇灌頂は久能寺と遠江国西楽寺の僧も加わって行われた。綜芸種智院とは直接関係はないが、この式も修行の一環だったのだろう。

建穂寺の祈祷による徳川頼宣の病気回復と徳川家のその後の対応

（1）加持祈祷による頼宣の病気回復

後に紀州初代藩主になる徳川頼宣が重篤な病態になった折、建穂寺の加持祈祷で病気が快復したという。仏の加護がどの程度効いたかは定かではないけれども、全快したというのである。そのエピソードが『建穂寺編年』にある。

210　隆賢『建穂寺編年』下　見性寺所蔵（原書）静岡市立図書館（複写）1735年　p78

又傳曰 源亞相頼宣公ハ 神君之庶公子紀州大祖三
家之仲家也 少字常陸輔也 神君鍾愛殊絶ナリ幼歳
嬰疱氣色怪忌迫乎大漸醫座拱手 神君愕胎急
令學頭宥空持念未出三日効愈如神空大言曰老
僧若一諾則延齡八十餘歳識哉空之言 宣公得壽
八十餘歳矣薨後號南龍院殿甲州大野養珠
院殿其大母君也

·211

言い伝えによると、徳川頼宣公は家康公の側室の子供で、近親でしかも御三家である紀州藩初代藩主になった。幼名を常陸輔《ひたちのすけ》という。家康の寵愛をことのほか受けていた。頼宣公は赤ん坊の時疱瘡（痘瘡とも天然痘ともいい、ウイルスによる感染症）に罹り、病も進行して顔色も悪くなり危ない状態でもあった。とうとう、医者や占い師からは見放されて、家康公はひどく落ち込んでいて、急きょ建穂寺学頭宥空に加持祈祷を命じた。その結果、三日もしないうちに効果があり治癒した。宥空が大言壮語していうには、私が祈れば八十歳以上に長生きできると。実際、宥空の言う通り頼宣公は八十歳以上まで生きた。頼宣公は死後、南龍院殿と号し、甲州大野に葬られている養珠院殿は彼の母君様である。（現代文は筆者）

宥空は加持祈祷の効果に自ら驚きながらも、「私が祈れば八十歳以上に長生きできる」と大げさな言葉を漏らしている。頼宣は慶長七年（一六〇二）に誕生し寛文十一年（一六七一）に他界している。数え年で七十歳まで生きた。当時の寿命からすれば長命であった。

いずれにしても、頼宣の病気回復で周囲は大いに喜んだことであろう。特に、息子頼宣に対する期待が大きかった家康の喜びは計り知れないものがあったと想像する。家康は宥空に対する恩賞として、直ちに学頭宥空客殿の菩提樹院を建立して寄付している。

静岡市立藁科図書館の『藁科の中世文書』に、次のような部分がある。

一當山客殿者紀州大納言様御疱瘡之御祈禱右宥空え被爲仰付爲御平癒之御祝権現様御建立被爲成下候事[212]

一建穂寺学頭客殿は、徳川頼宣公後の紀州大納言様が疱瘡に罹り、重篤の病態に陥った際、

211　隆賢『建穂寺編年』上　見性寺所蔵（原書）　静岡市立図書館（複写）　1735年　pp157～158

212　静岡市立藁科図書館編『藁科の中世文書』静岡市立藁科図書館　1989年　p63

徳川家康公が宥空に加持祈祷を命じ、そのかいあって、平癒した祝福の返礼として家康公が建立して寄付してくれたものである。（現代文は筆者）

（2）学頭宥空と家康との特別な関係

建穂寺学頭客殿は、宥空の時から菩提樹院の名称使用を許されていた。宥空は家康から、その菩提樹院客殿の寄付を受けた。もともと宥空は家康の信任が厚かった。『藁科の中世文書』から引く。

一権現様上意を以常州水戸不斷院より宥空與申僧被爲召候而當山學頭之住職被爲仰付候其節者駿府御城内ニおゐて眞言新義之論議被爲仰付候節茂右宥空被爲召候而決擇被爲仰付候

一権現様當山え度々御成被爲遊候事[213]

一徳川家康公の上意で、常州水戸不断院に住持していた宥空という僧を建穂寺の学頭に就かせた。その頃、駿府城において真言新義の議論が行われていたが、宥空もその席に招集を受けていて、その場を通して選任された。

一家康公は建穂寺にたびたび御成（将軍などの外出・来着の敬語）なさっている。（現代文

は筆者）

戦国時代から始まった武家の寺家への支配は強烈で、制度化もされていった。家康が建穂寺学頭を宥空にすげ替えしたことはその表れであり、寺家の人事権は完全に武家の手に移っていたのである。宥空は、徳川頼宣の重篤な病態を回復させる前から家康からの信頼が厚かった。家康が建穂寺にたびたび出かけているのものうなずけるところである。

（3）その後も続いた紀州藩との関係

建穂寺と紀州藩との特別な関係は、紀州藩初代の頼宣の時代から既に始まっていたものと推測される。頼宣との関係は駿府城時代からあり、病気回復の祈祷以外にも見ることができる。建穂寺稚児舞楽についての「御由緒書」に「慶長十七年二月宰相様中將様御同席ニ而舞楽被爲遊御覧」[214]と慶長十七年（一六一二）二月、後の初代尾張藩主義直と頼宣の同席を記している。

建穂寺学頭は紀州藩主へ拝謁する習わしもあったようだ。その慣行は一時途切れていて、学頭

213　同所編　同書　同所発行　同年　p62
214　静岡市立藁科図書館編集出版「御由緒書」『藁科の中世文書』浅間神社藏　1989年　p59

慧観の時代に復活した模様が『建穂寺編年』にある。

學頭繼絶拜謁紀州國君

嘗聴學頭往時拜謁紀州國君肆每東都參覲之往

來請以拜謁乎驛路之客館也其中絶者久焉丸子

入山勘太夫紀州產也黄門君之嬖人也學頭慧觀

乃使入山氏與紀州陪臣幸遇者相謀乃冒觸

黄門君之聰耳君公速容之四月既望學頭紹絶

拜謁黄門君於丸子驛横田氏之客館也

215

元禄十五年（一七〇二）四月、学頭慧観は紀州国殿様に、絶えた継承を破って拝謁した。かつて聞いていたことではあるが、建穂寺学頭は紀州国殿様に拝謁する習わしがあった。参勤交代の折ごとに、お願いして宿場の本陣などで拝謁していた。しかしながら、その拝謁も長い間中断していた。ここに丸子の入山勘太夫は紀州国出身で、中納言（紀州公）のお気に入りであった。学頭慧観は、入山勘太夫が紀州藩臣下の幸遇をもくろんで、中納言の聡明さに無謀にも接触したい旨の使いを出した。紀州国殿様からは、早速許可が出て、四月いざよいの日（陰暦十六日の夜）、中納言に丸子宿の横田氏の客館で学頭は絶えた継承を破って拝謁した。（現代文は筆者）

慧観は隆賢の前任学頭であり、材木の売却資金で観音堂を修復し、寺社奉行に堤防の賦課金の免除を願い出たり、駿河国遠江国合同の灌頂壇を建穂寺菩提樹院で開いたり、様々な功績を残している。この一時絶えた拝謁を復活させたのも慧観の時である。

そして、学頭慧観が復活した紀州藩主への拝謁をその後の学頭を継いだ隆賢が継承した。隆賢は紀州藩に関係するその時々の拝謁をしていることが『建穂寺編年』に記されている。最初の段落は徳川吉宗将軍に拝謁を願い出た時のもの、次の段落は吉宗に代わって次期紀州藩主に拝賀した時のもの、三番目が八代将軍吉宗に拝謁した時のもの、そして四番目がその返礼である。

215　隆賢『建穂寺編年』下　見性寺所蔵（原書）　静岡市立図書館（複写）　1735年　pp58～59

六月上書　官府請獨廟拜謁
上書有司石河近江大守之第也所以其請獨謁拜
賀者今東都　君王者　故紀州國君也　紀州君
累葉有舊親由結而毎拜謁無不獨拜肆今欲從
紀州獨拜於東都　金城以請之建穗寺自古雜列
之拜謁矣山侶皆言此総請拜賀其君王即　紀州
故君也若依先規則會列雖拜誰莫憾悋革易紀州
貴重獨拜以護東都雜列拜謁哉遂衆議而揭紀州
親故之獨拜以請之煩有司大守者數月大守使其
掾言曰六月獨拜或有裁許如十五日甚嚴重不能
議之與僑寓積月而疲勞孰若循先朝之禮儀矣

六月、幕府に書状で単独での拝謁をお願いした。

寺社奉行石河近江守総茂のやしきに上書を出した。その単独で面会し拝賀申し上げたい理由は、今の江戸幕府の将軍は以前の紀州国の藩主（徳川吉宗公）である。紀州国藩主とは代々旧親の間柄にあり、単独で謁見することができることになっている。故に今回も、紀州（徳川吉宗）公との単独謁見を江戸城においてすることをお願いした。この依頼は建穂寺の古くからのつながりの拝謁であると、建穂寺僧の皆が言っている。今年の拝賀の将軍は、紀州国前藩主の徳川吉宗公であるからである。若し、例年通りの将軍との合同拝謁であれば、紀州との貴重な単独拝謁を改革変更することになり、誰か残念がりけなすことはないであろうか。

ついに、相談の結果、紀州との古くからの親交による単独での拝賀をお願いすることになった。これを受ける形で石河近江守にお願いをした。ところが、数か月後に使いの小役人によると、六日に独拝は或いは裁許があるかもしれないとのことであったが、十五日は非常に厳しくて相談することもできないとのことであった。江戸での旅宿も長引いて、疲労しているので、前将軍との作法に従って合同拝謁することになるかもしれない。（現代文は筆者）

216　隆賢『建穂寺編年』下　見性寺所蔵（原書）　静岡市立図書館（複写）　1735年　pp100~101

九月學頭拜賀　嗣君封國於赤坂紀州第殿

九月朔隆賢獻上摺扇十柄一筺而拜賀紀州新主君東都赤坂藩殿其如拜賀之月家臣待遇謙恭盛饗之濃及其翌二日使聘臣賜白銀三十兩大率如正德甲午正月拜謁　先君之時如前請封國拜賀承老大臣三浦遠江大守許容以故獻贄亦稟大守之命指矣今　紀州國君者所謂故松平左京大夫君也追乎　紀州大君繼號東都　君王而使左京大夫公嗣號　紀州國君也

217

享保元年（一七一六）

九月、学頭は次期藩主を赤坂の紀州藩邸に拝賀した。

九月一日、隆賢は折り畳み式の十柄の一箱を献上して、江戸赤坂の紀州藩において新藩主に拝賀した。その拝賀の日における、家臣の応対ぶりは謙虚で慎み深く、手厚いもてなしであった。そして翌二日、使者より白銀三十両を賜った。概ね正徳四年（一七一四）正月（一月二十八日）、前紀州藩主（吉宗）に拝謁した時と同じであった。以前、拝賀を家老三浦遠江守の許容を頂いて、その故に献上品もまた、三浦守の命令を受けていたのだろう。紀州国藩主は、いわゆる松平左京大夫公である。紀州大君（先代の藩主）は江戸幕府の君王（八代将軍吉宗）になっていて、左京大夫公が紀州藩主と称され就いたのである。（現代文は筆者）

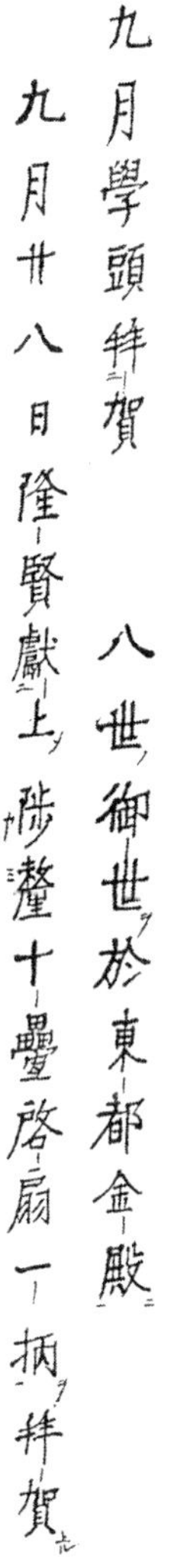
九月學頭拜賀　八世御世於東都金殿
九月廿八日隆賢獻上[illegible]十疊啓扇一柄拜賀

218

享保元年（一七一六）
九月、学頭は八世御世（八代将軍吉宗）を江戸城金殿に拝賀した。
九月二十八日、学頭隆賢は紙製の十畳みの扇一柄を献上して拝賀した。（現代文は筆者）

217　隆賢『建穂寺編年』下　見性寺所蔵（原書）　静岡市立図書館（複写）　1735年　pp101～102
218　隆賢『建穂寺編年』下　見性寺所蔵（原書）　静岡市立図書館（複写）　1735年　pp102

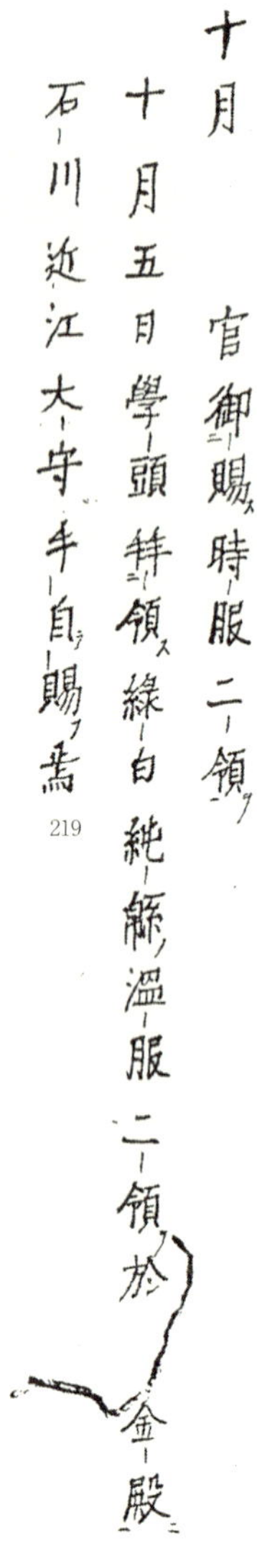
十月　官御賜時服二領
十月五日學頭拜領綠白純綿溫服二領於金殿
石川近江太守手自賜焉

219

享保元年（一七一六）
十月、学頭は幕府から時服二着を賜る。
十月五日、学頭は緑白色純綿の温服二着を江戸城金殿において拝領した。
石川近江守（寺社奉行）から直々に賜ったのである。（現代文は筆者）

かつて紀州藩主であった八代将軍吉宗は、初代頼宣が受けた恩義を感じているように推測される。建穂寺は他の将軍とも正月の年賀の挨拶を集団で拝謁していた。一般的に、地方の一寺院のために将軍が単独での拝謁に応じる例はまれである。それを八代将軍吉宗が江戸城金殿での拝賀に応じていることは、初代頼宣との関係にまで遡らないと説明できない。しかも、拝謁の直後、学頭は幕府から時服二着を賜っているのである。

建穂寺一山焼失から徳川家康の禁制まで

徳川家康が建穂寺を保護して存在価値を認めたのは、天正期から慶長期にかけてと思われる。この時代は駿府の町も大変な状態であった。周辺部に位置していた建穂寺も一山焼失の災難に遭い、その再建は急務だった。そこで、建穂寺は家康に頼らざるをえなかったのである。

（1）建穂寺の火災とその再建

まず、天正四年に観音堂などが火事に遭った模様を『建穂寺編年』で見ることにする。

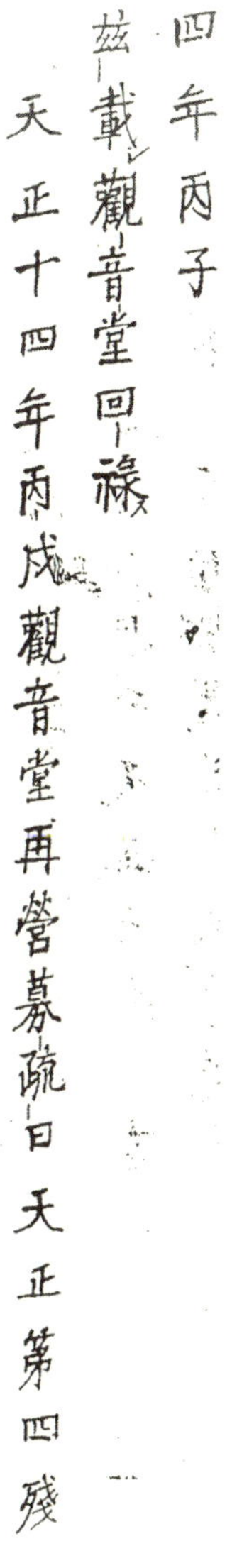
四年丙子
茲載観音堂回禄
天正十四年丙戌観音堂再営募疏曰　天正第四残

219　同著者　同書　同所蔵　同発行　同年　同頁

臘一日灾火忽起堂塔佛像刹那焚滅[220]

天正四年（一五七六）

ここに、観音堂が火事に遭ったことを載せる。

天正十四年（一五八六）観音堂再建のための募集書に記されている。天正四年（一五七六）十二月一日火事が発生して、堂、塔、仏像が一瞬にして焼失してしまった。（現代文は筆者）

天正四年（一五七六）に焼失した観音堂が天正十四年（一五八六）に再建の運びになった。その後、建穂神社境内の三重塔は再建されることはなかったが、馬鳴明神社前に鐘楼の鐘について「鐘楼馬鳴社前にあり　鐘は寛永八辛未年十二月、榊原大内記従二位源朝臣照久寄附なり」[221]とされている。鐘は家康側近で信頼が厚く久能山の管理を任された榊原照久の寄付で、一六三一年に設けられた。

（2）建穂寺家康に頼る

昭和二年（一九二七）に発行の『静岡市史編纂資料』第一巻に「駿府附近の古寺と秦氏につきて」下という特集は、そのほとんどを建穂寺に割いている。編纂を代表していたのが足立鍬太郎で、克明な記録を残している。「建穂寺家康に頼る」についての部分を取り上げる。

天正十年正月建穂寺巻數を徳川家康に上る。其文に、
千手観音供所レ奉レ勤二修華水供養法一二十一个度處。
奉二念誦一佛眼眞言・無量壽呪・正觀音呪・本尊大陀羅尼・同小呪・馬頭眞言・十一面眞言
大金剛輪呪・一字金輪呪。
右懇念者。奉三爲護二持太守　家康公御息災延齢・御子孫繁昌・領國豊楽・富貴自在・御心
中求願皆令満足一。殊抽二篤信一奉二祈供一所仍如レ件。
天正十年正月吉日　　　法主敬白（建穂寺編年上）

とある。時に武田勝頼未だ滅亡せざるに、夙に大勢の帰趨を察して、機敏に家康の懐裡に飛び込んだのは流石に偉い。これに於いて家康朱印を與へて士卒の濫妨を戒めた。

禁制　　　建穂寺
一、當手軍勢甲乙人等濫妨狼藉之事。
一、堂塔放火の事。

220　隆賢『建穂寺編年』上　見性寺所蔵（原書）　静岡市立図書館（複写）1735年　p63
221　中村高平『駿河志料』一　1861　橋本博校訂　歴史図書社　1969年　p696

一、一切人取之事。

一、右之條々堅停二止之。於二違犯之輩一者可レ處二嚴科一者也。

天正十年二月二十二日朱印　222

天正十年（一五八二）正月、建穂寺は巻数の起草に述べている。その文に、千手観音を供え修行して水供養法に勤め献上するところ二十一回にのぼる。

密教的に仏に念じながら誦して献上し、仏の陀羅尼を通して、無量寿経で祈り、聖観音で祈り、本尊大小陀羅尼を読誦し、馬頭陀羅尼、十一面陀羅尼、大金剛輪に祈り、一字金輪法の本尊に祈る。

右のように丁重に唱えるのは、大御所家康公の無病息災長命、ご子孫繁栄、領国豊楽、富貴自在、ご心中救願など全てが満足できて守り保つことを祈念献上する。殊に、信仰篤く秀でることを祈り供して献上することかようである。

天正十年正月吉日　法主敬白　（建穂寺編年上）

とある。この時点では武田勝頼がまだ滅亡していなかったので、以前から大勢の帰着するところを洞察して、建穂寺が機敏な動きを見せて家康の陣営に就いたのは賢明な選択であった。このために、家康公が建穂寺に朱印を与えて兵士の乱暴狼藉を戒めた。

禁止行為の法規　建穂寺

一、味方の軍勢などあらゆる人の危害を加えるような行為。
一、寺の建物などへの放火のこと。
一、全ての盗みなどのこと。
一、右の条文について、堅くこれを禁止する。違反行為をした者は、厳しく処罰するものである。
天正十年二月二十二日朱印（現代文は筆者）

戦国時代、武士が武力にものを言わせて、領地を広げ民の支配を強めていった。寺院にしても、信仰だけでは身も物も守り切れない時代であった。その結果、強力な武将に頼らざるをえなかった。建穂寺は徳川家康が天正期に戦国大名として駿府城を築き、慶長期には大御所として駿府に在城していた関係で、家康と関わりを深めていった。家康にしても、駿府城下町を安定させ繁栄させる必要があった。民衆の信仰心を集めていた静岡浅間神社を中心とした駿府の祭りを、建穂寺の舞楽を導入して発展させることには意義があった。

建穂寺は家康から様々な力添えを受けている。資料は次のように記している。

222　静岡市役所市史編纂課『静岡市史編纂資料』第壹巻　1927年　pp141～142

家康朱印
慶長七年十二月八日徳川家康四百八十石六斗の朱印を建穂寺に與ふ。学頭以外に二十一坊を有した。同八年家康舞袍楽器若干と祭祀の道路、二町八間幅三間を寄せ、同十三年二月金銅鉾を賜ふ。[223]

家康が発行した朱印（公文書）
慶長七年（一六〇二）十二月八日、徳川家康公が四百八十石六斗の朱印を建穂寺に授ける。学頭坊以外に二十一坊所有していた。翌年、建穂寺は家康から舞楽用の上着、楽器などと、廿日会祭用としての道路を、二町八間の距離にわたり三間幅で築いて賜り、慶長十三年（一六〇八）に金銅製の鉾をひと振りも賜る。（現代文は筆者）

徳川幕府の支援は元禄時代になってからも続く。『建穂寺編年』は、「元禄六年（一六九三）に袈裟七着、元禄十五年（一七〇二）四月に焼失した舞楽の装束一式、同年八月に舞楽装束と吹奏打楽器を賜っている」[224]と書く。その上、廿日会祭に使用する道路の提供まで受けている。このように、建穂寺は徳川幕府にかなり依存する体質になっていた。

家康が四百八十石六斗を建穂寺に授けたとする朱印状のコピーが、現在の観音堂に額入りで掲げられている。

浅間領之内　　建穂寺分
駿河国府中四百八拾石
六斗之事全テ寺納並
寺中山林竹木諸役令免
許訖者守此旨仏事勤行
不可有怠慢者也仍如件
　　慶長七年十二月八日
内大臣㊞

静岡浅間神社領の内、駿河国府中建穂寺分は四百八十石六斗であり、全ての寺領並びに寺中山林竹木及び諸役を免除するものである。そうであるからして、この趣意をよく理解して仏事勤行に怠りなく励みなさい。よって、仰せのとおりである。

223　静岡市役所市史編纂課『静岡市史編纂資料』第壹巻　1927年　pp144～145
224　隆賢『建穂寺編年』上　見性寺所蔵（原書）静岡市立図書館（複写）1735年　p31・57～60

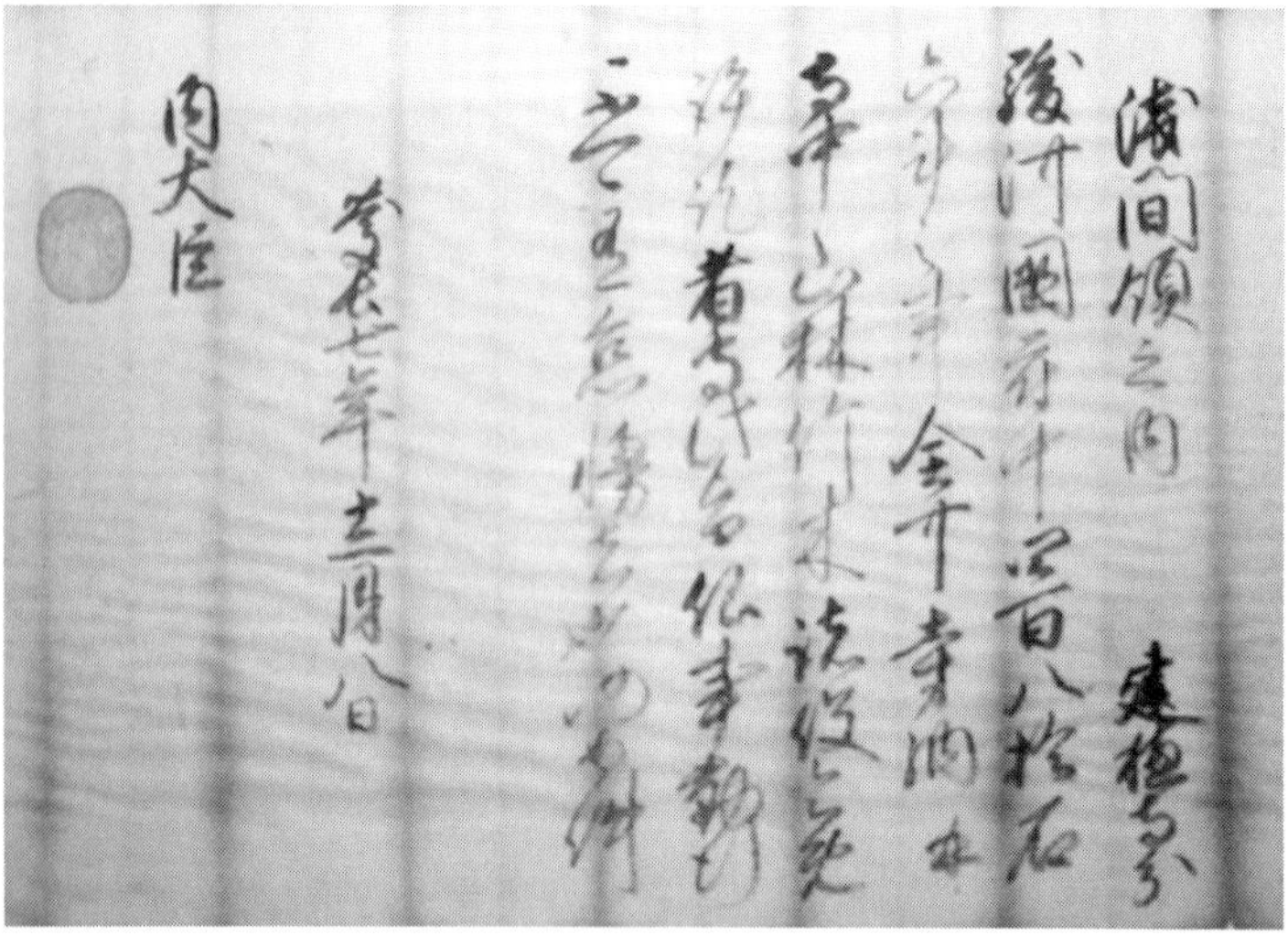
慶長七年十二月八日
内大臣

写真撮影筆者

慶長七年（一六〇二）十二月八日

内大臣㊞　（翻字及び現代文は筆者）

四　江戸末期以降の建穂寺

神仏分離令の影響

（1）　神道国教化政策

明治維新によって誕生した新政府は王政復古の号令を発し、神道重視の政策を取った。天皇も京都から江戸へ移り、名称も東京と改められた。幕府や藩が支配する封建制社会は、都道府県や市町村が行政を担う近代国家へと移行が図られた。神武天皇の頃、神道という宗教が存在していたか否か定かではないが、仏教が伝来していなかったことはほぼ間違いない。宗教はアニミズム的で原初的な形態であったと推測される。

明治維新当時、王政復古は民衆にとって分かりにくかったであろう。中心となる法律の「神仏分離令」について、『静岡県史』は、「新政府は神社と寺院の区別をつけさせるのを自己目的として神仏分離令を出したわけではなかった。国家による神社の一元的支配と、神社を介しての天皇崇拝意識の浸透こそがその本来の目的であった」[225]と述べている。太政官布告には、「此度王政復古神武創業ノ始ニ被為基、諸事御一新祭政一致之御制度ニ御回復被遊候」と書かれている。明治政府の主要な目的は、神武の始めに立ち還り、天皇を中心に据えた祭政一致にあった。

明治政府にとって、神仏を分けることは大事なことではなく、それは手段の一つであって目的ではなかった。明治政府の狙いは、国家神道として神社を国家の下に組織化することであり、最大の関心事は、明治天皇を神の位にして、それを具現化するものとして神社を使ったにすぎない。同じ『静岡県史』は、「伊勢神宮神官以下の世襲制を廃絶したのである。これに代わって、官幣社、国弊社、府藩県社、郷社、村社、無格社という序列の下、神官が国家によって一元的に掌握され、神官が国家によって任命されることになる」[226]と記している。

（２）神仏分離令と廃仏毀釈

土着思想としての神道は、思想的に貧困だと言われることがある。思想的に補強するために、本地垂迹説を説き、神道に衆生を救済してくれる仏や菩薩を登場させたと、みることもできる。本地垂迹説とは、広辞苑によると、「日本の神は本地である仏・菩薩が衆生救済のために姿を変えて迹を垂れたもの」とする神仏同体説のことである。

本地垂迹説は、平安時代に始まり、明治初期の神仏分離で衰える。神仏分離令とは、神道から完全に仏教的要素を除去して純粋な神の世界にしようとするものだった。神道そのものが、宗教という観点からは仏教が深く関わりを持っていて半ば不可分の状態なのを無理やりに分離することが行われた。末木文美士編著の本に、慶応三（一八六七）年十二月に布告された「神仏分離令」が収録されているので引用する。

一　中古以来某権現或ハ牛頭天王之類其外仏語ヲ以神号ニ相称候神社不少候、何レモ其神社之由緒委細ニ書付早々可申出候事

一　仏像ヲ以神体ト致候神社ハ、以来相改可申候事

附、本地抔唱へ仏像ヲ社前ニ掛，或ハ鰐口梵鐘仏具等之類差置候分ハ、早々取除キ可申事[227]

権現など仏教由来の語を使用している神社は由緒を書面で申し出よとしている。仏像を神体としている神社は改め、本地などとして仏像や、わに口・梵鐘・仏具などは速やかに取り除くよう命じている。

225　静岡県編集発行『静岡県史　通史編5　近現代1』1996年　p188
226　静岡県編集発行『静岡県史』同年　p189
227　末木文美士編著『新アジア仏教史14日本Ⅳ　近代国家と仏教』佼成出版社　2011年　p27

「神仏分離令」は、読み方によっては神のものと仏のものを分離するだけでは終わらないようにも思える。「取除キ」とは拡大解釈もあり得る微妙な文である。大隈重信は仏教史学に載せた、「明治初年の廢佛毀釋」の談話の中で、「元来神佛分離と云うことは、二つの混淆してゐることを改革し、今後混淆することを禁止することで、決して佛教排撃でない。當時の勅綻にも、布達にも、廢佛毀釋といふことは無い。固より政治上より、その様な目的を達しようとしたことは無い。全く神道者の自ら主張し實行したことだ。尤時勢が便宜を与へたものだから、實際廢佛毀釋を見ること、なつたものだ」[228]と言っている。廃仏毀釈を天皇も政府も指示していないので政府に責任はない。神道者が勝手にやったことであると、責任逃れとも受け取られかねない言いようである。

村上専精は「序辞」の中で、「以上之を要するに明治維新の際に於ける中央政府の態度は、積極的廢仏毀釋ではなかったが、消極的廢仏毀釋であったということは、諍ふべからざる事實である、中央政府に於いて、既に消極的廢仏毀釋の事あるが故に、地方に於いては、往々にして積極的廢佛の擧に出た處があったのだ」[229]と論評している。概ね、中央政府の態度は「神仏分離令」という名の法を発令したが、実態としては消極的な廃仏毀釈であったというのである。神道者がそれまでの社僧に代わって富栄できたわけではなかった。仏教だけでなく神道も勢力を伸張できず、結局、現人神となった天皇だけが権威を増した。

（3）廃仏毀釈の動向

政府の「神仏分離令」により、静岡においてはどのような動きがあったのだろう。『静岡県史』によると、それまでの神社では、「旧来の神社は権現や明神と称し、僧侶たる別当が神社を支配し、社僧が社務をつかさどっていた。これらが神仏二宗に判然と区別させられていく」[230]のである。

静岡浅間神社の対処について、「静岡浅間神社は別当や社僧は復職して神事に仕えることとなり、社内の摩利支天社と楼門にあった仁王像は臨済寺に、また護摩堂は清水寺に遷された」[231]と記している。静岡浅間神社の別当や社僧は建穂寺や久能寺から出ていたが、神職に復職したとしている。

228　大隈重信氏談「明治初年の廢佛毀釋」『明治維新　神仏分離史料　上巻』東方書院　1926年（明治45年4月8日発行佛教史學第2編第1號所載より）p65

229　村上専精「序辞」『新編　明治維新神仏分離史料　第1巻』1984年　pp28～29

230　静岡県編集発行『静岡県史　通史編5　近現代1』1996年　p184

231　同編集発行　同書　同年　p185

また、摩利支天社と楼門にあった仁王像ばかりでなく、薬師堂にあった薬師如来三尊や十二神将も臨済寺に移された。残った建物は神社風に衣替えして、摩利支天社は八千戈神社となり、薬師堂は少彦名神社に変わり、仁王像の入っていた仁王門は仁王像のない空の総門となって今に至っている。護摩堂があったと書かれているが、ここは、インドから伝わった密教系の祭祀法で、護摩壇を設け、護摩木を焚いて無病息災などを祈るところであった。静岡浅間神社が密教系の寺院である建穂寺や久能寺の影響を受けていたことの証しである。密教系は神仏分離令の影響を強く受けた。浅間神社は徳川幕府に関係が深いことで、風当たりが強かったことも推測される。

建穂寺廃寺への途

（1）幕末の建穂寺の状況および神仏分離政策の影響

安丸良夫も修験が神仏分離令の影響を受けたとして、『神々の明治維新』の中で、「修験は、神仏分離政策の影響をもっとも つよくうけたものの一つである。江戸時代には、各地の修験は本山派と当山派にわかれ、それぞれ京都聖護院と醍醐三宝院に属しており、各地の修験組織も僧侶出身のものに支配されていることが多かったから、そのかぎりでは仏教色がつよかったともいえる。しかし、その宗教としての実態は、修験たちの山中修行を中核に、神道とも仏教とも区別しがたい独自の行法や呪術などからなりたっていた」[232]としている。建穂寺は醍醐寺の末寺で、真言系修験道の寺であったので、神仏分離令の影響を強く受けたはずである。

本山派と当山派について、日本歴史大辞典には「本山派は京都聖護院を法頭とした天台系修験教団。増誉により弘められる。一八七二年の修験道廃止令で天台宗に帰属させられた。当山派は平安時代からしだいに組織され、明治の修験道廃止まで存続した真言系修験教団。聖宝を祖とする。修験道廃止令で真言宗への帰入を命ぜられた」とある。

建穂寺は神仏分離令で大きな影響を受けたことは間違いないけれども、廃寺に至る原因はそれ以前からあった。徳川家康によって、朱印地として多くの所領を認められ、禁制や稚児舞のさまざまな寄付などで保護され、勢力を維持してきた。しかし、次第に寺の内外の諸事由により権威が薄らぎ衰えていく。天保四年（一八三三）の新庄道雄『駿河国新風土記』に、幕末の建穂寺の状況が次のように記されている。

今は二十一坊の内、七・八坊のみ存してその坊も人のすめるには大正院、円道院、学頭のみにてみな空坊なり、年々祭礼の舞楽も横笛篳篥、太鼓のみ、その稚児も寺に養へる児童のあ

232　安丸良夫著『神々の明治維新』岩波新書　1979年　p67

るにあらず、正月の末より府中又は近在にて童子をやとひ、十四・五日習はすることなれば、ただかたを覚えたるばかり、楽も譜も失ひ、口伝を楽家に習ふにあらねば、真の楽にあらぬ物をなして、観にそなふるのみになりしはかなしむべきことなり。[233]

既にこの当時、塔頭は学頭の菩提樹院の他は、人が住んでいたのは二つしかなかった。稚児舞の楽器なども十分でなかったという。『駿河国新風土記』は「今にも志ある人あらば此舞楽などは、再興して、正すにかたきことあるべからず」[234]と付け加えている。その意欲ある人さえいなくなっていたのであろう。

戦国時代に武田勢が駿河国に攻め入り、今川氏真を駿府から追い立てた。逃げる途中、立ち寄ったとされる建穂寺は、その時の戦火で一山を焼失している。その時の模様を『駿河国新風土記』は「今川氏真は真言寺を出、河根の山路を伝、遠州掛川に赴く云々、とみえて此寺にてしばらく落来り、此時の兵火にて寺中残らず焼払ふ、其後に再建せし故にや」[235]と伝えている。この時代の建穂寺はまだ組織が堅固で、再建する情熱と信仰心も篤かった。被害は大きかったけれども、立ち直る余力は残っていた。

建穂神社本社　前面壁の左右の形が花頭窓を採用（筆者撮影）

（2）明治初年、建穂寺の火災と現在の建穂神社本社

建穂寺廃寺の原因は複合的だったのではないか。一般的に、失火による火災が原因であったとする説が根強いが、筆者は懐疑的にみている。既に江戸時代から少しずつ衰退は始まり、明治維新の神仏分離令で打撃を受け、廃仏毀釈に絡む火災で止めを刺されたのではないかと推測される。

この火災について、廃仏毀釈が絡むのではないかと考える最大の理由は、建穂神社の本社が建穂寺のほぼ中央にあったのに焼けていない、と思われることである。本社は写真のように寺院特有の花頭窓のある建物

233　著者：新庄道雄　修訂：足立鍬太郎　補訂：飯塚傳太郎『修訂駿河国新風土記　上巻』巻18　1975年　pp732～733

234　著者：新庄道雄　修訂：足立鍬太郎　補訂：飯塚傳太郎『修訂駿河国新風土記　上巻』巻18　1975年　pp732～733

235　同著者　同修訂　同補訂　同書　同年　p732

であり、明治以降に、廃寺になった鎮守の社に花頭窓のある建物を建立することはほぼありえないだろう。

しかも、この本社には木箱に入った江戸時代の古文書が数多く残っている。建物は何度も補修されていて、直近では平成二十八年に工事したばかりである。

神仏混淆の像

（1）雨宝童子

雨宝童子像は、大正末に一時存在を明らかにできたにもかかわらず、その後行方不明になっている。

現在建穂神社には神職は常駐しておらず、年間を通じ神事は小梳神社に委託している。町内の神社担当は輪番制で十人、任期は二年。毎年半分の五人ずつ交代する。役割としては、年六回ほどの神事の際の手伝いと注連縄や茅の輪作りなどに従事すること。それに、毎月一回の打ち合わせと清掃作業などがある。神社の鍵は神社担当の会長など一部の役員が預かっていて、普段は本社には入れない。

大正末に雨宝童子の像を、偶然にも発見したのが足立鍬太郎と見性寺住職深澤智範であったと

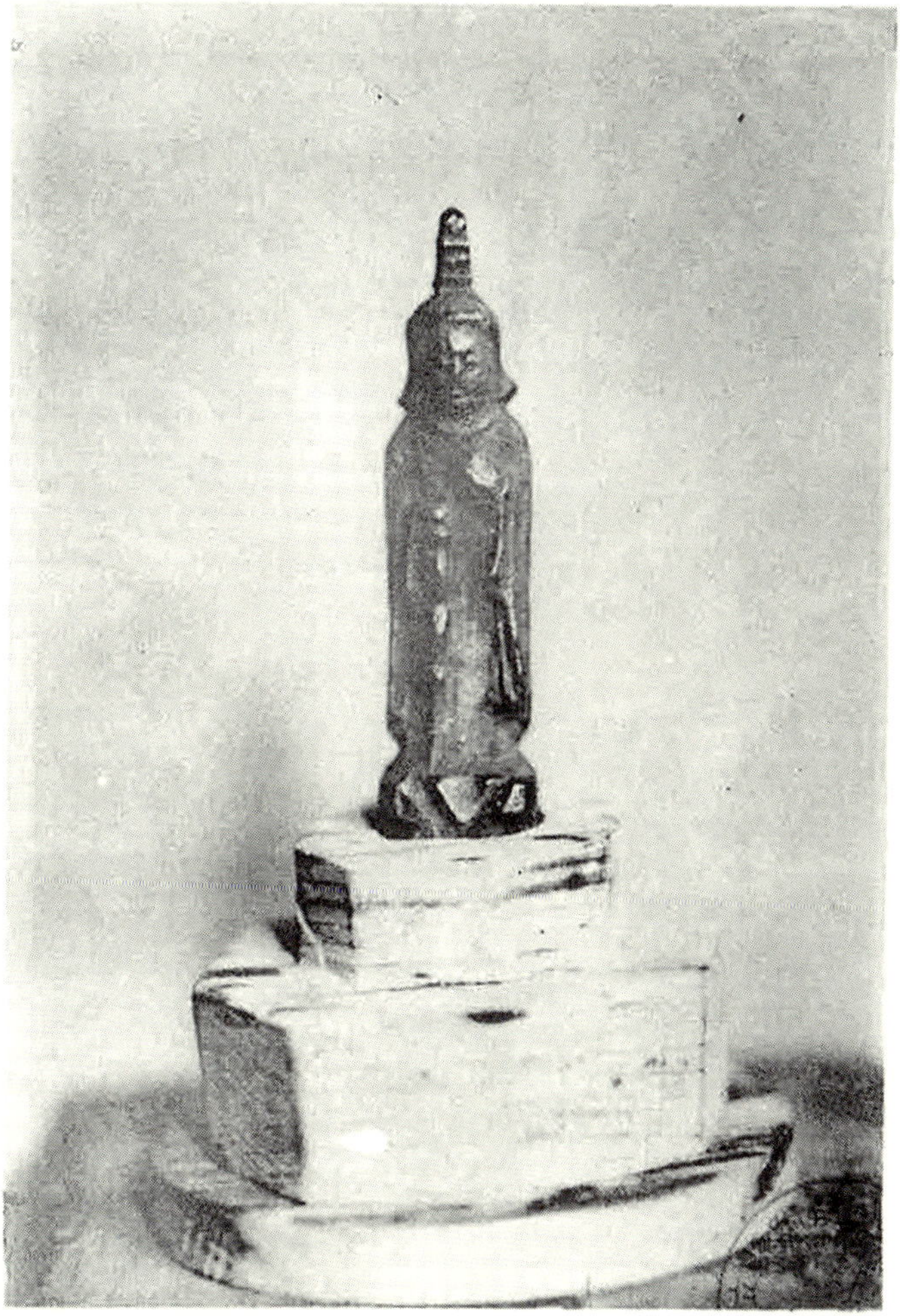

鄕社建穗神社藏雨寶童子　（金銅　長一寸八分）

足立鍬太郎「建穂寺及び建穂神社の研究」1931年より

雨寶↑童子外套

舊建穂寺本尊千手觀音

足立鍬太郎「建穂寺及び建穂神社の研究」一九三一年より

いう。その時の論文と写真が残っている。足立の論文を短くまとめている『静岡市史』から引用する。

大正十三年十一月十四日、林富寺に保管する舊建穗寺本尊の厨子内より発見した長一寸八分の鑄像は雨寶童子と稱し、右手金剛棒に支へ、左手掌上に寶珠をとりて立ち、頂上に五輪塔婆を戴いた立像、天照大神日向下向の御姿に擬したものである。是は馬鳴大明神＝式内建穗神社の神體として建穗寺の盛時に挿入したものを明治の始神佛混淆禁止の際、本尊の厨子内に纏めて其儘保管を委託したものと判明したから、大正十四年二月十五日林富寺より郷社建穗神社へ返納した。[236]

厨子を開けたところ秘蔵の本尊千手観音菩薩像の右下の包みの中から、この金銅鋳造製の雨宝童子像が出てきたというのである。「極めて稀なもので、國寶中にも僅かに伊勢金剛證寺のものが一體指定されてあるといふ」[237]という評価であるが、その製作時期などは不明であった。何よ

236　大角修「観音菩薩の日本での受容」『観音菩薩　自在に姿を変える救済のほとけ』学習研究社　2004年　p341
237　足立鍬太郎「建穂寺及び建穂神社の研究」静岡縣編集・発行『静岡県史跡名勝天然記念物調査報告』第1巻　1931年　p53

り残念なことは、この像が現在行方知らずになっているということである。

（2） 牛頭天王踏下像

現在建穂神社に鎮座する牛頭天王踏下像は、建穂神社本社の中に置かれている。ほとんどの人はその存在を知らないし眼に触れる機会も全くない。京都国立博物館が平成二十年二月に実施した調査の対象となった。「木造、像高三十四、五㎝。一面二臂。身色朱。炎髪、頭上に牛頭を表わす。左脚を踏み下げる。左手屈臂し掌を上に五指を握る。右手腰脇で斧を執る。制作時期は江戸時代」[238]と報告されている。

牛頭天王とは、広辞苑によると、もとインドの祇園精舎の守護神で、薬師如来の垂迹とされる。除疫神として、京都祇園社（八坂神社）などに祀られている。頭上に牛の頭を持つ忿怒相が表わされている。

神道の像は珍しい。本来、神の形を表さないのが神社神道の流儀であり、神の依代として、鏡や剣、あるいは岩、樹木（杉、楠）や山（富士山、三輪山）を代用している。イスラム教でもキリスト教でも基本的に像は存在しない。仏教でも像は、ブッダ没後四百～五百年してから製作されるようになった。神道では特に偶像崇拝は行われていないというのが一般的考え方である。

238　浅湫毅「静岡・建穂寺の彫刻」京都国立博物館編集発行『学叢』第31号　2009年　pp140～141

牛頭天王踏下像（京都国立博物館・浅湫研究員撮影）

建穂寺遺址図

次に掲げた二つの図は明治九年ごろ服織村役場が所蔵していた原図を、昭和三年二月に足立鍬太郎が「建穂寺及び建穂神社の研究」に発表し、『静岡県史跡名勝天然記念物調査報告』第一巻（静岡縣編集・発行一九三一年）に収録したものである。一番南側の総門の右脇に伝承行基井戸があり、少し参道を北に行ったところに山門があり仁王像が安置されていた。

山門から神社までの道路は徳川家康が廿日会祭のために寄付したといわれていて、道路脇に江戸時代には二十近くの塔頭があったとされている。足立の論文によると、この地図上で二百六十七番、二百六十八番、二百六十九番の所に学頭の菩提樹院などの建物があったとしている。今は畑が広がっていて、斜め左上の沢沿いに道があり上（北）に伸びている。しかし、古い図を見ると二百六十八番の上の辺りから西側に横切る道がある。

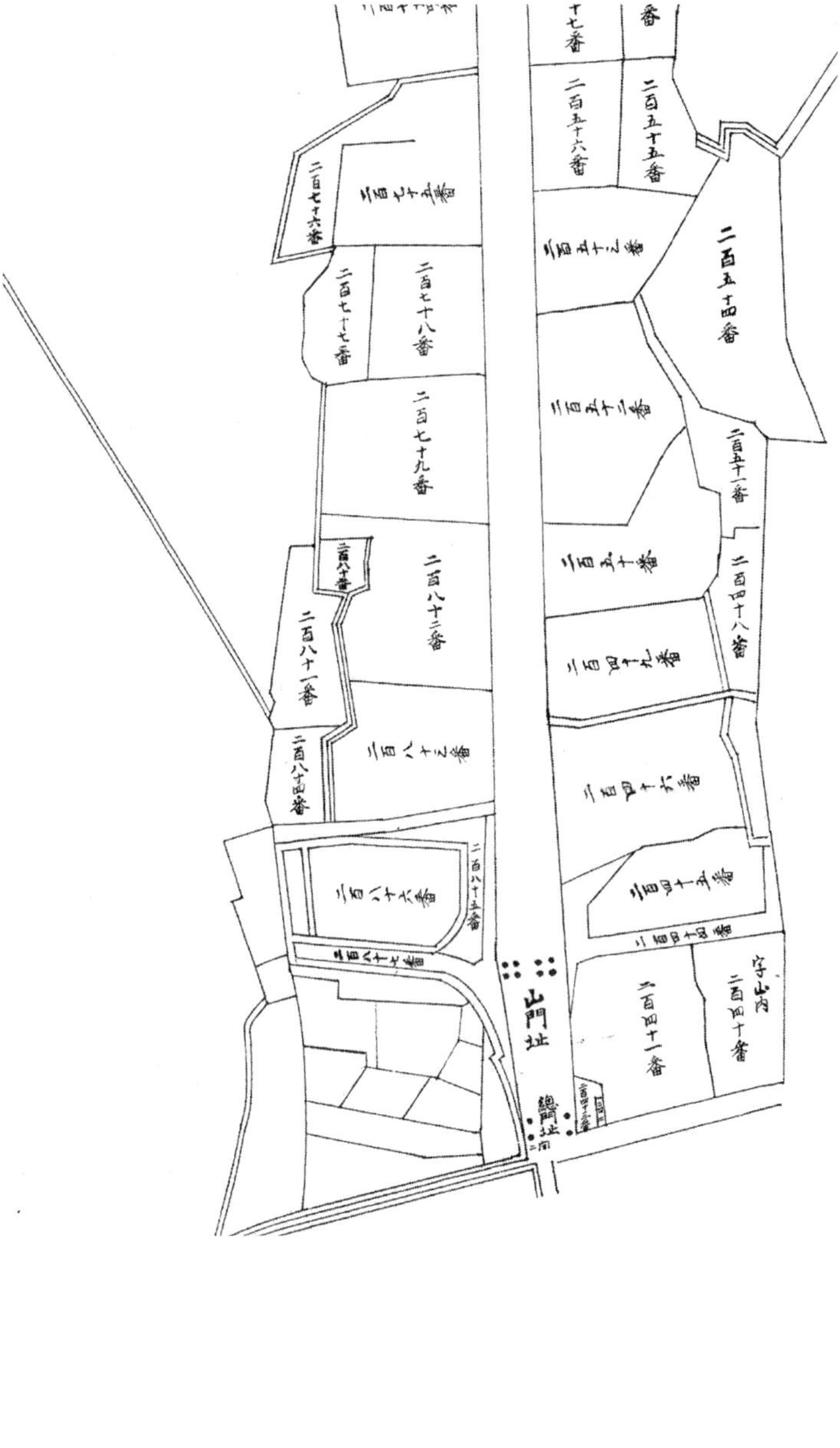
二百五十六番
二百五十五番
二百七十六番
二百五十四番
二百七十七番
二百七十八番
二百七十九番
二百五十一番
二百八十番
二百八十二番
二百四十八番
二百八十一番
二百八十四番
二百八十五番
山門址
総門址
字山内
二百四十番
二百四十一番

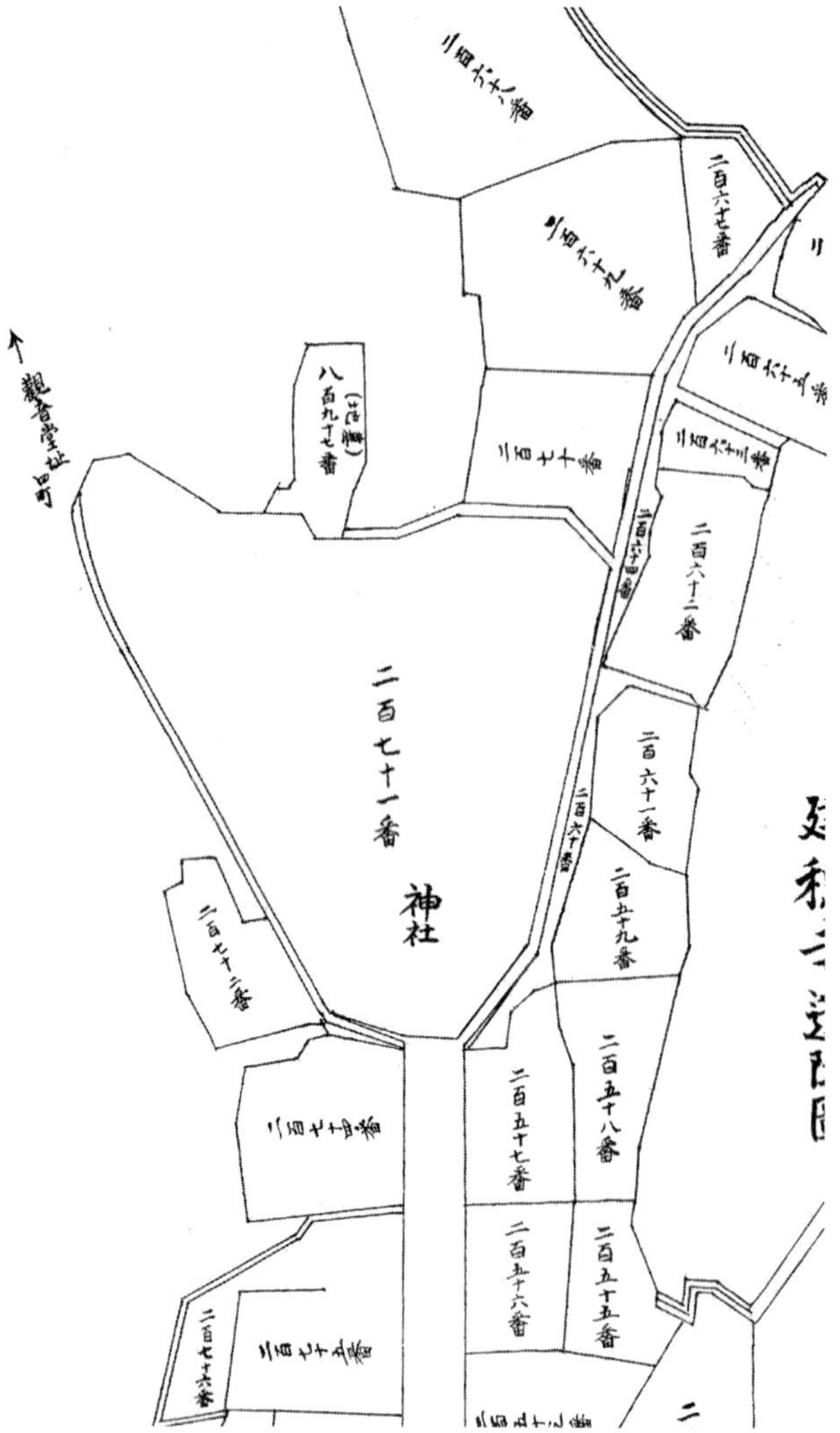

二百六十七番
二百七十番
八百九十七番
二百六十四番
二百六十二番
二百七十一番
神社
二百六十番
二百六十一番
二百五十九番
二百七十二番
二百五十八番
二百五十七番
二百五十六番
二百五十五番
二百七十六番

図面239

左に矢印で「観音堂址まで四町」と記されている。この矢印の方向に江戸時代まで観音堂に通ずる参道があったと推定され、現在の観音堂址へ通ずる道よりやや西寄りとなっている。参道に沿って六町石の石地蔵が安置され、三町の所から右学頭道と表示され分岐していた。

また、右の図の西側に「↑観音堂址四町」と表示されている方向に入った所（参道付近）に、次の石塔等のかけらが散乱していて、当山蓮華院先師享保二十一庚辰四月二十四日と読めるものもある。

239　足立鍬太郎「建穂寺及び建穂神社の研究」静岡縣編集・発行『静岡県史跡名勝天然記念物調査報告』第一巻　1931年

旧観音堂参道付近の石塔等の散乱

「当山蓮華院先師」「享保二十一庚辰」「四月二十四日」

「延享四年二月三日」「先師順寛之資蓮華院住持」

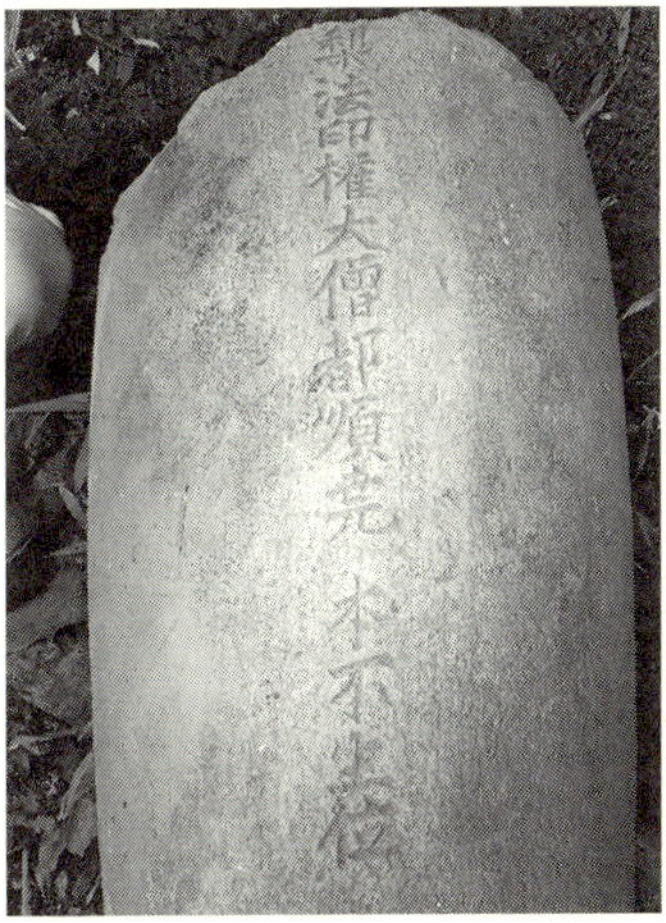

「梨法印権大僧都順堯　本不生位」

おわりに

かねてより、建穂寺の全体像を歴史的に一冊の本にまとめたいと考えていた。それも、随筆調で書くつもりでいた。ところが史実を踏まえて書くとなると古い文献の引用が多くなり、どうしても堅苦しい表現が避けられなかった。

建穂寺にこだわった理由は、建穂が筆者の生まれ故郷であり、原風景であるからである。振り返れば、旧建穂寺にあった鎮守の森でセミを捕ったり、鳥居前の桜の木によじ登って遊んだりした。小学生の頃、観音堂縁日の八月九日に開かれた相撲大会に参加したことも懐かしく思い出される。そして、成人する頃まで伝承「行基さんの井戸」の水は生活用水でもあった。

なじみ深い建穂寺について、極力幅広い資料を集めて、歴史的、宗教的、政治的背景を交えながら地元の人間が書く意義もあると考えた。しかしながら、筆者はそれらの研究経歴もほとんどなく、史料の現代文への訳も自己流の域を出るものではない。浅学の身であえて綴ったのは、少しでも多くの方々に建穂寺について認識を深めていただく機会になれば、との一心からであった。

さて、建穂寺隆賢は『建穂寺編年』の最後の締めくくりとして印象的な文を残している。

享保二十年（一七三五）

この年、尚白（隆賢）蓮蔵坊を引退して、その禄米を辞退する。

禄米は元々その功績によっている。食は自分のように、むさぼるだけの世捨人には、応じられない。それは断るというより、当然の成り行きである。前の宝永二年（一七〇五）に大正院を辞退して、都と田舎を往来して、親しくしていた人を尋ねた。その漂泊する過程でも、飢えや寒さに遭わずに、その心境を楽しむことができた。なお未だ、禄米を受け取って衣食することにこだわっていいものだろうか。凡人に仁慈があることは、すなわち慈愛があることである。どうしても、まわりに親しい人がいると、ほだされて顧みてしまう。願わくは、飢えや寒さの中でこの生を完結したい。僅かに、衣食足りて飢えや寒さから逃れることができたら、この上ない歓びであり、この上何を要求することがあるだろうか。[240]（現代文は筆者、原文省略）

学頭としての責任ある職務や僧としての修行を振り返って、感慨ひとしおのものがあったと想

240　隆賢（尚白）『建穂寺編年』下　見性寺所蔵（原書）　静岡市立図書館（複写）　享保二十年（一七三五）　p153

像される。建穂寺に自身を重ね合わせているようにもみえる。栄枯盛衰は世の常であり、ものは常に変化し続けられるべく運命づけられている。それなのに、哀しかな、人は元のところに執着し、その乖離に苦しめられるのである。このような心を整理したいと、引退して漂泊の旅に出たいとの思いを募らせたのかもしれない。仏教教理の諸行無常、諸法無我、涅槃寂静の三法印の実践であるようにも考えられる。

この本の作成に当たっては、諸先生、諸先輩の方々に大変お世話になった。まず、京都国立博物館連携協力室長の淺湫毅氏（調査当時は主任研究員）には仏像の画像を、見性寺の方丈様には判物の写しを提供いただき、静岡浅間神社からは廿日会祭などに関する資料で協力いただいた。また、静岡県立中央図書館からは絵図の画像提供とともに、様々なアドバイスを頂戴した。写真や絵図のスケッチは法月正晴氏に、絵図の画像技術処理は小久保忠嘉氏に、馬鳴大明神関連の情報では石上正和氏にそれぞれ尽力いただだいた。末筆ながら感謝いたす次第である。

建穂寺関連年表

飛鳥・白鳳・奈良（天平）時代（この時代のものは殆どが伝承である）

西暦	年号	事柄（引用文献）
六八四	白鳳十三年	南都元興寺入唐沙門道昭建穂寺を草創。（『建穂寺編年』）
七二三	養老七年	行基菩薩は建穂寺を中興。（『建穂寺編年』）
七二四	養老末年	行基菩薩、諸国済度教化の途上、駿河七観音を造立し、千手観音を安置。（『建穂寺編年』）
七二四	養老末年	南門の辺りに「行基の井戸」を発掘。（『建穂寺編年』）
七三五	天平七年	右大臣武智麿は、私田五町歩を建穂寺馬鳴大明神の土地として寄進。（『建穂寺編年』）
七三六	天平八年	十二月、多治比真人広成は渡唐の際の建穂寺の神仏の加護に感謝して大唐永源寺の金瑠璃百仏薬師像の内二躯体を献上。（『建穂寺編年』）

平安時代

西暦	年号	事柄（引用文献）

九二七	延長五年	安倍郡七座の内に建穂神社の名が掲載。（『延喜式神名帳』↓『駿河志料』
一一八〇	治承四年	初めて常行堂法会に大過去帳を読誦。（『大過去帳』↓『建穂寺編年』）

鎌倉時代

西暦	年号	事柄（引用文献）
一一八四	元暦元年	建穂寺は源頼朝の敬神崇仏に伴って久能寺と同一の待遇を受けたと推察。（『吾妻鏡第三巻』↓『静岡市史』第三巻昭和四十八年版）
一二一〇	承元四年	十一月二十四日、小児に託して、酉年に合戦の神託があり、将軍家の二十一日暁時の夢合戦事と一致し、正夢であると判断され、剣を拝受。（『吾妻鏡』↓『駿河志料』）
一二三五	嘉禎元年	南浦紹明（大応国師）、駿河国安倍郡に誕生。やがて、同国建穂寺の浄弁に師事し天台宗を学ぶ。（『建穂寺編年』）
一二四二	仁治三年	正月十三日、駿河国建穂寺明賢、大般若波羅蜜多経を書写。（『大般若波羅蜜多経奥書』　宮内庁書陵部所蔵　↓『静岡県史』）
一二四九	建長元年	南浦紹明、浄弁和尚に師事し、薙髪具足戒。のち、鎌倉建長寺に赴き、蘭渓道隆に禅の修行。（『大過去帳』↓『建穂寺編年』）
一二六五	文永二年	八月、南浦紹明、中国径山の虚堂智愚の許で大悟。（『大過去帳』↓『建穂寺編

年』)

一二六七　文永四年　南浦紹明、宋から帰国して、鎌倉建長寺の蘭渓道隆の許で典蔵を勤め、住持に代わって上堂法語。(『円通大応国師塔銘』→『静岡県史』)

一二七二　文永九年　一二月二十五日、南浦紹明、博多崇福寺に入寺する。(「円通大応国師語録上　大宰府万年崇福寺語録」→『静岡県史』)

一二八〇　弘安三年　十二月六日、南浦紹明、円爾の四十九日忌を博多崇福寺で行う。(「円通大応国師語録上　大宰府万年崇福禅寺語録」→『静岡県史』)

一三〇四　嘉元二年　南浦紹明、詔を受けて上京し、後宇多上皇と禅問答。(『円通大応国師塔銘』→『静岡県史』)

一三〇五　嘉元三年　南浦紹明、京都万寿寺を開堂し、ついで嘉元寺を設立。(「円通大応国師語録下　洛陽万寿禅寺語録」→『静岡県史』)

一三〇七　徳治二年　十二月二十九日、南浦紹明、北条貞時に招かれて、鎌倉建長寺に入寺。(「円通大応国師語録下　巨福山建長禅寺語録」→『静岡県史』)

一三〇八　延慶元年　春、後宇多上皇、鎌倉建長寺南浦紹明に書状を送って配慮。(『円通大応国師塔銘』→『静岡県史』)

一三〇八　延慶元年　十二月二十九日、南浦紹明、鎌倉建長寺で入寂。(『円通大応国師塔銘』→『静岡県史』)

一三〇九　延慶二年　南浦紹明が円通大応国師の諡号を後宇多法皇より賜わる。（『円通大応国師塔銘』）

戦国時代、安土桃山時代

西暦	年号	事柄（引用文献）
一四四二	嘉吉二年	五月二日、慕景集に歌を残した太田道灌が建穂寺馬鳴大明神に奉幣。（『建穂寺編年』）
一四六五	寛政六年	宗長（十八歳）は、真言僧駿河宰相のもとで出家。駿河近郊の服織の建穂寺と推定。（『静岡市史』↓『静岡県史』）。
一四八九	長享三年	正月、今川氏親は建穂寺真光坊に服織今宮浅間及神宮寺の別当と俸田領掌を命ず。（『建穂寺編年』）
一五〇四	永正元年	高野山奥院の大師の絵を描き写す。（『建穂寺編年』）
一五二七	大永七年	中御門家宣胤の子の宣増が建穂寺の別当職。（『駿河国中の中世史』・『静岡県史』）
一五三三	天文二年	十二月二十六日、今川氏輝、建穂寺慶南院厳意に、寺領等の相承を安堵。（『建穂寺編年』）
一五三七	天文六年	四月六日、真性院法印宣増入寂。（『建穂寺編年』）

一五三八　天文七年　院主増円等、新御堂阿弥陀仏修復。（『建穂寺編年』）

一五四六　天文十五年　十月十日、今川義元、朝比奈孫一郎に、建穂寺真光坊領を同国常聖院に安堵。（『建穂寺編年』）

一五五七　弘治三年　二月十八日、山科言継、建穂寺に赴き、舞揃えを観覧する。（『言継卿記』）

一五五七　弘治三年　二月二十二日、駿府浅間社廿日会が催され、山科言継ら、桟敷で杯を交わしつつ観覧。（『言継卿記』）

一五七〇　元亀元年　六月二十六日、武田晴信（信玄）、建穂寺に法度を下す。（『建穂寺編年』）

一五七二　元亀三年　六月十一日、武田家、駿河国建穂寺中性院に、寺中の義道坊（神役）等を安堵。（『建穂寺編年』）

一五七六　天正四年　十二月一日、観音堂焼く。堂塔仏像刹那にして焚滅。（『建穂寺編年』

一五八二　天正十年　正月、山徒、徳川家康に封緘していた祈祷を実施。（建穂寺法主巻数写→『建穂寺編年』）

一五八二　天正十年　二月二十二日、徳川家康、駿河国建穂寺に禁制を下す。（『建穂寺編年』）

一五八六　天正十四年　十二月、建穂寺観音堂仏像焼失。再営の寄進募集。（『建穂寺編年』）

一五八七　天正十五年　二月二日、徳川家康、駿河国建穂寺に、寺中・門前等の竹木伐採を禁ず。（『建穂寺編年』）

一五八九　天正十七年　八月、行基の位牌を作成。（『大過去帳』→『建穂寺編年』）

一五九〇　天正十八年　正月十六日、駿河国建穂寺の観音堂が落成。（棟札銘写→『建穂寺編年』）
一五九〇　天正十八年　正月、豊臣秀吉が禁制を下す。（『建穂寺編年』）
一五九一　天正十九年　受用齊後室が銅錫製の鳴磬（打楽器）を観音堂に寄付。（『建穂寺編年』）

江戸時代

西暦　年号　事柄（引用文献）

一六〇二　慶長七年　十二月八日、徳川家康四百八十石六斗及び賦役恩赦の朱印を建穂寺に付与。（『建穂寺編年』）
一六〇三　慶長八年　家康、舞袍楽器若干と祭礼の道路長さ二町八間、幅三間を寄付。（『建穂寺編年』）
一六〇七　慶長十二年　五月、遠州室金左衛門が金銅製の華鬘（仏前の装飾）十二旒寄付（『建穂寺編年』）
一六〇八　慶長十三年　二月、家康金銅師体阿弥作の金銅鉾を寄進。（『建穂寺編年』）
一六〇八　慶長十三年　二月二十八日、学頭快弁は家康に妙見縁起を著述して献上。（『建穂寺編年』）
一六〇九　慶長十四年　正月、学頭宥空が祈祷巻数を駿府城に献上。（『建穂寺編年』）
一六一二　慶長十七年　二月二十日、宰相殿（徳川義直）、中将殿（徳川頼宣）栈橋にて廿日会御覧。（『建穂寺編年』）

一六一三　慶長十八年　二月二十日、前日の洪水で浅間大祭延引。（『建穂寺編年』）

一六一四　慶長十九年　二月二十日、浅間両宮大祭挙行。（『建穂寺編年』）

一六一四　慶長十九年　四月十一日、学頭宥空は駿府城の議論に参加。その後合わせて十回の論席に一人だけ皆勤。（『駿府政治録』→『建穂寺編年』）

一六一六　元和二年　四月十七日、大御所徳川家康駿府城において薨去。（『建穂寺編年』）

一六一六　元和二年　六月十八日、「建穂寺菩提樹院住持学頭法印宥空」として、「菩提樹院」の名が初めて見られる。（『建穂寺編年』）

一六一七　元和三年　二月三日、二代将軍秀忠、家康の詞旨に準じ建穂寺に朱印状を付す。（『建穂寺編年』）

一六二〇　元和六年　四月、醍醐報恩院法印寛斎の簡帖に記されている、「建穂寺の申請により醍醐報恩院末寺たる」を執達。（『建穂寺編年』）

一六二四　寛永元年　八月二十一日、下総国香取長吉寺弟子俊良、秘密三部経を菩提樹院に寄付。（『建穂寺編年』）

一六二九　寛永六年　九月、金剛力士像二躯・大門が落成。（『建穂寺編年』）

一六三〇　寛永七年　徳川家光公から、建穂寺は廿日会祭用の装束や楽器を拝領。（『駿国雑志』一）

一六三一　寛永八年　十一月、榊原照久が建穂寺に鐘楼を寄進する。（『建穂寺編年』）

一六三六　寛永十三年　十一月九日、三代将軍家光、秀忠の詞旨に規準して朱印地安堵。（『建穂寺編年』）
一六四〇　寛永十七年　五月、祢宜山地蔵堂落慶。（『建穂寺編年』）
一六四〇　寛永十七年　家光の時、幕府より浅間の祭礼用舞装束及び楽器など拝領。（『建穂寺編年』）
一六四一　寛永十八年　辺鄙で遠く不便に付き、訶利帝母（鬼子母神）堂を西丘の蓮華谷から地蔵堂の北に移設。（棟にかかる木版による）（『建穂寺編年』）
一六四二　寛永十九年　二月、両部曼荼羅（金剛曼荼羅と胎蔵曼荼羅との併称）を修復。（『建穂寺編年』）
一六四二　寛永十九年　十一月二十七日、学頭源長付法状を醍醐報恩院（大僧正法印寛斎）より授与。（『建穂寺編年』）
一六四四　寛永二十一年　十一月、円雄、菩提樹院に住持。（『建穂寺編年』）
一六四六　正保三年　七月二十九日、醍醐寛濟大僧正、東都より帰山のついでに菩提樹院に宿し、壇を開いて法を伝え、特に円雄に第二不動灌頂の秘訣を授与。（『静岡市史』第四巻昭和四十八年版）
一六四七　正保四年　三月二十一日、弘法大師堂の世話をしている円雄は、寄付の募集文を作成。（『建穂寺編年』）
一六四七　正保四年　九月十四日、円雄、観世音菩薩を開帳し、観音縁起を執筆。（『建穂寺編年』）
一六四七　正保四年　今年、円雄、谷奥に弥陀堂を建立。（『建穂寺編年』）

一六四八　慶安元年　五月二十一日、円雄、弘法大師堂を落成。（『建穂寺編年』）
一六六四　寛文四年　実りの良かった年の冬、新御堂が完成。（『建穂寺編年』）
一六六六　寛文六年　学頭学秀と院主円祐坊宥専と主位を争い訴訟。（『建穂寺編年』）
一六六九　寛文九年　正月、十二所明神の収録を神殿に秘蔵。（『建穂寺編年』）
一六七二　寛文十二年　院主宥専と僧二人が幕府から排斥処分。（『建穂寺編年』）
一六七三　延宝元年　一月、上総国大宮寺の元昌住持を学頭に選任。（『建穂寺編年』）
一六七三　延宝元年　建穂寺塔頭七院が幕府より袈裟七着を賜る。（『建穂寺編年』）
一六八〇　延宝八年　学頭隆範、規準の戒め書十余条を誡示。（『建穂寺編年』）
一六八〇　延宝八年　三月三十一日、学頭隆範『観音堂記』著す。（『建穂寺編年』）
一六八六　貞享三年　三月、四十年ぶりに、観世音菩薩を開帳。（『建穂寺編年』）
一六八八　元禄元年　十月上旬、下総国福永寺住職弘賢、奉選で菩提樹院に住持。（『建穂寺編年』）
一六九三　元禄六年　江戸幕府が袈裟七着分の金を下賜。（『建穂寺編年』）
一六九六　元禄九年　三月、学頭弘賢、「瑞祥山建穂寺」と大書した二大石碑を山崎の街道に建立。（『建穂寺編年』）
一六九六　元禄九年　三月十八日、石地蔵仏を観音堂参道六カ所に安置。（『建穂寺編年』）
一六九六　元禄九年　神殿前に、神社の鳥居を建立。（『建穂寺編年』）
一六九六　元禄九年　仁王門を修復し、二大金剛力士を彩色。（『建穂寺編年』）

一六九六　元禄九年　八月十五日、大風があり、樹木が根こそぎ抜き倒れたり幹破砕したりして、山林の半ば横倒。稲粟稗などの被害も甚大。（『建穂寺編年』）
一七〇一　元禄十四年　二月、岸和田城主岡部美濃守の奥方が、薬師如来や荘厳な品物を献上。（『建穂寺編年』）
一七〇二　元禄十五年　一月、江戸寺社奉行に参り、火災焼失のことをひれ伏して謝罪し、その上で舞楽装束の新調依頼。（『建穂寺編年』）
一七〇二　元禄十五年　一月二十四日、舞装束や楽器などの収納庫の火災で焼失。（『建穂寺編年』）
一七〇二　元禄十五年　四月八日、当年一月に火災に遭った舞装束を修復して拝領。（『建穂寺編年』）
一七〇二　元禄十五年　四月、学頭慧観は、紀州国殿様に絶えた継承を破って拝謁。（『建穂寺編年』）
一七〇四　宝永元年　学頭の菩提樹院への中央の路を開墾。（『建穂寺編年』）
一七〇五　宝永二年　一月、学頭慧観紀州藩主に江戸の藩邸で拝謁。（『建穂寺編年』）
一七〇八　宝永五年　能勢氏は修復の資金を寄進し、その上、関係のある小役人、及び影響下にある庶民にも寄進を勧誘。（『建穂寺編年』）
一七〇八　宝永五年　建穂寺は江戸幕府に上書して、堤防の賦課税の免除を依頼。（『建穂寺編年』）
一七一〇　宝永七年　二月、観世音菩薩を御開帳して、二十八部衆の内八躯を修復。（『建穂寺編年』）
一七一〇　宝永七年　八月、学頭慧観、菩提樹院において、灌頂壇を開く。久能寺などの僧の入門者。（『建穂寺編年』）

一七一一　正徳元年　十月、隆賢は慧観から学頭を継承。（『建穂寺編年』）

一七一二　正徳二年　学頭隆賢は六世（六代将軍、徳川家宣）の薨去につき増上寺大殿の葬儀に参列し弔問。（『建穂寺編年』）

一七一二　正徳二年　十二月、幕府から従来の羽鳥に代えて高松・中郷を寺領として拝領。（『建穂寺編年』）

一七一三　正徳三年　正月六日、学頭は江戸城で七代将軍家継に拝賀し、時服を拝領。（『建穂寺編年』）

一七一四　正徳四年　一月二十八日、学頭は江戸赤坂の紀州国藩邸に上り、紀州国藩主（吉宗）に拝賀。（『建穂寺編年』）

一七一六　享保元年　三月、祢宜山地蔵堂が落成し、遷仏供養。「『建穂寺編年』）

一七一六　享保元年　十二月二日、地蔵講供養米檀那羽鳥寿剛（石上藤兵衛の老母）逝去。（『建穂寺編年』）

一七一六　享保元年　九月二十八日、学頭は八世御世（八代将軍吉宗）を江戸城金殿に拝賀。（『建穂寺編年』）

一七一六　享保元年　十月五日、学頭は幕府から時服二着を江戸城金殿において拝領。（『建穂寺編年』）

一七一七　享保二年　醍醐報恩院寛順大僧正が京都東寺住職に就いたお祝いに一両寄進。（『建穂寺編年』）
一七一八　享保三年　七月十一日、八代将軍吉宗（紀州国出身）朱印地安堵。（『建穂寺編年』）
一七一八　享保三年　弘観は巨万の杉の稚樹を山の糟尾斜面空き地に植林。（『建穂寺編年』）
一七二〇　享保五年　この年、建穂寺の四人の紗那が得度。（『建穂寺編年』）
一七二一　享保六年　十二月、菩提樹院の厨房の建物を落成。（『建穂寺編年』）
二月、建穂寺領地の石高及びその領地民の数を登録して、幕府に報告。（『建穂寺編年』）
一七二一　享保六年　幕府は四月に正徳の新金の通用を禁止し、六月に慶長金の通用を宣言命令。（『建穂寺編年』）
一七二二　享保七年　一月十日、駿府町奉行所に廿日会祭の騎馬十匹要請。（『建穂寺編年』）
一七二二　享保七年　幕府は所蔵する国書の献上を命令し、建穂寺は平安時代の国書を中心に十七部献上。（『建穂寺編年』）
一七二二　享保七年　この頃既に、無住の塔頭三カ所があり、三人の若い僧侶を住持に任命。（『建穂寺編年』）
一七二三　享保八年　四月、建穂寺青蓮坊の領地である箕輪で遊芸相撲興行。（『建穂寺編年』）
一七二五　享保十年　十二月、大々的に仏神の廟堂を茅葺で補修。（『建穂寺編年』）
一七二六　享保十一年　幕府の命令に応じ、建穂寺及び領地の庶民男女の総数（僧庶民合わせ四百七人）を登録して報告。（『建穂寺編年』）

一七二七　享保十二年　二月二十日、廿日会大祭の舞台などの行列の順序が、例年通り古式に則って実施。（『建穂寺編年』）

一七二九　享保十四年　学頭殿の隅に阿弥陀堂が落成し、無量寿（阿弥陀）および両侍尊（聖観音菩薩、勢至菩薩）を修復。（『建穂寺編年』）

一七三四　享保十九年　確固たる所を掘り削り、行基菩薩が掘り開いた古井戸の主要部を囲う。（『建穂寺編年』）

一七三四　享保十九年　飢饉で困窮するも廿日会祭は前々の通り実施と御番所に届出。（『万留帳』→『静岡浅間神社廿日会祭の稚児舞』）

一七三五　享保二十年　二月二十日、鬱陶しい雨、浅間大祭中止になり、二十一日に実施。（『建穂寺編年』）

一七三五　享保二十年　尚白（隆賢）蓮蔵坊を引退して、その禄米を辞退。（『建穂寺編年』）

一七三五　享保二十年　元建穂寺学頭隆賢（尚白）『建穂寺編年』を執筆完成。（『建穂寺編年現代文訳』）

一七四七　延享四年　二月一日、村からの失火で、寺の悉くを焼失。（『幻の寺　建穂寺』）

一七九一　寛政三年　一対の金剛力士像が修理される。「鎌倉時代初頭の中央作家の手になるもの」といわれている。（『静岡県史　通史編二　中世』）

一八六〇　万延元年　十月七日、建穂寺再興のため諸国に寄付を募集（この頃塔頭は一、二院のみ）。（『建穂寺編年現代文訳』）

明治時代

西暦	年号	事柄（引用文献）
一八六八	明治元年	明治維新による寺領上地で寺衰退。（『建穂寺編年現代文訳』）
一八六八	明治元年	神仏分離令により混乱。寺独立し、鎮守十二所権現・馬鳴大明神が式内社建穂神社を継承し独立。（『建穂寺編年現代文訳』）
一八六八	明治元年	神仏分離令により、通称「廿日会」が正式名称で「廿日会祭」と定まる。（『浅間神社廿日会祭の案内文　廿日会祭の由来』）
一八七〇	明治三年	建穂寺焼失し廃寺。建穂寺の宝物・仏像を現在地に移す（明治二年とも言われる）。（『建穂寺編年現代文訳』）
一八七〇	明治三年	三月二十三日、建穂俊雄（建穂寺住職）は仁王二体を秋山物兵衛（静岡県服織村千代に居住）に五十両にて売却。（『建穂寺異聞』）
一八七二	明治五年	市内の萩原鶴夫、服織村千代の秋山總兵衛等が斡旋して、仮橋を架けて稚児橋と命名した。これは徳川時代浅間神社廿日会祭の稚児が建穂寺から此を渡って来たからである。此の仮橋も毎年十二月より翌年三月に至る水涸れの期間のみ

であって其余は大抵徒渉であったが、此がとにかく賃収橋の始にして一人金一厘五毛であつた。（『静岡市史』第三巻昭和四十八年版）
一八九四　明治二十七年　三月二十三日、仁王像二体の訴訟について「第一審判決を棄却」して、「秋山惣兵衛の主張は成り立たない」との判決。建穂側の主張が通る。（『建穂寺異聞』）
一八九四　明治二十七年　本年以降、祭日が新暦の四月五日と改定。（『浅間神社廿日会祭の案内文「廿日会祭の由来」』）

大正時代

西暦　年号　事柄（引用文献）
一九二四　大正十三年　十一月十四日、雨宝童子が、林富寺に保管する旧建穂寺本尊の厨子内より発見。（『静岡市史編纂資料　第壹巻』）

昭和時代

西暦　年号　事柄（引用文献）
一九二七　昭和二年　三月二十六日、足立鍬太郎は同じく静岡市史の編纂委員をしていた別符了榮とともに太秦広隆寺を訪れ、建穂寺にあった馬鳴菩薩像を確認。（『静岡市史編纂

資料』第壹巻）
一九六七　昭和四十二年　釈迦如来・薬師如来・日光菩薩・月光菩薩・吉祥天・不動明王各一躯と二十八部衆の内の五躯、合わせて十一躯が盗難されていることが判明する。『続郷土の歴史　二十五話』
一九七五　昭和五十年　六月、建穂町内会と有志の浄財により観音堂新築。（『建穂寺編年現代文訳』）

平成時代

西暦　年号　事柄（引用文献）
一九九〇　平成二年　三月、「幻の寺　建穂寺展」が建穂町内会と静岡市立藁科公民館・同図書館の共催で開催。
一九九八　平成十年　八月～九月、静岡市社会教育課による文化財調査（建穂寺仏像）現在の観音堂。調査主任は大宮康男。
二〇〇八　平成二十年　二月、京都国立博物館による文化財調査（建穂寺仏像）、現在の観音堂。調査主任は淺湫毅。
二〇〇八　平成二十年　四月～五月、「特別展　建穂寺の仏像」展示会、フェルケール博物館で開催。
二〇一五　平成二十七年　二十八年度まで静岡市観光交流文化局文化財課による「静岡浅間神社廿日会祭の稚児舞」調査、調査主任は中村羊一郎。

二〇一七　平成二十九年　三十年度まで静岡市教育委員会（調査主体）による建穂寺観音堂跡の発掘調査。
二〇一八　平成三十年　二月～三月、「幻の大寺　建穂寺展」　建穂寺仏像などの展示、静岡市文化財資料館。

主要参考文献

▽浅湫毅　「まぼろしのおおてら建穂寺の仏たち」　特別展『建穂寺の仏像』　フェルケール博物館　二〇一〇年
▽浅湫毅　「静岡・建穂寺の彫刻」　京都国立博物館編集発行　『学叢』第三十一号　二〇〇九年
▽足立鍬太郎　「建穂寺及び建穂神社の研究」　静岡縣編集・発行　『静岡県史跡名勝天然記念物調査報告』第一巻　一九三一年
▽阿部正信　天保十四年（一八四三）『駿国雑志』二　復刻版：吉見書店　一九七六年
▽石山幸喜　『建穂寺編年』現代文訳　建穂寺の歴史と文化を知る会　二〇〇九年
▽大宮康男　「建穂寺宝冠阿弥陀如来像に就いて」『地方史静岡』第二十六号　『地方史静岡刊行会』編集発行　一九九八年
▽小和田哲男監修　『今川時代とその文化　消えた二三〇年を追う』　静岡県文化財団　一九九四年
▽黒田俊雄　『王法と仏法　中世史の構図』　法藏館　二〇〇一年
▽桑原藤泰　『駿河記』下　校訂者：足立鍬太郎　印刷者：野崎重兵衛　印刷所：池鶴堂印刷所　一九三二年
▽静岡県編集・発行　『静岡県史　通史編一　原始・古代』　一九九四年
▽静岡県編集・発行　『静岡県史』通史編二　中世』　一九九七年
▽静岡市役所　『静岡市史』第四巻　名著出版一九七三年
▽静岡市役所市史編纂課　『静岡市史編纂資料』第壹巻　一九二七年
▽静岡市立藁科図書館　『藁科の中世文書』　一九八九年
▽新庄道雄　天保四年（一八三三）　修訂：足立鍬太郎　補訂：飯塚傳太郎　『駿河国新風土記』上巻　巻一八

安倍郡五　国書刊行会
▽中村高平『駿河志料』一　文久元年（一八六一）橋本博校訂　歴史図書社　一九六九年
▽三嶋清左衛門『駿府巡見帳』元禄十六年（一七〇三）原本執筆　正岡政夫復刻編集　一九五六年
▽水谷千秋『謎の渡来人　秦氏』文春新書　二〇〇九年
▽隆賢（尚白）『建穂寺編年』上・下　見性寺所蔵（原書）静岡市立図書館（複写）享保二十年（一七三五）

早川和男（はやかわ・かずお）
1947年、静岡市・建穂生まれ。会社員の傍ら通信課程に学び、慶應義塾大学文学部卒業。定年退職後、静岡大学大学院人文社会科学研究科修士課程修了。現在、歴史文化をはじめ健康維持や自然観察などの地域ボランティア活動に携わっている。

表紙カバー説明　表紙は「駿国雑志」(静岡県立中央図書館所蔵)に収められた江戸時代の建穂寺絵図をベースに、実際の地形を加味して画像加工した。全山が桜の花に包まれた当時の春の景色をイメージしている。製作には小久保忠嘉氏の協力をいただいた。

建穂寺記
地元から読み解く実像

発行日　2019年2月27日　初版第1冊発行

著者・発行者　早川和男
発売元　静岡新聞社
〒422-8033 静岡市駿河区登呂3-1-1
電話 054-284-1666
印刷・製本　藤原印刷株式会社

ISBN978-4-7838-9984-6

定価はカバーに表示しています。
乱丁・落丁本はお取り替えいたします。